国家宣言丛书

中国战略

CHINA STRATEGY

肖贵清　等著

辽宁人民出版社

图书在版编目（CIP）数据

中国战略 / 肖贵清等著. —沈阳：辽宁人民出版社，2019.5
（国家宣言）
ISBN 978-7-205-09542-0

Ⅰ. ①中… Ⅱ. ①肖… Ⅲ. ①中国特色社会主义—社会主义建设模式—研究 Ⅳ. ①D616

中国版本图书馆CIP数据核字（2019）第037711号

出版发行：辽宁人民出版社
地址：沈阳市和平区十一纬路25号　邮编：110003
电话：024-23284321（邮　购）　024-23284324（发行部）
传真：024-23284191（发行部）　024-23284304（办公室）
http://www.lnpph.com.cn
印　　刷：辽宁新华印务有限公司
幅面尺寸：170mm×240mm
印　　张：15.5
插　　页：2
字　　数：210千字
出版时间：2019年5月第1版
印刷时间：2019年5月第1次印刷
责任编辑：马　辉　董　喃
装帧设计：丁末末
责任校对：刘宝华
书　　号：ISBN 978-7-205-09542-0

定　　价：62.00元

CHINA
STRATEGY

肖贵清

清华大学马克思主义学院副院长、习近平新时代中国特色社会主义思想研究院副院长、教授、博士生导师,《高校马克思主义理论研究》执行主编。中央实施马克思主义理论研究和建设工程首席专家,国家社科基金学科评审组专家、教育部高校马克思主义理论专业教学指导委员会副主任委员、全国高校马克思主义理论学科研究会副秘书长,中国社会科学院、北京市习近平新时代中国特色社会主义研究中心特约研究员,北京市中共党史学会副会长、北京市高校首批思想政治理论课特级教授。全国优秀教师、全国高校优秀思想政治理论课教师。

主要从事马克思主义中国化的理论与实践研究。主持完成国家社科基金重大项目“中国特色社会主义制度研究”等4项国家社会科学基金项目和多项省部级科研项目。在《中共党史研究》《马克思主义研究》《马克思主义与现实》《求是》《人民日报》《光明日报》等报刊发表论文100余篇,出版《中国化马克思主义整体性研究》《道路・理论・制度・文化——中国特色社会主义论》等10余部专著。

国家宣言丛书

— NATIONAL MANIFESTO SERIES —

编委会

总序 CHINA STRATEGY

改革开放40周年之际，中国发展进入了新时代、提出了新思想、踏上了新征程。习近平总书记在党的十九大报告中明确提出："中国特色社会主义进入新时代，意味着近代以来久经磨难的中华民族迎来了从站起来、富起来到强起来的伟大飞跃，迎来了实现中华民族伟大复兴的光明前景；意味着科学社会主义在二十一世纪的中国焕发出强大生机活力，在世界上高高举起了中国特色社会主义伟大旗帜；意味着中国特色社会主义道路、理论、制度、文化不断发展，拓展了发展中国家走向现代化的途径，给世界上那些既希望加快发展又希望保持自身独立性的国家和民族提供了全新选择，为解决人类问题贡献了中国智慧和中国方案。"习近平新时代中国特色社会主义思想是当代中国化的马克思主义、是21世纪的马克思主义，是为中国人民谋幸福、为中华民族谋复兴的思想，更是为人类谋和平与发展的科学指引。

新时代承前启后、继往开来。新时代既是实现中华民族伟大复兴中国梦的时代，也是中国日益走近世界舞台中央、不断为人类作出更大贡献的时代。综观世界大势，国际环境波诡云谲，世界治理面临着各种挑战，世界经济复苏乏力、局部冲突和动荡频发、全球性问题加剧，这些问题的核心是发展问题，是人类"向何处去"的问题。针对如何走出发展迷局，如何解决发展难题的困惑，世界各国和国际组织越来越希望听到中国声音，越来越期盼看到中国方案，越来越渴求借鉴中国发展新文明。

中国与世界的互动和对世界的贡献，蕴含在中国从站起来到富起来，再到强起来的历史逻辑之中。中国的实践成就和文明成果是在“改革开放40年的伟大实践中得来的，是在中华人民共和国成立近70年的持续探索中得来的，是在我们党领导人民进行伟大社会革命97年的实践中得来的，是在近代以来中华民族由衰到盛170多年的历史进程中得来的，是对中华文明5000多年的传承发展中得来的，是党和人民历经千辛万苦、付出各种代价取得的宝贵成果”。进入新时代，“强起来”的中国，将为促进世界和平发展不断贡献中国智慧和中国力量。一个和平大国的“强起来”既是国家经济实力、科技实力、国防实力、综合国力的强，也是中国国际影响力和文化软实力的提升，更是要让人民的生活更加富裕美好。

文化兴，世界兴。新时代的世界意义核心在于中国的成功在思想文化和文明形态层面给世界更多贡献。这要求我们必须讲好中国故事，创建中国理论，传递中国声音，构建中国特色、中国风格、中国气派的哲学社会科学，这套“国家宣言”丛书正是在中国特色社会主义进入新时代这样的大背景下构思编写的。

丛书深入研究党的十九大精神，学习习近平新时代中国特色社会主义思想，立足党的十八大以来中国道路的成功经验，面向决胜全面建成小康社会、建设社会主义现代化强国的新征程，从“中国智慧”“中国自信”“中国理念”“中国战略”和“中国方案”五个方面，向世界发出中国声音，以期能够为提升中国道路的世界影响力贡献绵薄之力。

《中国智慧》主要以中国优秀传统文化、中国共产党革命和建设的红色文化，尤其是改革开放以来的社会主义核心价值体系和核心价值观为考察对象，从深沉的中国价值的角度，思考中国道路在文化和价值观领域里的基本问题，该部分是丛书在思想高度和价值层面上的展示。

《中国自信》从中国近现代以来的发展历史的角度，从当代改革开放取得的实践成果出发，论证中国道路的正确性，提出中国道路自信的历史和现实依据，从马克思主义理论的科学性、中国改革开放思想的包容性、贯穿始终的人民性及面向世界的目标取向四个方面切入，突出中国道路自信、理论自信、制度自信和文化自信。

《中国理念》突出以新发展理念为主要内容的习近平新时代中国特色社会主义经济思想，思想是行动的先导，明确发展理念，才能制定出正确的发展战略，从而实现发展目标。进入新时代，中国共产党准确把握中国及世界发展格局的变化，提出创新、协调、绿色、开放、共享的发展理念，具有重要的理论、实践和世界意义。

《中国战略》聚焦习近平新时代中国特色社会主义思想，明确中国特色社会主义事业总体布局是“五位一体”，战略布局是“四个全面”，着重研究中国走向社会主义现代化强国的战略安排，明确“战略定位”“战略方针”“战略部署”“战略对策”“战略选择”等内容，论证中国战略的理论依据。

《中国方案》着眼于中国的国际担当和外交战略，审视西方发展道路的弊端，提供中国解决世界政治经济问题的方案，展示大国责任、贡献中国智慧，突出“一带一路”倡议的战略价值，推动构建人类命运共同体。

为了让更多的人了解“中国宣言”，本丛书遵循问题导向，坚持理论性与通俗性相结合，力图把基本原理、基本概念用更为接地气的语言表达出来，同时，力求用最简短的语言表达深刻的哲理问题。

韩喜平

2019年2月

目录 CHINA STRATEGY

第四章／

全面从严治党

中国战略 CHINA STRATEGY

/第一章/

全面建成小康社会

一、中华民族伟大复兴战略的关键一步

2012年11月29日，习近平总书记率中央政治局常委在参观《复兴之路》展览时深情地指出，实现中华民族伟大复兴，就是中华民族近代以来最伟大的梦想。习近平总书记引用了3句诗对近代100多年来中国人民寻梦、追梦、圆梦的历史进程进行了生动叙说。

中华民族的昨天，是“雄关漫道真如铁”的曲折历史。实现中华民族伟大复兴的中国梦，是从“天朝上国”迷梦破碎的悲痛历史中产生的。1840年的鸦片战争，英帝国主义用坚船利炮打开了中国国门，更打碎了“天朝之梦”，中国从此开始沦为半殖民地半封建社会。在西方列强和帝国主义的侵略下，民族意识与民族精神逐步觉醒，无数仁人志士为民族独立和复兴抛头颅洒热血。中国人民和中华民族在黑暗中进行80余年的艰辛探索后，终于在中国共产党的领导下完成了民主革命、民族独立、人民解放的伟大历史任务，走上民族复兴的人间正道。

中华民族的今天，是“人间正道是沧桑”的奋斗进程。中华人民共和国成立伊始，中国共产党团结带领全国各族人民，上下求索、千辛万苦，克服重重困难，为建设一个人民当家作主、繁荣昌盛的社会主义现代化国家而进行了不断探索，为中华民族的繁荣发展奠定了坚实基础。改革开放40年以来，我国经济实力、综合国力大大增强，人民生活显著改善，实现了从温饱不足到总体小康再向全面小康迈进的跨越，创造出了令世人惊叹的中国奇迹，也使我国的国际地位和国际影响力空前提升。中国崛起受全世界关注，被国际媒体称为“近年来最重要的全球变革”。

中华民族的明天，是“长风破浪会有时”的美好未来。经过鸦片战争以来170多年的持续奋斗，今天的中国，民族伟大复兴已展现出光明的前景。正如习近平总书记所指出的：“现在，我们比历史上任何时期都更接近中华民

族伟大复兴的目标，比历史上任何时期都更有信心、有能力实现这个目标。”

中国梦凝聚了几代中国人的夙愿，揭示了中华民族的历史命运和当代中国的发展走向，成为中国走向未来的鲜明指引，是激励中华儿女团结奋进、开辟未来的一面精神旗帜，凝聚全党全国各族人民的力量，共同朝着伟大梦想而努力奋斗。

2012年，中国共产党的十八大报告提出“两个一百年”奋斗目标：一个是到中国共产党成立100年时全面建成小康社会的目标，一个是到新中国成立100年时建成富强民主文明和谐的社会主义现代化国家的目标。全面建成小康社会的百年奋斗目标，既融汇了中国人民的生活理想，也勾勒了国家发展的壮丽蓝图，更铺就了民族复兴的富强之路。

小康梦“晴空一鹤排云上”，中国梦“桃李东风渐次开”。全面建成小康社会是全面建成社会主义现代化强国的坚强基石，是实现中华民族伟大复兴中国梦的关键一步。

（一）小康梦与民生梦

“小康”是一个古老的词汇，最早可追溯到西周时期，《诗经·大雅·民劳》中记载“民亦劳止，汔可小康”，小康代表着一种安稳祥和的生活状态。西汉时期戴圣所编的《礼记·礼运》中详细描绘了“大同”与“小康”这两种理想社会模式：“大道之行也，天下为公，选贤与能，讲信修睦。故人不独亲其亲，不独子其子……是谓大同。”“今大道既隐，天下为家，各亲其亲，各子其子，货力为己；大人世及以为礼……是谓小康。”仅次于“大同”的“小康”虽不能达到“天下为公”的境界，但依然呈现礼序井然的安泰之治。后来，宋人洪迈在《夷坚甲志·五郎君》中写道：“然久困于穷，冀以小康。”这里的“小康”所指是人民长期辛劳贫苦，祈求过上宽裕而安逸的生活。

在中国近代史上，康有为的“三世说”和孙中山的“三民主义”不同程度地包含了对小康思想的继承和阐发。康有为依据儒家的大同思想，糅合欧洲空想社会主义思想，在《大同书》中描绘了一幅由小康到大同的理想社会蓝图。孙中山认为“民有、民治、民享”是“大同”的标准，在袁世凯任中华民国总统后恐难以实现，但仍以小康期之，即满足人民的衣、食、住、行之需。

历经无数朝代，“小康”虽然在不同历史条件下被赋予不同角度的解读，但在多样的文化形态中始终保持不变的本质：国泰民安，人民生活富足。几千年来，“小康”早已成为中华民族共同的梦想，象征着中华民族儿女对美好生活的期许和憧憬。“小康梦”作为中华儿女上下传承、世代为之奋斗的民族梦，积淀着中华民族最根本的理想追求，凝聚着中华民族伟大复兴的磅礴力量。

改革开放后，邓小平在思考如何从国情出发实现四个现代化的过程中，对“小康”赋予了新的内涵，因此与传统社会称颂的基于小农经济和宗法制的“小康”有着根本上的区别。1979年12月。邓小平会见日本首相大平正芳时用“小康”来描述“中国式的现代化”，他说：“我们要实现的四个现代化，是中国式的现代化。我们的四个现代化的概念，不是像你们那样的现代化的概念，而是‘小康之家’。”

1982年9月，党的十二大把“工农业总产值翻两番”“小康”确定为20世纪末全国经济建设的总目标。为实现这个总目标，党对我国社会主义现代化建设作出战略安排，提出“三步走”战略目标。1987年10月，党的十三大正式将实现小康作为“三步走”战略构想的第二步发展目标。

经过改革开放10多年的奋斗，整体上解决了人民温饱问题。以江泽民为代表的中国共产党人接过“小康”接力棒，开创了中国特色社会主义事业的一个新的里程碑，使我国在20世纪末达到总体小康水平，人民生活水平大幅提高。

（二）从总体小康到全面建设小康社会

由总体小康到全面建设小康社会，标志着中国特色社会主义事业质的飞跃。

总体小康具有低水平、不全面和发展不平衡等局限。所谓低水平，就是刚刚跨过了小康社会的门槛，一方面是生产力和科技还比较落后，工业化水平还很低；另一方面虽然国内经济总量已经达到一定规模，但人均收入水平较低。不全面的小康主要是指社会经济、政治、文化等方面尚未实现协调发展。改革开放以来长期以经济建设为中心，精神文明建设和民主法制建设等方面相对滞后，生态环境与经济发展存在矛盾，制约了小康建设的整体进程。发展不平衡的小康，主要表现为地区之间、城乡之间的经济发展水平以及各社会阶层之间的生活水平还存在较大差距。

全面建设小康社会的总目标是要建设高水平的、发展平衡而全面的小康，这意味着社会的全面进步，也意味着民生全面发展和改善。

经过21世纪前20年的发展，使2020年的国内生产总值力争比2000年翻两番，并且要实现产业结构的优化和经济效益的提高，这是经济发展方面的目标。按照这个目标测算，2020年中国人均GDP约达到4000美元，人民收入和消费水平以及社会保障水平将较大幅度提高，人民生活也会更加殷实和富裕。而且，随着城镇化的快速推进，城镇人口的比重将较大幅度提升，城市化水平和农业现代化水平将较快提高，各阶层贫富差距、城乡发展差距和区域发展差距扩大的趋势将得以扭转并逐步缩减。

社会主义政治发展的目标主要包括两个方面：一是社会主义民主更加健全完善；二是社会主义法制更加完备、更具执行力。民主法制健全、政治文明高度发展、社会秩序良好作为全面小康的基本特征，可以切实尊重和保障人民群众的政治权益、经济权益和文化权益，有效保障人民群众安居乐业。

科技、教育、文化、卫生事业发展方面的目标是：中华民族的思想道德素质、科学文化素质和健康素质明显提高，形成比较完善的现代国民教育体系、科技和文化创新体系、全民健身和医疗卫生体系。全面建设小康社会离不开经济、社会与资源环境的协调发展，离不开人与自然的和谐共处。人的全面发展是全面小康社会的目标导向，在保障人民生存型消费需求的同时，也要创造条件满足群众的发展型和享受型消费需求。

（三）决胜全面建成小康社会

党的十八大之后，以习近平同志为核心的党中央坚持问题导向和科学思维，坚定中国自信、立足中国实际、总结中国经验、针对中国难题，统筹推进“五位一体”总体布局，协调推进“四个全面”战略布局，团结带领中国人民继续沿着中国特色社会主义道路向民族复兴的伟大目标努力奋斗。

全面建成小康社会，建设社会主义现代化，造福亿万中国人民。“人民热爱生活，期盼有更好的教育、更稳定的工作、更满意的收入、更可靠的社会保障、更高水平的医疗卫生服务、更舒适的居住条件、更优美的环境，期盼着孩子们能成长得更好、工作得更好、生活得更好。”这是当代中国人民的共同向往。

全面建成小康社会，实现2020年国内生产总值和城乡居民人均收入在2010年基础上翻一番，真正解决13亿多中国人的民生问题，这是中国几千年来都没有实现过的目标。把人口总数世界第一的大国全部带入全面小康，在一个区域发展状态呈现“四个世界”的大国建成全面小康，这是人类历史上从未有过的伟大壮举。

改革开放40年来，中国共产党团结带领全国各族人民不懈奋斗，我国稳定解决了十几亿人的温饱问题，总体上实现小康。我国经济实力、科技实力、国防实力、综合国力进入世界前列，推动我国国际地位和国际影响力不断跃上新台阶，党的面貌、国家的面貌、人民的面貌、军队的面貌、中华民族的面貌发生了前所未有的变化，取得了脱离贫困、实现温饱到迈向富裕的伟大成就，中华民族正以崭新姿态屹立于世界东方。

中国特色社会主义进入新时代，我国社会主要矛盾已经转化为人民日益增长的美好生活需要和不平衡不充分的发展之间的矛盾，人民不仅期望有充实的物质生活，还有精神文化、民主权利、生态环境、医疗健康、食品安全等诸多方面的需求。某一方面有短板，都会降低人民群众对全面小康社会的满意度。

我国正处于全面建成小康社会的决定性阶段。当前，要紧扣我国社会主要矛盾变化，统筹推进经济建设、政治建设、文化建设、社会建设、生态文明建设，坚持和贯彻“创新、协调、绿色、开放、共享”五大新发展理念，坚定实施科教兴国战略、人才强国战略、创新驱动发展战略、乡村振兴战略、区域协调发展战略、可持续发展战略、军民融合发展战略，大力提升发展质量和效益，更好地满足人民对美好生活的需要，更好地推动人的全面发展、社会全面进步，赢得全面建成小康社会的最后胜利。

（四）开启全面建设社会主义现代化国家新征程

从1949年新中国成立到2050年全面建成社会主义现代化强国的100年，大致可以分成三个大的历史发展阶段。

以毛泽东同志为代表的第一代中国共产党人团结带领中国人民基本建立社会主义制度，进入社会主义建设的起步阶段，核心任务是脱贫和工业化建设。

改革开放后，以邓小平同志为核心的党中央领导中国开辟了中国特色社会主义道路，经过几代中国共产党人和全国各族人民的努力奋斗，先后解决温饱问题和实现总体小康，主要目标是全面建设小康社会。

党的十八大以来，中国特色社会主义进入新时代，以习近平同志为核心的党中央团结带领中国人民朝着决胜全面建成小康社会和进而全面建设社会主义现代化强国这“两个一百年”目标而努力奋斗，推进社会生产力的全面发展，逐步实现全体人民共同富裕，奋力实现中华民族伟大复兴中国梦。

从“贫穷落后”到“解决温饱问题”，从“总体小康”到“全面建设小康社会”，从“决胜全面建成小康社会”到“全面建设社会主义现代化强国”，展示出百余年中国波澜壮阔、沧桑巨变的历史图景，镌刻了几代中国人为民族复兴奋斗的艰辛历程。

道路决定命运，改革开放40年来我国取得的伟大成就，证明了中国特色社会主义道路是实现中华民族伟大复兴中国梦的正确道路。

“两个一百年”奋斗目标相互衔接。在党的十九大至二十大这个历史交汇期，我们既要全面建成小康社会，又要乘势而上开启全面建设社会主义现代化国家新征程。十九大报告将这个新征程划分为两个发展阶段。

第一个黄金十五年，在2020年全面建成小康社会的基础上，到2035年基本实现社会主义现代化。到那时，我国经济实力、科技实力将大幅跃升，法治国家、法治政府、法治社会基本建成，人民生活更为宽裕，基本公共服务均等化基本实现，美丽中国目标基本实现。

第二个黄金十五年的奋斗将把我国在2050年建成富强民主文明和谐美丽的社会主义现代化强国，成为综合国力和国际影响力领先的国家，全体人民共同富裕基本实现，我国人民将享有更加幸福安康的生活，中华民族将以更加昂扬的姿态屹立于世界民族之林。

二、全面小康一个都不能少

全面建成小康社会，关键在惠及人群的全覆盖，让全国人民共享全面建成小康社会的成果。习近平总书记提出的一系列全面建成小康社会的论断和要求，从执政伦理层面明确了全面小康社会的价值目标，即不让任何一人、任何一地掉队，无论何种地域、何种群体、何种层级、何种民族的群众，都应过上全面小康生活。

全面建成小康社会已经进入决胜时期，脱贫攻坚已经到了啃“硬骨头”、攻城拔寨的冲刺阶段，必须破除民生发展难题，弥补民生发展短板，着力解决好发展不平衡不充分问题，解决好贫困地区和少数民族地区的精准脱贫问题，要使全部人民、全部地域实现全面小康。

（一）决不能让困难地区和困难群众掉队

全面建成小康社会，决不能落下一个贫困地区、一个贫困群众。这是以习近平同志为核心的党中央对人民作出的庄严承诺。2012年12月29日，习近平总书记到河北阜平县看望慰问困难群众时指出：“全面建成小康社会，最艰巨最繁重的任务在农村、特别是在贫困地区。”全面建成惠及十几亿人口的小康社会，决不能丢了农村这一头。没有农村的小康，特别是没有贫困地区的小康，就没有全面建成小康社会。因此，要把帮助农村困难群众脱贫致富摆在更加突出的位置，不让困难群众在全面建成小康社会进程中掉队。

全面建成小康社会，一个民族都不能少。2014年9月29日，习近平总书记在中央民族工作会议暨国务院第六次全国民族团结进步表彰大会上指出：“新中国成立以来，少数民族和民族地区得到了很大发展，但一些民族地区群众困难多，困难群众多，同全国一道实现全面建设小康社会目标难度较大，必须加快发展，实现跨越式发展。”民族地区和边疆地区是2020年我国如期实现全面建成小康社会百年奋斗目标不可或缺的部分。加快民族地区和边疆地区的发展步伐，要充分调动好中央、发达地区和民族地区的积极性，对边疆地区、民族地区和贫困地区实行差别化的区域发展政策，优化转移支付和对口支援体制机制，把政策动力和内生潜力有机结合起来。

2015年2月，习近平总书记在羊年春节前夕赴陕西看望慰问广大干部群众代表。13日下午，习近平总书记在中国延安干部学院主持召开陕甘宁革命老区脱贫致富座谈会，并发表了重要讲话。习近平总书记对革命老区人民脱贫致富十分关心，他指出：“革命老区是党和人民军队的根，我们永远不能忘记自己是从哪里走来的，永远都要从革命的历史中汲取智慧和力量。老区和老区人民为我们党领导的中国革命作出了重大牺牲和贡献，我们要永远珍惜、永远铭记。我们要实现第一个百年奋斗目标，全面建成小康社会，没有老区的全面小康，没有老区贫困人口脱贫致富，那是不完整的。”

2017年11月10日，习近平总书记在越南岘港刚刚结束的亚太经合组织工商领导人峰会上强调：“全面建成小康社会，13亿多中国人，一个都不能少!” 没有全民小康，就没有全面小康。

让中国所有贫困人口脱贫，是党确立的全面建成小康社会的底线目标，是以习近平同志为核心的党中央治国理政布局中的重要任务。改革开放40年来，国家始终重视扶贫工作，7亿多贫困人口摆脱贫困。其间，我国扶贫标准一直在根据物价水平不断调整。2011年国家扶贫标准增加到2300元（这个标准十分接近每天1美元的国际贫困标准)，我国贫困人口增加到了12238万。

党的十八大以后的5年，我国脱贫攻坚战取得决定性进展，实现6000多万贫困人口稳定脱贫，贫困发生率从10.2%下降到4%以下，贫困地区农村居民人均收入保持两位数增长。

中国贫困线人口统计表（1978—2017）

年份 统计数据	1978	1985	1990	1995	2000	2005	2010	2011	2012	2013	2015	2017
贫困标准（元/人）	100	206	300	530	625	683	1274	2300	2300	2300	2300	2300
贫困人口（万人）	25000	12500	8500	6540	3209	2365	2688	122388	9899	82498	5575	约4300
贫困发生率（%）	30.7	14.8	9.4	7.1	3.5	2.5	2.8	12.7	10.2	8.5	5.7	低于4.0

数据来源：《中国统计摘要》《中国统计年鉴》。

2020年如期使全国贫困人口稳定脱贫是全面建成小康社会的底线任务，也是全面开启社会主义现代化建设的重要一步。决不能让任何一个贫困地区和贫困地区群众在全面建成小康社会的进程中掉队，这是党和政府对人民的政治承诺。习近平总书记发出号召："我们要立下愚公移山志，咬定目标、苦干实干，坚决打赢脱贫攻坚战，确保到2020年所有贫困地区和贫困人口一道迈入全面小康社会。党和政府要进一步增强使命感和责任感，加大投入支持力度，加快民族地区、贫困地区、边疆地区和革命老区的发展步伐，把脱贫攻坚变为行动自觉，确保困难群众同全国人民一道进入全面小康社会。"

（二）坚决打赢扶贫脱贫攻坚战

习近平总书记心系困难群众，高度重视扶贫工作，30多次国内考察都涉及扶贫，连续五年新年国内首次考察都看扶贫，连续三年新年贺词都讲扶贫，连续三年主持召开4次跨省区的脱贫攻坚座谈会，走遍了11个山区集中连片特困地区，提出了一系列精准扶贫新思想新观点，作出一系列脱贫攻坚新决策新部署，形成了扶贫开发重要战略思想，为向深度贫困发起总攻、打赢脱贫攻坚战提供了科学的思想指导和行动指南。

5年来，以习近平同志为核心的党中央在推进扶贫工作中不断完善脱贫攻坚政策体系，打造脱贫攻坚责任体系，强化脱贫攻坚投入体系，加强脱贫攻坚动员体系，构建脱贫攻坚监督体系，完善财政专项扶贫资金管理体系，建立脱贫攻坚考核评估体系，构筑起了脱贫攻坚的基本框架结构，为决胜绝对贫困提供了坚实的制度保障。

以习近平总书记2013年首次提出精准扶贫为起点，以党的十八届五中全会和中央扶贫开发工作会议决策部署为标志，我国扶贫开发进入脱贫攻坚新阶段。《中共中央　国务院关于打赢脱贫攻坚战的决定》对"十三五"脱贫攻坚作出全面部署，明确到2020年我国现行标准下农村贫困人口全部脱贫，贫困县全部摘帽，解决区域性整体贫困。在未来两年内实现4000多万贫困人口稳定脱贫，要求党和政府继续坚持走中国特色扶贫道路，以精准扶贫精准脱贫方略为指引，全面吹响脱贫攻坚冲锋号。

实施精准扶贫、精准脱贫，核心是做到扶持对象精准、项目安排精准、资金使用精准、措施到户精准、因村派人精准、脱贫成效精准。因村施助，因户施助，扶贫到家，扶贫到根，落实脱贫措施，实现脱真贫、真脱贫。2014年，80多万人进村入户，基本摸清贫困人口的地理分布、贫困程度、致贫原因、脱贫需求等基本情况，并建档立卡，建起全国统一的扶贫开发信息系统。

精准扶贫贵在精准，脱贫攻坚重在精准。建立完善贫困人口退出机制，明确规定退出的标准、程序和后续政策，对贫困退出开展考核评估检查，确保脱贫质量。2015年8月至2016年6月，全国动员近200万人开展建档立卡“回头看”工作，确保该脱贫的人口及时摘帽，应扶贫的人口大力扶助。2017年2月，全国各地对2016年脱贫不实开展自查自纠，确保扶贫工作真抓实干。

深入推进精准扶贫，要创新扶贫思路，重点抓好特困地区和特困群体脱贫。结合贫困地区和困难群众的实际发展情况，因贫施策打造“五个一批”脱贫路径，突出开发式扶贫和造血式扶贫，送脱贫观念、送优惠政策、送致富技能，通过资金扶持、项目扶持、技能扶持、就业扶持等实实在在的措施，加快贫困村、贫困户脱贫步伐，逐步完成每年1000万贫困人口脱贫的目标，使我国贫困地区在2020年全部实现脱贫。

深入推进精准扶贫，各项扶持政策要进一步向革命老区、贫困地区倾斜，推动政策向贫困村倾斜、资源向贫困村汇聚，强化扶贫协作和对口支援。每个贫困村都要派驻村工作队，每个贫困户都要有帮扶责任人。不断创新帮扶方式，扎实开展包保部门与贫困村、包保干部与贫困户结对帮扶活动，积极帮助群众出主意干实事，打通精准扶贫“最后一公里”。目前，全国共选派77.5万名干部驻村帮扶，选派19.5万名优秀干部到贫困村和基层党组织薄弱涣散村担任第一书记，推动扶贫政策措施落地落实。

（三）发展农业　富裕农民　振兴乡村

农业农村农民问题是关系国计民生的根本性问题，解决好“三农”问题是党和政府工作的重中之重。农业是“四化同步”的短腿，农村是全面建成小康社会的短板。“三农”问题仍然是全面建成小康社会必须克服的最大障碍，是全面开启社会主义现代化新征程的最大瓶颈。只有“三农”问题得到妥善解决，达到农业基础稳固、农村和谐稳定、农民安居乐业之效果，中国民生事业才有保障，全面建成小康社会才有坚实基础。

小康不小康，关键看老乡。全面建成小康社会，关键要抓好“三农”问题这个薄弱环节，推进农业现代化和新农村建设，推进城乡发展一体化，把广大农村建设成农民幸福生活的美好家园。

习近平总书记在2016年中央农村工作会议上强调，推进农业供给侧结构性改革，确保国家粮食安全，以增加农民收入、保障农业有效供给为主要目标，优化农业产业体系、生产体系、经营体系，促进农业农村发展由过度依赖资源消耗、主要满足“量”的需求，向追求绿色生态可持续、更加注重满足“质”的需求转变。

农民富了中国才能富。倡导“扶贫先扶智、脱贫先脱愚”理念，对有劳动能力的贫困人口进行技能培训，激发他们自我脱贫内生动力，增强自我发展能力，积极参与创业就业，拓宽增收渠道，实现脱贫致富。党的十九大报告明确保持土地承包关系稳定并长久不变，第二轮土地承包到期后再延长30年，这给广大农业经营者吃下了一颗“定心丸”，农民财产权益进一步得到保障。党的十九大报告还提出，要培养造就一支懂农业、爱农村、爱农民的“三农”工作队伍，从而弥补农村人才短板。例如，加大“互联网+”扶贫力度，支持贫困村建立农产品网络销售平台，注重加强对贫困村电商人才培训，培养一支素质高、作用发挥好的农村电子商务骨干队伍，扶持一批有发展潜力的乡村建立电子商务。

农业强了中国才能强。发展是甩掉贫困帽子的总办法，解决“三农”问题必须走农业现代化的路子，只有农业发展起来了，才能实现农民持续增收，推动农村就地发展。大力发展现代农业，要巩固和完善农村基本经营制度，深化农村土地制度改革，完善承包地“三权”分置制度。构建现代农业产业体系、生产体系、经营体系，发展多种形式适度规模经营，培育新型农业经营主体，实现农业生产经营的科学化、组织化、规模化和产业化，形成新的产业竞争力，提高农业发展效益，更好地保障粮食产量稳定和粮食安全，把中国人的饭碗牢牢端在自己手中。

农村美了中国才能美。改善乡村环境，加强贫困村基础设施和人居环境建设。积极推进农村安全住房建设，通过危房改造解决贫困户住房问题。支持贫困地区推进厕所改造、环境卫生综合整治、机耕路维护等工作，切实改善人居环境。协调各方力量，推动建设好村标准化卫生计生室、农家书屋、文化活动广场等公共卫生文化设施，保障贫困村和贫困户享有基本公共服务。

（四）为世界减贫作出中国贡献

消除贫困，是中华民族千年追求的梦想，也是全人类的美好愿景。贫困是一个世界性难题，反贫困是人类社会面临的共同使命。贫困问题困扰着世界上很多国家，尤其是广大发展中国家面临着贫困衍生出来的阶级矛盾、饥饿问题、传染疾病、社会冲突、地区动荡等一系列难题。

改革开放40年来，中国走出一条特色减贫道路，在反贫困方面取得了举世瞩目的成就，先后使7亿多人口摆脱贫困，是全球最早实现联合国千年发展目标中“减贫目标”的发展中国家。党的十八大以来，我国成功减贫6000多万人，脱贫攻坚取得历史最佳成绩，创造了人类反贫困新奇迹。

中国的减贫成就为世界减贫事业作出了重要贡献，提振了世界扶贫的信心，赢得全球广泛赞扬。世界银行行长金墉说，中国在减贫方面也走在世界前列，树立了典范。联合国开发计划署前署长海伦·克拉克赞叹中国的脱贫规模举世瞩目，速度之快绝无仅有。联合国秘书长古特雷斯认为，中国在减贫方面的骄人业绩，对全球产生了积极的“溢出效应”。

习近平总书记多次在国际论坛上申明中国对全球减贫事业的坚定承诺。在2015年北京减贫与发展高层论坛上，习近平总书记发出倡议：着力加快全球减贫进程，着力加强减贫发展合作，着力实现多元自主可持续发展，着力改善国际发展环境。在2017年联合国人权理事会第三十五次会议上，中国代表全球140多个国家，就共同努力消除贫困发表联合声明。

发展是削减贫困的根本途径。习近平总书记指出：“大家一起发展才是真发展，可持续发展才是好发展。”倡导共建一个没有贫困、共同发展的人类命运共同体是中国的全球减贫方案。习近平总书记在2017年1月世界达沃斯经济论坛上提出了一条共建共享、互利共赢的发展道路，打造富有活力的增长模式、开放共赢的合作模式、公正合理的治理模式、平衡普惠的发展模式。

在应对贫富差距、南北差距、难民潮等日益增多的贫困挑战上，中国倡议弘扬共商共建共享的全球治理理念，加强国际减贫交流与合作，分享中国减贫的有益经验，为世界减贫事业提供可借鉴的中国方案。中国在致力于自身消除贫困的同时，支持和帮助广大发展中国家特别是最不发达国家消除贫困。推进“一带一路”建设，推动亚洲基础设施投资银行和金砖国家新开发银行投入运营，向发展中国家提供项目支持和援助，彰显了发展中大国的责任担当。

三、建设现代化经济体系

我国经济已由高速增长阶段转向高质量发展阶段，正处在转变发展方式、优化经济结构、转换增长动力的攻坚期，贯彻新发展理念，建设现代化经济体系是适应中国特色社会主义进入新时代的客观要求，是全面提升发展质量和效益的战略目标，是全面建成小康社会和全面开启社会主义现代化强国建设的经济方略。

建设现代化经济体系，加快经济发展方式转型、经济结构调整、经济增长动力强化，实现更高质量、更有效率、更加公平、更可持续的经济发展，引领中国经济迈向更高台阶，不断满足人民日益增长的美好生活需要。

（一）以新发展理念引领经济发展

在“十三五”时期，我国经济发展已经进入新常态，经济发展呈现出“增速换挡、结构优化、动力转换”三大特点：一是经济增长速度从高速转向中高速，增长速度不是一个固定的数，而是控制在一个合理的区间，以保证收入翻两番目标的实现；二是经济向形态更高级、分工更复杂发展，产业迈向中高端，发展方式从规模速度为主逐步转向质量效率并重，经济结构调整从“增量扩能为主转向调整存量、做优增量并举”；三是经济发展动力更为多元，由传统增长点转向新的增长点；从主要依靠资源和低成本劳动力等要素投入转向更多依靠科技创新、劳动者素质提高等要素驱动。

过去5年，以习近平同志为核心的党中央主动适应、把握、引领经济新常态，坚定不移贯彻新发展理念，深入推进供给侧结构性改革，保持经济稳中向好、稳中有进，推动中国经济发展不断向着更高质量、更有效率、更加公平、更可持续的方向迈进。经济保持中高速增长，在世界主要国家中名列前茅，国内生产总值从54万亿元增长到80万亿元，稳居世界第二，对世界经济增长贡献率超过30%，成为世界经济发展的主要动力源。

党的十八届五中全会提出“创新、协调、绿色、开放、共享”五大发展理念，以新发展理念引领经济新常态，进一步推动经济增长模式由技术驱动向创新驱动转型，实现经济增长向高效率增长、高质量增长转变，实现经济增长由不公平增长向公平增长转变，由少数人分享的增长向全体人民分享的增长转变。改善民生不仅是经济发展的目标，还有利于释放新的社会需求，创造新的社会供给，形成新的经济增长点。

共享发展是社会主义本质的内在要求，是增进人民福祉的着力点，与共同富裕的发展目标相统一。共享发展必须坚持发展为了人民、发展依靠人民、发展成果由人民共享，必须注重机会公平和权利公平，通过更有效的制度安排，使改革发展成果惠及全体人民，使全体人民在共建共享发展中有更多获得感，增进人民团结，凝聚全国各族人民的力量推进社会主义现代化建设，朝着共同富裕的方向稳步前进。

在新常态下，虽然我国经济增长速度从高速转向中高速，但是经济发展形势依然可观。习近平总书记2015年在长春召开座谈会时讲话指出，我国经济韧性好、潜力足、回旋空间大的基本特质没有变，经济发展长期向好的基本面没有变，经济持续增长的良好支撑基础和条件没有变，经济结构调整优化的前进态势没有变。

经济建设是全面建成小康社会的中心内容。习近平总书记在湖南考察时提出，“我们这么大个国家、这么多人口，仍然要牢牢坚持以经济建设为中心”。但习近平总书记所强调的经济建设不是发展的数字化——简单的增加GDP总值，而是追求实实在在的、没有水分的生产总值，追求有效益、有质量、可持续的经济发展。既要看增长速度，更要看发展质量。经济建设不再是简单的以国内生产总值增长率论英雄，而是强调以提高经济增长质量和效益为立足点，这是经济发展前景光明、民生持续改善的信心来源。

国际货币基金组织（IMF）2017年内四次上调中国经济增长预期，对中国经济走向投下信任票。中国经济增长率在2017和2018年的预期值分别达到6.8%和6.5%，强劲的增长预期助推了全球经济增长趋势，以及新兴和发展中经济体的增长前景。

2017年11月9日，国家主席习近平同美国总统特朗普共同出席中美企业家对话会闭幕式，习主席在致辞时说，中国经济结构正在不断优化，中国经济具有长期向好的光明前景，有基础、有条件、有动力实现稳中有进、持续向好。在致2017年广州《财富》全球论坛的贺信中，习近平总书记又再次表明对中国经济未来发展的坚定信心。

（二）经济发展要更加平衡更加充分

全党对于我国社会主要矛盾的认识在十九大上有了新发展。社会主要矛盾的主客体方面都发生了变化，主体方面由人民日益增长的物质文化需要转变为人民日益增长的美好生活需要，客体方面由落后的社会生产转变为不平衡不充分的发展，主要矛盾已经由人民日益增长的物质文化需要同落后的社会生产之间的矛盾转化为人民日益增长的美好生活需要和不平衡不充分的发展之间的矛盾。

改革开放40年来，我国生产力不断提升，经济总量跃居世界第二，在多个科技和制造业领域位于世界领先水平，社会生产力总体上已经脱离落后状态，随着经济发展和人民收入水平的不断提高，人民的需求层次不断提高，人民美好生活需要日益广泛，不仅对物质文化生活提出了更高要求，而且在民主、法治、公平、正义、安全、环境等方面的要求日益增长。这是以习近平同志为核心的党中央作出社会主要矛盾转变的历史依据。但是，从发展的产业结构和空间地域来看，我国的发展是不平衡的；从发展的整体层次和质量水平来看，我国的发展相对于世界发达国家是不充分的。

深化供给侧结构性改革是经济新常态下深化经济结构战略性调整的重大战略举措，通过解决我国经济供给侧存在的问题推进经济结构优化、经济动力转化。习近平总书记强调："在适度扩大总需求的同时，着力加强供给侧结构性改革，通过'三去一降一补'着力提高供给体系质量和效率，增强经济持续增长动力。"在经济新常态下，外需空间不足，内需空间有限，过去一味靠增加投资来改善总需求的办法已经不管用了，必须坚持源头治理，重视供给管理，改善供给结构，减少无效和低端供给，扩大有效和中高端供给，提高全要素生产率，化解过剩产能，刺激经济需求，释放发展红利。

实施区域协调发展战略，推动我国经济实现更加平衡更加充分发展。加快建立更加有效的区域协调发展新机制，加大力度支持革命老区、民族地区、边疆地区和贫困地区实现跨越式发展，推进西部大开发战略，深化改革加快东北等老工业基地振兴，发挥优势推动中部地区崛起，创新引领率先实现东部地区优化发展。

（三）发展壮大实体经济

强国要靠实体经济，不能泡沫化。习近平总书记在党的十九大报告中指出，我国实体经济水平有待提高，必须发展壮大实体经济，必须抓好着力点，画好路线图。

建设现代化经济体系，必须把发展经济的着力点放在实体经济上，不断增强我国经济质量优势。发展壮大实体经济不能走单一发展、脱实向虚的路子。2017年12月12日，习近平总书记在江苏考察前往徐工集团重型机械有限公司，他强调，发展实体经济一定要抓好制造业。装备制造业是制造业的脊梁，要加大投入、加强研发、加快发展，努力占领世界制高点、掌控技术话语权，使我国成为现代装备制造业大国。

要抓好创新驱动，掌握和运用好关键技术，加快建设制造强国，加快发展先进制造业，推动互联网、大数据、人工智能和实体经济深度融合，实现中国制造向中国创造转变、中国速度向中国质量转变、中国产品向中国品牌转变，从而推动我国经济高速增长向高质量发展转变。

加快完善社会主义市场经济体制，为发展壮大实体经济和建设现代化经济体系提供科学规范、合理完备、运行有效的体制结构。经济体制改革必须以完善产权制度和要素市场化配置为重点，必须坚持社会主义市场经济改革方向。“看不见的手”和“看得见的手”都要用好，充分发挥社会主义基本制度与市场经济两方面的优势，使市场在资源配置中起决定性作用和更好地发挥政府作用，创新和完善宏观调控，提高驾驭社会主义市场经济的能力。

加快完善社会主义市场经济体制，完善市场监管体制，健全地方税体系，健全金融监管体系。坚持和完善社会主义基本经济制度和分配制度，毫不动摇地巩固和发展公有制经济，毫不动摇地鼓励、支持和引导非公有制经济发展。建立国有资本经营预算制度，完善各类国有资产管理体制，改革国有资本授权经营体制，国有经济布局和结构要进一步优化，不断增强国有经济的发展活力和主导作用。

（四）加快建设创新型国家

科技兴则民族兴，科技强则国家强。党的十八大以来，以习近平同志为核心的党中央始终把创新摆在国家发展全局的核心位置，坚定不移走科技强国之路，不断推进理论创新、制度创新、科技创新、文化创新等各方面创新，让创新贯穿党和国家一切工作，谱写了中国科技事业发展的新篇章。

科技是国家强盛之基，创新是民族进步之魂。2016年5月30日，习近平总书记在全国科技创新大会、两院院士大会、中国科协第九次全国代表大会上的重要讲话中，强调我国科技事业发展的目标是：到2020年时使我国进入创新型国家行列，到2030年时使我国进入创新型国家前列，到新中国成立100年时使我国成为世界科技强国。建设世界科技强国，是全面建成小康社会和社会主义现代化强国的重大部署，为实现中华民族伟大复兴中国梦提供战略支撑。

党的十八大以来，我国大力实施创新驱动发展战略，创新型国家建设成果丰硕，中国天眼、天宫系列空间实验室、“蛟龙”号载人潜水器、“悟空”暗物质粒子探测卫星、“墨子”号量子科学实验卫星、国产商用大飞机等重大科技成果相继问世。

创新是引领发展的第一动力。加快建设创新型国家，要加强国家创新体系建设，强化战略科技力量，培养造就一大批具有国际水平的科技人才，拓展实施国家重大科技项目，推动实施国家大数据战略，加快建设数字中国、网络强国、交通强国、智慧社会，更好地服务我国经济社会发展和人民生活改善。

（五）发展更高层次的开放型经济

中国发展与世界发展息息相关，全面建成小康社会要实现全国各族人民的幸福安康，也要积极推动人类社会共同繁荣发展。

开放带来进步，封闭必然落后。在决胜全面建成小康社会的征程上，中国将继续坚持开放发展、共享发展，在更广领域、更深层次参与全球经济治理，加快构建开放型经济新体制，推进“一带一路”建设，坚定不移走和平发展道路，为国内发展提供新的经济增长点、拓展经济发展空间、培育良好国际环境，也为推动世界和平与发展、构建人类命运共同体贡献中国智慧和中国力量。

中国是经济全球化的受益者，更是贡献者，中国的发展给世界各国发展带来机遇。中国经济稳定增长，对外贸易、对外投资、外汇储备稳居世界前列，中国是很多国家的第一大贸易伙伴、第一大投资国、第一大商品出口国。

中国以实际行动让世界分享到发展红利。习近平总书记已在多个国际场合向世界各国发出邀请，欢迎更多国家搭乘中国发展的“快车”和“便车”。“一带一路”倡议自2013年提出以来，已经得到100多个国家和国际组织的积极响应和支持，中国同40多个国家和国际组织签署了战略合作协议，同30多个国家开展机制化产能合作，亚洲基础设施投资银行、丝路基金、金砖国家新开发银行等不断取得进展，中国企业对沿线国家投资达到500多亿美元。

深入推进改革开放，引领对外开放新格局。虽然国际上逆全球化和贸易保护主义有所抬头，但中国开放的大门永远不会关闭，只会越开越大，中国将进一步走向世界、发展更高层次开放型经济，推动形成陆海内外联动、东西双向互济的全面开放新格局。

习近平总书记在2017APEC峰会发表主旨演讲申明，中国即将迎来改革开放40周年。中国改革的领域将更广、举措将更多、力度将更强。中国利用外资的政策不会变，对外商投资企业合法权益的保护不会变，为各国企业在华投资兴业提供更好服务的方向不会变，而且承诺凡是在境内注册的企业，都会被一视同仁、平等对待。

四、不断健全社会主义民主

党的十八大在十七大确立的全面建设小康社会目标的基础上，提出了全面建成小康社会的更高目标要求，描绘了加快推进社会主义现代化建设的宏伟蓝图。全面建成小康社会的政治发展目标是人民民主不断扩大，民主制度更加完善，民主形式更加丰富，人民积极性、主动性、创造性进一步发挥。十八大以来，以习近平同志为核心的党中央不断健全人民当家作主制度体系，坚定不移走中国特色社会主义政治发展道路，发展社会主义民主政治，建设社会主义政治文明，不断推进中国特色社会主义物质文明、精神文明、政治文明、生态文明的协同发展。

（一）坚持人民当家作主

人民民主是社会主义民主政治的生命力，人民当家作主是社会主义民主政治的本质，二者体现了人民主体地位的基本内涵。人民是社会主义国家的主人，人民掌握国家的前途命运。宪法规定了国家性质和国家权力主体，我国是工人阶级领导的、以工农联盟为基础的人民民主专政的社会主义国家，国家一切权力属于人民。

坚持人民主体地位是贯穿中国特色社会主义民主政治发展进程中的一根主线。我国社会主义民主是维护人民根本利益的最广泛、最真实、最管用的民主。发展社会主义民主政治就是要体现人民意志、保障人民权益、激发人民创造活力。

党的领导与人民当家作主是有机统一的。党的领导的基础是汇集人民主张、反映人民意愿、代表人民利益，目标是支持和保证人民实现当家作主。发展社会主义民主政治，保障人民当家作主，保证国家政治生活既充满活力又安定有序，必须坚持党的领导不动摇，坚持民主集中制，坚持依法治国。

用制度体系保证人民当家作主。推进中国特色社会主义政治制度更加完善、更加定型，加快建设中国特色社会主义法治体系，保障全体人民依法管理国家事务和社会事务、管理经济和文化事业，保障人民群众畅通表达利益要求，保证人民依法实行民主选举、民主协商、民主决策、民主管理、民主监督，这也是评价我国的政治制度是否民主、有效的根本标准。

人民代表大会制度是人民当家作主的最高实现形式，为人民主体地位的实现提供了根本政治制度的保障。要支持和保证人民通过人民代表大会行使国家权利，继续通过人民代表大会制度牢牢把国家和民族前途命运掌握在人民手中。发挥人大及其常委会在立法工作中的主导作用，健全人大组织制度和工作制度，支持和保证人大依法行使立法权、监督权、决定权、任免权，更好发挥人大代表作用，使各级人大及其常委会成为全面担负起宪法法律赋予的各项职责的工作机关，成为同人民群众保持密切联系的代表机关。

民族区域自治制度、基层群众自治制度、中国共产党领导的多党合作和政治协商制度也是人民当家作主的重要途径，要始终坚持和完善这些基本政治制度。还要不断完善基层民主制度，保证人民依法享有广泛权利和自由，保障人民知情权、参与权、表达权、监督权，扩大人民有序政治参与。

（二）扩大协商民主

党的十八大报告在“坚持走中国特色社会主义政治发展道路和推进政治体制改革”部分明确提出要“健全社会主义协商民主制度”，党的十九大报告在“健全人民当家作主制度体系，发展社会主义民主政治”部分明确提出要“发挥社会主义协商民主重要作用”。

有事好商量，众人的事情由众人商量，是人民民主的真谛。协商民主是我国人民民主的重要形式，是实现党的领导的重要方式，是我国社会主义民主政治的特有形式和独特优势。协商民主的出发点是协商于民，提供一个商议平台，使公共事宜经过群众商量，并在审议过程中对群众的意见和偏好进行提炼、聚集，使之更具公共性；协商民主的落脚点是协商为民，即根据人民群众意愿和要求的最大公约数达成共识，并进一步转化为能够被广泛接受的公共决议和政策，解决人民群众的切身利益问题。

完善协商民主制度和工作机制，推动协商民主广泛、多层、制度化发展，形成完整的制度程序和参与实践，保证人民在日常政治生活中有广泛持续深入参与的权利。通过国家政权机关、政协组织、党派团体等渠道，统筹推进政党协商、人大协商、政府协商、政协协商、人民团体协商、基层协商以及社会组织协商，就经济社会发展重大问题和涉及群众切身利益的实际问题广泛协商、广纳群言、广集民智。

人民政协是具有中国特色的制度安排，是社会主义协商民主的重要渠道和专门协商机构。人民政协工作要围绕团结和民主两大主题，把协商民主贯穿政治协商、民主监督、参政议政全过程，完善协商议政内容和形式，着力增进共识、促进团结、增强合力。

开展基层协商民主，把政治协商纳入决策程序，坚持协商于决策之前和决策之中，有助于增强民主协商民主性和实效性。2015年，天津市和平区积极探索社区协商民主的新做法，形成了社区协商民主“三会四形五重点、六支队伍为骨干”的新型民主协商工作法，为社区协商民主建设提供了制度保障。《和平区社区基层协商民主案例选》一书，真实记录了和平区社区居委会在基层协商民主中的典型案例。

（三）政治体制改革推进民主建设

政治体制改革是社会主义政治制度的自我完善和发展，是在坚持社会主义基本政治制度的前提下，改革上层建筑中不适应基本经济制度和经济体制改革要求的、不利于发挥社会主义民主、不利于发展社会生产力的具体的体制机制。改革开放以来，我国政治制度不断完善，社会主义政治制度的优越性越来越明显。党的十八大以来，以习近平同志为核心的党中央积极稳妥推进政治体制改革，推进社会主义民主政治制度化、规范化、法治化、程序化，全面落实依法治国基本方略，加快法治政府、法治社会和法治国家一体化建设。

推进政治体制改革，发展更加广泛、更加充分、更加健全的人民民主。以往政治实践表明，影响人民民主的一个重要因素就是对权力运行的制约和监督机制不健全，难以有效防止权力过于集中、权力滥用、腐败等现象。

如何加强对权力运行的制约和监督，最根本的是要深化政治体制改革，改革和完善党的领导方式和执政方式，改革和完善民主选举制度，深化行政体制改革，把权力关进制度的笼子里。深化司法体制改革，从立法、执行、司法等各个环节加强对权力的制约和监督，坚持依法治国、依法执政、依法行政有机统一，使政治权力在法治的轨道下运行，实现决策民主化和科学化，才能发展社会主义政治文明，才能保障人民的民主权利，维护社会公平正义。

（四）电子政务扩大人民民主

日新月异的科学技术不仅推动生产力的变革和经济的发展，也推动着政治的变革和完善。计算机、网络和通信等现代信息技术的广泛普及，使政府网络系统逐渐建立和完善，提供了更广泛、更方便、更快捷、更公开的网络政务平台，有助于实现政府管理与服务的科学化，实现国家治理的现代化。

政府办公实现电子化、自动化、网络化，提供信息公示、信息查询、问题咨询、民众意见反馈等服务，有效弥补了传统政务模式的时间局限和空间局限，大幅提高了政府办公效率，为公众提供更高效的服务。政府可以通过广泛快捷的网络平台倾听民众声音，吸引更多民众参与政府组织的调查活动、选举活动和意见采集活动，同时民众可以通过在线选举、民意调查、公共论坛、信息公开等途径了解政务信息、参与政务活动、监督政务行为，即时表达个人建议和意见。

电子政务发展了人民民主的技术手段，为民主选举、民主决策、民主管理、民主监督、民主协商提供了一个高效便捷的技术平台。电子政务的及时性、交互性、透明性，可以实现政府与民众的双向沟通和即时交流，扩大了民主的广度，增加了民主的深度，对加快社会主义民主政治建设具有重要的推动作用。

五、建设社会主义文化强国

文化是一个国家、一个民族的灵魂。文化兴则国运兴，文化强则民族强。一个国家的强大以文化的兴盛为支撑，中华民族的伟大复兴以社会主义文化发展繁荣为基础。没有社会主义精神文明的高度发展，就不能全面建成小康社会。没有文化的繁荣兴盛，就不能全面建成社会主义现代化强国。

提高国家文化软实力，关系到“两个一百年”奋斗目标的如期实现。必须坚定文化自信，要坚持中国特色社会主义文化发展道路，激发全民族文化创新创造活力，发展面向现代化、面向世界、面向未来的，民族的、科学的、大众的社会主义文化，建设社会主义文化强国，在实现中华民族伟大复兴的中国梦的进程中不断创造中华文化新辉煌。

（一）抓好社会主义意识形态建设

2013年8月19日，习近平总书记在全国宣传思想工作会议上强调，经济建设是党的中心工作，意识形态工作是党的一项极端重要的工作。

意识形态决定文化的前进方向，决定文化的发展道路。马克思主义是中国特色社会主义意识形态的旗帜和灵魂。“一个国家、一个民族、一个政党，任何时候任何情况下都必须树立和坚持明确的理想信念”，习近平总书记强调的理想信念就是马克思主义，它是立党立国的根本指导思想，也是中国特色社会主义的理论根基。中国特色社会主义进入新时代，要用习近平新时代中国特色社会主义思想武装全党，推动习近平新时代中国特色社会主义思想深入人心。

中国共产党要牢牢掌握意识形态工作的领导权、管理权和话语权，掌握国家意识形态话语建构和传播渠道的主导权，领导意识形态领域的相关工作。必须推进马克思主义中国化、时代化、大众化，建设具有强大凝聚力和引领力的社会主义意识形态，使全体人民在理想信念、价值理念、道德观念上紧紧团结在一起。

（二）大力发展文化事业和文化产业

中国特色社会主义进入了新时代，社会主要矛盾已经转变为人民日益增长的对美好生活的需求同不平衡不充分的发展之间的矛盾，因此不仅要进一步改善人民群众的物质生活，还要满足人民群众日益增长的精神文化需求，加快发展公共文化事业和文化产业，提供丰富的精神食粮，丰富人民群众的精神世界。改革开放以来，党和政府始终重视发展公共文化事业，建设文化馆、公共图书馆、博物馆、档案馆等文化基础设施，图书、戏剧、电影、音乐、舞蹈等文化产品日益丰富，公共文化事业不断发展，人民精神文化生活日益改善。

公共文化事业发展情况统计表（1980—2016）

项目 \ 年份	1980	1990	2000	2010	2014	2016
文化馆（个）	291	300	2911	3258	3311	3338
公共图书馆（个）	1732	2527	2769	2860	3110	3172
博物馆（个）	365	1012	1373	2141	2760	3060
档案馆（个）		3630	3816	4077	4246	4193

续表

项目 \ 年份	1980	1990	2000	2010	2014	2016
全年图书出版（亿册）	45.9	55.8	63.5	74	84	86
广播节目综合人口覆盖率（%）		74.7	92.5	96.8	98.0	98.4
电视节目综合人口覆盖率（%）		79.4	93.7	97.6	98.6	98.9
城镇每百户彩色电视机拥有量（部）		59.0	116.6	137.4	135.2*	
农村每百户彩色电视机拥有量（部）		4.7	48.7	111.8	115.5*	
城镇每百户家庭计算机拥有量（部）			9.7	71.2	81.9*	
农村每百户家庭计算机拥有量（部）			0.5	10.4	18.0*	
城镇居民家庭文教娱乐支出比重（%）		11.1	13.4	12.1	12.2*	11.2®
农村居民家庭文教娱乐支出比重（%）		5.4	11.2	8.4	8.6*	

数据来源：相关年度的《中国统计年鉴》和《国民经济和社会发展统计公报》。表中“*”表示为2011年数据，“®”表示为全国居民人均文教娱乐消费支出比重。

发展公共文化事业和文化产业，要深化文化体制改革，必须完善文化事业和文化产业管理体制，加快构建把社会效益放在首位、社会效益和经济效益相统一的体制机制。加强文物保护利用和文化遗产保护传承；完善公共文化服务网络，推动基层公共文化设施资源共建共享，创新公共文化服务运行机制，加快构建普惠性、保基本、均等化、可持续的现代公共文化服务体系；深入开展文化惠民工程，开展群众性文化活动；讲好中国故事，传播中国好声音，增强国家文化软实力。

健全现代文化市场体系，创新生产经营机制，完善文化经济政策，培育新型文化业态，强化文化科技支撑，促进文化产业的繁荣发展。随着互联网和信息化的普及，科技成为文化发展的新引擎，发挥科技创新对文化产业发展的驱动作用，推动网络文学、网络剧、微电影等新兴文艺类型繁荣有序发展。拓展文化与科技融合的广度深度，形成一批文化与科技融合型企业，让文化创意产品和服务更新颖丰富，让广大消费者享受科技进步带来的多样文化产品和新颖的公共文化服务，不断提高文化产业的核心竞争力和文化企业的国际竞争力。

（三）培育践行社会主义核心价值观

塑造兴国之魂，培育中国人民的精神信仰与追求。习近平总书记强调，“人类社会发展的历史表明，对一个民族、一个国家来说，最持久、最深层的力量是全社会共同认可的核心价值观”。弘扬社会主义核心价值观，是有效整合社会意识、有效维护社会秩序的重要路径，关系到社会主义文化的先进性质和正确方向，关乎人民幸福安康，关系到社会和谐稳定和国家长治久安。

中华优秀传统文化是中国人民的精神命脉，是连接中华儿女的精神纽带，是炎黄子孙血脉相传最深厚的文化基因，积淀着中华民族最深层的精神追求。社会主义核心价值观的基本内涵，一方面是对中华优秀传统文化的继承与发扬、创造性转化和创新性发展，另一方面也体现了对世界文明有益成果的吸收和借鉴，在这个过程中社会主义核心价值观实现了民族精神与时代精神的融合。

社会主义核心价值观是对社会主义核心价值体系的凝练和发展，是从国家、社会和个人三个层面提出的全社会都应该遵循的基本准则和基本评价标准。国家层面的价值目标是“富强、民主、文明、和谐”，社会层面的价值导向是“自由、平等、公正、法治”，个人层面的价值追求是“爱国、敬业、诚信、友善”，反映了全国各族人民共同认同的“最大公约数”，体现了社会主义的本质要求。

人民有信仰，国家才有力量。主流价值观自信，才会有道路自信、理论自信和制度自信。“一个国家的文化软实力，从根本上说，取决于其核心价值观的生命力、凝聚力、感召力。”培育和弘扬社会主义核心价值观，能够凝聚全社会的普遍共识，获取“最大公约数”，形成中华民族的强大精神支柱，从而共同建设社会主义文化强国。

培育和践行社会主义核心价值观，要加强爱国主义、集体主义、社会主义教育，加强对中华民族的优秀文化和光荣历史的正面宣传，引导人民树立正确的历史观和文化观，坚持正确的民族观和国家观，增强中国人民的文化自信和骨气底气。

培育和践行社会主义核心价值观，要加强全社会的思想道德建设，提高中华民族的道德境界，为实现中国梦凝聚有力的道德支撑。国无德不兴，人无德不立。明德、立德、兴德，关乎民族长远发展，要使13亿人的每一分子都积极弘扬和传播中华美德，引导人民逐渐过上“讲道德、尊道德、守道德”的生活。全体人民同心同德、团结奋进，形成向上向善的力量，中华民族追求崇高美好的道德境界。

（四）繁荣发展社会主义文艺

社会主义文艺事业是人民的事业，要坚持以人民为中心的创作导向。只有始终把人民作为文艺发展的主体，坚持为人民服务的根本目的，坚持为社会主义服务的根本方向，社会主义文艺事业才具有持久而旺盛的生命力。

必须把人民作为文艺创作的根基。人民的实践是文艺创作的源泉，人民生活蕴藏着文艺创作的丰富原料。一旦脱离人民，文艺就会失去创造力。文艺创作者要深入人民生活，进行无愧于时代的文艺创造，在扎根人民中提升文艺原创力，推动文艺创新。要加强文艺队伍建设，培育一大批高水平创作人才。

人民是文艺审美的鉴赏家和文艺作品的评判者。一部优秀的文艺作品，应该是经得起人民评价的作品，应该是人民群众喜闻乐见的作品。文艺要热爱人民，才能为人民所热爱。倡导创作反映人民心声、讴歌祖国发展的文艺作品，抵制低俗、庸俗、媚俗的作品。

文艺作品把人民利益和社会效益放在首位。文艺发展要适应社会主义市场经济的整体环境，但不能被市场牵着鼻子走；文化产品要考虑市场价值，但要服从社会价值。只有坚持社会效益和经济效益相统一，才能创作出真正优秀的文艺作品，也才能满足人民群众的文化需求。

构建中国特色哲学社会科学和中国特色新型智库要坚持以人民为中心的研究导向。习近平总书记在哲学社会科学工作座谈会上指出，“为什么人的问题是哲学社会科学研究的根本性、原则性问题”。哲学社会科学事业是人民的事业，必须为绝大多数人服务；哲学社会科学战线是人民的战线，要以人民为发展哲学社会科学事业的深厚根基。不融入人民生活，哲学社会科学就没有吸引力和感染力；不回应人民诉求，哲学社会科学就没有影响力和生命力。对于广大哲学社会科学工作者来说，要树立为人民做学问、学问服务于人民的理念，自觉把个人学术追求同人民利益诉求紧紧联系在一起，创造经得起人民检验的研究成果。

六、改善和保障民生没有终点站

解决好13亿多人的民生问题，带领人民创造美好生活，是中国共产党始终不渝的奋斗目标。改善和保障民生是决胜全面建成小康社会的关键一步。

扶贫减贫、收入与支出水平、文化教育水平、卫生和健康状况、社会保障水平、人类发展指数，这些民生指标集中反映了人民的生活水平和状况。经过改革开放40年来的发展，我国在教育、就业、公共服务、社会保障等民生改善方面取得了十分可喜的成就：社会就业更加充分，再分配注重社会公平，城乡居民人均收入快速增长，民生之本得到有效巩固；教育覆盖面进一步扩大，基本公共教育服务均等化水平提高，民生之基得到有效夯实；医疗资源大幅度增加，城乡居民健康状况进一步改善，民生之需得到有效满足；社会保障覆盖面进一步扩大，社会保障水平进一步提高，民生之盾更加坚固；城乡住宅面积总量与人均量都得到了较大幅度的提高，民生之所筑造更为牢固。我国在义务教育、养老保险、公共卫生、基本医疗等方面公共服务均等化水平有明显提升，人民生活水平不断提高，人民权益越来越有保障，人民对未来生活越来越有信心。

民生问题大于天，以习近平同志为核心的党中央高度重视保障和改善民生，抓好人民最关心最直接最现实的利益问题，扎实推进精准扶贫，支持和帮助贫困地区和困难群众逐步脱贫致富、奔向小康，实现全体人民共同迈入全面小康社会，使全面建成小康社会得到全国各族人民的支持，也得到国际社会的认可和赞同。

（一）提升人民的获得感

发展经济的落脚点是改善民生，提高人民的收入水平和生活质量，人民可以享受到更公平的教育、更好的就业机会、更健康卫生的生活环境、更丰富的文化生活、更广泛的公民政治自由、更公正的司法和法律保障。改善民生就是促进发展。政府要以改善民生为最大政绩，进一步向公共服务型政府转型，实现有质量和效益的经济增长。

在决胜全面建成小康社会的奋斗进程中，以习近平同志为核心的党中央坚持以人民为中心的发展思想，以逐步实现共同富裕为目标，努力提升发展的包容性和共享水平，优先谋划就业、住房、医疗、教育、财富和收入分配、社会保障等领域的发展，增加公共服务和公共产品，让改革发展成果更多更公平惠及全体人民，让人民群众尤其是困难群体、弱势群体更多分享改革发展成果，朝着实现全体人民共同富裕不断迈进。

改革开放40年来，我国城乡居民人均收入水平持续较快增长，连续多年跑赢同期国内生产总值，消费水平也不断提高。从1978年到2014年，我国城镇居民人均可支配收入由316元增长到33616元，增长106倍；农村居民人均纯收入由1978年的134元增长到2016年的12363元，年平均增长速度超过200%。城乡居民人均消费支出同样也实现了大幅度增长。据相关资料统计，扣除价格因素，城乡居民的收入与支出水平每年都实现了正增长，这表明人民的总体生活水平在不断提升。

中国城乡居民收入支出情况统计表（1978—2016）

年份 项目（单位：元）	1978	1990	2000	2010	2014	2016
全国居民人均可支配收入				10046	20167	23821
城镇居民人均可支配收入	316	1510	6280	19109	28844	33616
农村居民人均纯收入	134	686	2253	5919	10489	12363
城镇居民人均消费支出		1279	4998	13471	19968	23079
农村居民人均生活消费支出		585	1670	4382	8383	10130
人均储蓄存款余额	21.9	623	5076	22619	25505	43800

注：表格数据来源于《中国统计年鉴》和《国民经济和社会发展统计公报》。

2020年全面建成小康社会的基本目标包括实现城乡居民人均收入在2010年的基础上翻两番。在决胜全面小康的“最后一公里”，要继续坚持和完善以按劳分配为主、多种分配方式并存的基本分配制度，完善按要素分配的体制机制，履行好政府再分配调节职能，增加低收入者收入，调节过高收入，取缔非法收入，拓宽居民劳动收入和财产性收入渠道，扩大中等收入群体，逐步缩小收入分配差距，提高共同富裕水平。

（二）办好人民满意的教育

自1977年恢复高考，我国教育事业重新步入正轨。20世纪80年代，党中央提出“面向世界、面向未来、面向现代化”的教育方针，90年代提出科教兴国战略，着力推动教育事业又好又快发展。党和政府不断加大科教投入，大力发展基础教育，提高高等教育水平，各级教育入学率越来越高，全国人民受教育程度和科学素质不断提升。如今在全国大部分地区基本实现了九年义务教育普及，我国已经跨入教育大国的行列，并朝向教育强国迈进。

各级普通学校毕业生升学率统计表（1980—2016）

项目＼年份	1980	1990	2000	2010	2011
高中升学率（%）		27.3	73.2	83.3	86.5
初中升学率（%）	41.7	40.6	51.2	87.5	88.9
小学升学率（%）	68.4	74.6	94.9	98.7	98.3

每10万人拥有的各种受教育程度人口统计表（1982—2010）

项目＼年份	1982	1990	2000	2010
大专及以上（人）	615	1422	3611	8930
高中和中专（人）	6779	8039	11146	14032
初中（人）	17892	23344	33961	38788
小学（人）	35237	37057	35701	26779
文盲人口（万人）	22996	18003	8507	5466
文盲率（%）	22.81	15.88	6.72	4.08

加快教育现代化，建设教育强国，是社会主义现代化建设的基础工程。我国教育事业发展取得了很大成就，但是离建成教育强国和人力资源强国还有很长的一段距离。全面建成社会主义现代化强国，必须坚定实施科教兴国战略，始终把教育事业置于优先发展的地位，深化教育领域的综合改革，发展具有中国特色又要世界水平的现代教育，培养德智体美全面发展的社会主义建设者和接班人。

治贫先治愚，争取让每个贫困家庭的孩子都能享受到公平的有质量的教育。习近平总书记强调，要“努力让每个孩子享有受教育的机会，不让孩子输在起跑线上，努力让13亿人民享有更好更公平的教育，获得发展自身、奉献社会、造福人民的能力”。增加财政支持，扩大教育投入，促进教育公平化，高度重视农村义务教育，推动城乡义务教育一体化发展，使绝大多数城乡新增劳动力接受高中阶段教育、更多接受高等教育。

（三）提升人民的幸福感

就业是民生之本，实现更高质量的就业。十八大以来，党和政府坚持就业优先战略，实行积极就业政策，我国就业状况持续改善，城镇新增就业年均1300万人以上。决胜全面建成小康社会，要求实现更高质量的就业，大力开展职业技能培训，提供全方位公共就业服务，促进高校毕业生等青年群体就业创业；健全促进就业创业的体制机制，建立创业支持体系，创建宽松的创业环境，鼓励万众创业。

促进农民工多渠道就业创业是党和政府就业工作的重要内容。全国农民工总量从2012年年末的2.63亿人增加到2016年年末的2.82亿人，新生代农民工占到了近五成。两亿多的农民工长期生活在城市，但并没有获得市民身份，享受市民待遇，处于半城镇化状态。以人为核心的新型城镇化，更多关注农业转移人口是否真正享受市民待遇和基本公共服务，合法权益是否得到切实保障。加快推进户籍制度改革，逐步把符合条件的农业转移人口转为城镇居民，促进有能力在城镇稳定就业和生活的常住人口有序实现市民化。

住房是民生之所。党的十九大报告提出，坚持“房子是用来住的、不是用来炒的”定位，加快建立多主体供给、多渠道保障、租购并举的住房制度，从供应体系、保障体系、租赁市场让全体人民住有所居的目标有了更加明确的实现路径，要解决好困难群众的基本住房问题。

改革开放以来，人民生活质量不断提高，从1978年到2016年，我国城镇和农村居民家庭恩格尔系数由57.5%和67.7%分别下降到29.3%和32.2%，全国居民恩格尔系数下降为30.1%，接近联合国划分的20%至30%的富足标准。人民消费结构不断改善，消费水平不断提升，发展型和享受型消费不断增长。

在人均住房面积上，我国城镇居民人均住房建筑面积和农村居民人均住房面积都实现了较大幅度增长，居民住房条件持续改善。城乡居民的交通状况不断改善，城乡居民拥有汽车的比例大大提高，城市的公共交通和道路设施建设水平也得到了较大幅度的提高，民众出行日益便捷。中国已成为世界上拥有手机数量最多的国家，2016年移动电话普及率上升至96.2部/百人，互联网上网人数7.31亿人，互联网普及率达到53.2%，其中农村地区互联网普及率达到33.1%。通信事业快速发展。城市居民的用水普及率、燃气普及率不断提高，公共厕所、公园等公用设施普及范围不断扩大，城市居民的生活条件日益改善。

城乡居民生活质量相关指标增长情况统计表（1978—2011）

项目	年份	1990	2000	2010	2011
居民家庭恩格尔系数	城镇（%）	54.2	39.4	35.7	36.3
	农村（%）	58.8	49.1	41.1	40.4
居住条件	城镇居民人均住房建筑面积（平方米）	6.7	20.3	31.6	32.7
	农村居民人均住房面积（平方米）	17.8	24.8	34.1	36.2
交通条件	城市每万人拥有公交车辆（标台）	2.2	5.3	9.7	11.8
	城市人均拥有道路面积（平方米）	3.1	6.1	13.2	13.8
	城镇居民每百户拥有家用汽车（辆）		0.50	13.07	18.58
	农村居民每百户拥有生活用汽车（辆）		0.30	2.75	5.51
通信条件	电话普及率（含移动电话）（部/百人）	1.11	19.10	86.41	94.81

续表

项　目 \ 年　份		1990	2000	2010	2011
城市公用设施普及占有率	用水普及率（%）	48.0	63.9	96.7	97.0
	燃气普及率（%）	19.1	45.4	92.0	92.4
	每万人拥有公共厕所（座）	1.8	3.7	11.2	11.8
	人均公园绿地面积（平方米）	3	2.7	3	3
人均国内旅游花费	城镇（元）		679	883	878
	农村（元）		227	306	471

（四）加强社会保障体系建设

社会保障事业是民生之盾。我国社会保障体系已经初步建立起来，但还需要健全完善。社会保险是社会保障制度的核心内容，为人民的生产生活编织一张兜底的安全网。社会保险制度建立以来，城镇职工基本养老保险、城镇基本医疗保险、失业保险、生育保险和工伤保险覆盖的群众越来越多。2014年年初，国务院规定将新型农村社会养老保险和城镇居民社会养老保险合并，破除养老保险“双轨制”，加快实现养老保险全国统筹，在2020年前全面建成公平、统一、规范的城乡居民养老保险制度，实现城镇与农村、企业与机关、职工与农民工在公共养老资源上的公平共享。

随着养老保险制度的并轨与完善，截至2016年年末，我国城乡居民基本养老保险人数达到50847万人，社会保障水平又跃上了新台阶。除了社会保险建设以外，我国城乡居民基本医疗保险制度和大病保险制度也不断完善。

全面小康一个人也不能少。要健全留守儿童和妇女、老年人的关爱服务体系，不断完善社会救助和社会福利制度，关爱留守儿童、妇女和老人等特殊群体，筑牢民生底线，提供最基本的生活保障，实现“幼有所育”“弱有所扶”。

社会保险事业基本情况统计表（2000—2016）

项目（单位：万人）＼年份	2000	2005	2010	2014	2016
参加城镇职工基本养老保险人数	13617	17444	25707	34415	37862
参加城镇基本医疗保险职工和退休人数	3787	13709	23735	28325	74839
参加失业保险人数	10408	10648	13376	17043	18089
参加工伤保险人数	4350	8309	16161	20621	21887
参加生育保险人数	3002	4537	12336	17035	18443

（五）建设健康中国

人民健康是民族昌盛和国家富强的重要标志。党的十九大报告提出，实施健康中国战略，为建成社会主义现代化强国奠定坚实基础。

在公共卫生和基本医疗方面推进基本公共服务均等化，不断深化医药卫生体制改革，全面建立中国特色基本医疗卫生制度、医疗保障制度和优质高效的医疗卫生服务体系。推动医疗卫生工作重心下移到农村社区，推动医疗卫生资源下沉到基层，为人民群众提供安全有效、方便价廉的公共卫生和基本医疗服务，着力解决基层群众看病难、看病贵，基本医疗卫生资源均衡配置等问题，致力于实现到2020年人人享有基本医疗卫生服务的目标。

医疗卫生条件直接关系到人民群众的生命健康安全，是民生发展的重要保障。改革开放以来，我国卫生事业迅速发展，初步建成了集医院、乡镇卫生院、社区卫生服务中心（站）、诊所（卫生所、医务室）、村卫生室、疾病预防控制中心、卫生监督所（中心）为一体的基层医疗卫生机构服务体系，全科医生队伍加快建设，专业卫生技术人员不断增多，全国尤其是中西部贫困地区、农村地区的医疗卫生条件不断改善。

卫生资源基本状况统计表（1980—2016）

项目＼年份	1980	1990	2000	2010	2014	2016
每万人医疗卫生机构床位数（张）	202	262.4	318	437	652	747
每万人执业（助理）医师（人）	117	176.3	208	237	282	317
医疗卫生机构（万个）			32.5	93.9	98.2	99.3
城镇居民家庭医疗保健支出比重（%）		2.0	6.4	6.4	6.4*	7.6®
农村居民家庭医疗保健支出比重（%）		3.3	5.2	7.4	8.4*	

注：表中“*”表示为2011年数据，“®”表示为全国居民人均医疗保健消费支出比重。

改革开放以来，我国全面实施国家基本公共卫生服务项目，落实妇女健康保障的政策，大力加强县、乡、村妇幼卫生网络的建设，不断提高妇幼卫生能力，免费提供孕产妇保健和儿童保健服务，使得孕产妇死亡率、婴儿死亡率和5岁以下儿童死亡率持续显著降低，相比20世纪90年代初降幅都超过了50%，人民健康水平逐渐提升。婴儿死亡率、孕产妇死亡率以及5岁以下儿童死亡率持续降低，这是我国人均预期寿命不断延长的重要衡量指标。1981年我国人均预期寿命是67.77岁，截至2016年，我国人民的平均预期寿命为76.5岁，已经达到世界中上水平，在发展中国家位于前列。

健康状况统计表（1982—2016）

项目＼年份	1990	2000	2010	2014	2016
平均预期寿命（岁）	68.55	71.40	74.83	75.3	76.5
孕产妇死亡率（人/10万人）	88.8	53.0	30.0	21.7	19.9
婴儿死亡率（‰）	36.8	32.3	13.1	8.9	7.5
5岁及以下儿童死亡率（‰）	70.0	39.7	16.4	11.7	10.2

民以食为天。舌尖上的安全直接关系13亿多人的民生。随着收入水平和消费能力的不断提高，人民的需求不再停留在吃饱上，更关心能否吃得安全和健康。在我国社会经济快速发展过程中，食品安全问题是长期困扰人民生活质量提升的难题。近两年的抽检结果显示，样品抽检合格率稳中有升，我国食品安全形势总体平稳。但是，在一些领域仍然存在食品安全风险隐患，非法添加滥用食品添加剂、农兽药残留超标等问题不容忽视。党的十九大报告提出，实施食品安全战略，让人民吃得放心。确保食品安全，关键要建立起一套科学完善的食品安全治理体系，制定严格标准，严格进行监管和问责。农业是食品的源头，重点要加强农业生产源头的把控和过程监管。

（六）建设平安中国

国家强大独立，社会和谐有序，人民才能安居乐业。全面推进平安中国建设，是决胜全面建成小康社会和建设社会主义现代化强国的必要保障。

当前我国国家安全形势错综复杂。在国内方面，“台独”等分裂势力依然存在，民族宗教矛盾依然不容忽视，贫富差距日益增大，城乡二元结构较为明显，市场经济领域的各类风险不断凸显；在国际方面，我国正面对逆全球化、美国重返亚太、南海问题等挑战。提高应对国内国际局势和处理国内国际安全事务的能力，必须坚持总体国家安全观，以人民安全为宗旨，以政治安全为根本，以经济安全为基础，以军事、文化、社会安全为保障，以促进国际安全为依托，构建中国特色社会主义国家安全体系，走中国特色国家安全道路。

牢固树立安全发展观念，坚持人民利益至上，坚持国家安全一切为了人民、一切依靠人民，巩固国家安全的群众基础，并加强全民安全意识教育，健全公共安全体系。完善和落实安全生产责任和管理制度，切实保障人民群众生命财产安全。

实施国家安全战略，加快国家安全法治建设，完善国家安全审查制度，推进公共安全法治化，依法严密防范和严厉打击敌对势力渗透颠覆破坏活动、暴力恐怖活动、民族分裂活动、极端宗教活动，构建国家安全法律制度体系，构建集政治安全、国土安全、军事安全、经济安全、文化安全、社会安全、科技安全、信息安全、生态安全、资源安全、核安全等于一体的国家安全体系。既重视内部安全，兼顾发展与稳定，建设平安中国；又重视外部安全、共同安全，打造人类命运共同体，推动建设互利互惠、合作共赢、共同安全的和谐世界。

（七）迈进高水平的人类发展阶段

中国从一个世界上最贫穷的国家之一，成为今天的世界第二大经济体，成为一个世界强国，从饥饿贫困到总体小康再到全面小康，创造了人类历史上的伟大奇迹。中国的民生建设成就不仅体现在减贫扶贫方面的成绩，而且也体现在人类发展上所取得的重大进展。2011年，联合国开发计划署根据得到的人类发展指数（HDI）把所有国家分成四个等级：低人类发展水平（0.0至0.535）、中等人类发展水平（0.536至0.710）、高人类发展水平（0.711至0.800）和极高人类发展水平（0.801至1）。

1990年中国HDI只有0.495，低于世界平均水平（0.600）；到2012年中国HDI达到0.699，超过世界平均水平。这表明中国已经从一个低人类发展水平的国家转变为中等人类发展水平的国家。而从2014年开始，中国开始迈进高水平的人类发展阶段。20多年间中国人类发展指数持续攀升，高于世界平均增长速度，表明我国的经济社会发展水平实现了质的飞跃，也表明我国民生的稳步发展和人民生活的持续改善。在取得巨大成就的同时，我国的地区发展差距仍然较大，这也是不能否认、不可忽视的事实。客观来讲，我国发展还呈现出“一个中国、四个世界”的格局，这也要求我们继续坚持全面协调发展，推进精准扶贫，改善贫困群体的生活水平，不断缩小区域发展差距尤其是人民生活水平差距。

中国人类发展指数变化情况统计表（1990—2016）

项目 \ 年份	1990	2000	2005	2010	2012	2014	2015	2016
中国	0.495	0.590	0.637	0.689	0.699	0.719	0.727	0.738
世界平均水平	0.600	0.636	0.666	0.690	0.694	0.702	0.711	
世界排位	88	96	85	89	101	91	90	90
国家总数	136	173	177	169	187	187	188	188

HDI数据来自：Human Development Report 1990—2016。其他数值根据报告数据整理得到。

七、建设美丽中国

党的十八大把生态文明建设纳入中国特色社会主义事业并放在突出地位，这标志着中国特色社会主义建设从“四位一体”进一步拓展为“五位一体”。把生态文明建设与物质文明建设（经济建设）、政治文明建设、精神文明建设（文化建设）、社会文明建设相并列相联系的“五位一体”总体布局是中国特色社会主义事业的新构架，更加凸显了生态文明建设在总体布局中的战略地位。

全面小康是“望得见山、看得见水、记得住乡愁”的小康。生态文明建设是中国特色社会主义“五位一体”总体布局中的重要一环，也是全面建成小康社会不可或缺的组成部分。生态环境恶化不仅制约社会经济发展，更威胁到人民的基本生存和健康安全。建设好生态文明为人民生存发展的根本利益考虑，为当代人提供最惠普的民生福祉，更是为子孙后代留下可持续发展的“绿色银行”。生态文明建设要坚持共建共享的原则，提高人民生态保护意识，让人民为生态文明建设贡献力量，建设人民共享的美丽中国。

（一）既要金山银山又要绿水青山

改革开放40年来，我国经济快速发展的同时，生态环境问题也十分严峻。面对生态环境不断恶化、生态系统逐渐退化、生态民生亟须改善的严峻形势，以习近平同志为核心的党中央提出了“建设美丽中国”的战略任务。生态文明建设关乎民族未来，只有迈向社会主义生态文明新时代，才能实现中华民族的永续发展。

从生态伦理学的角度来考察，马克思主义生态文明观本质上是一种自然界的客观规律性与人的主体性相协调的实践辩证法。在准确把握生态规律的基础上，必须重视生态建设活动及生态系统的生态价值和生态效益。生态环境与人民生活紧密相关，民生福祉是生态价值和生态效益的重要表现之一。

生态文明建设不仅仅是一个经济问题，也不单单是一个环境问题，更是一个民生问题、政治问题。只顾经济增长，不顾资源环境承载力，以生态环境的破坏为代价发展经济得不偿失。生态环境恶化了，不仅制约着社会的发展，更威胁到人最基本的生存。发展经济不能以破坏生态环境为代价，如果生态民生得不到保障，人民基于经济民生发展的幸福感也会大打折扣。

生态环境的保护，功在当代、利在千秋。建设好生态文明是保障民生的后续发展空间和发展能力。推进生态文明建设，必须“树立尊重自然、顺应自然、保护自然的生态文明理念，坚持节约资源和保护环境的基本国策，坚持节约优先、保护优先、自然恢复为主的方针，着力树立生态观念、完善生态制度、维护生态安全、优化生态环境”。

提高生态保护意识是生态文明建设的首要任务，“要像保护眼睛一样保护生态环境，像对待生命一样对待生态环境”，才能重回天蓝、水清的美好家园，也才能把绿水青山留给子孙后代。正确处理经济发展和生态环境保护的关系，保护生态环境就是保护生产力、改善生态环境就是发展生产力，牢固树立“绿水青山就是金山银山”的理念。习近平总书记多次强调，“环境就是民生，青山就是美丽，蓝天也是幸福”“良好生态环境是最公平的公共产品，是最普惠的民生福祉”。以生态民生造福于人民，充分发挥绿水青山的社会经济效益。

绿色发展是实现生态环境质量总体改善、生态文明永续发展、生产可持续生活富足的重要途径。如何实现绿色发展？习近平总书记指出：“大力发展绿色科技，是人类建设美丽地球的重要手段。”低碳技术、节能技术等绿色科技为绿色发展和可持续发展提供坚强的科技支撑。绿色科技创新，有助于高效利用和配置各种资源要素，减少生产全过程的资源浪费，实现经济社会绿色发展，为人民提供更多优质生态产品，推动形成绿色发展方式和生活方式，营建天蓝、水清的美丽中国，建设人民群众共享的美丽中国。

（二）完善生态保护制度

保护生态环境必须依靠制度。建立健全生态环境保护体制机制，为生态文明建设提供可靠保障。2013年中央经济工作会议提出“加大环境治理和保护生态的工作力度、投资力度、政策力度，加强区域联防联控，加强源头治理”。只有转化为切实的政策和制度，才能看出生态治理成效。

保护生态环境是个系统工程，必须从源头出发，施行治本之策，才能事半功倍。生态环境恶化的重要原因在于没有建立起有效的防范制度。要健全自然资源资产产权制度，要落实全民所有自然资源资产所有权，建立统一行使全民所有自然资源资产所有权人职责的体制，做到避免管理部门职能交叉，将国家自然资源资产所有者与管理者有效分开。重视生态的社会发展考核体系，把资源消耗、环境损害、生态效益等体现生态文明建设状况的指标纳入经济社会发展评价体系，这对推进生态文明建设具有重要的导向和约束作用。

建设严格的过程管理制度体系和生态环境监测预警机制。形成节约资源和保护环境的空间格局、产业结构、生产方式、生活方式，是抓好生态文明建设的关键。在空间格局上，要推进主体功能区建设，使经济布局与资源承载力相适应；在产业结构上，逐步降低高耗能、高污染、高排放的产业产量，加快淘汰传统落后产能，促进产业结构调整升级；在生产方式上，推进绿色发展、循环发展、低碳发展；在生活方式方面，在全社会倡导低碳生活理念，鼓励居民绿色出行。

生态环境保护不仅要从源头上进行，而且要在自然资源的利用过程中贯彻保护的原则。保护生态环境同自然资源的开发利用并不矛盾，只要有严格的制度规范，完全可以把在对自然资源的开发利用过程中对生态环境的破坏降至最低，也完全可以实行对生态环境破坏的补偿，实行资源有偿使用和生态补偿制度。

建立完善生态环境损害责任终身追究制度和损害赔偿制度。保护生态环境，必须对因盲目决策造成生态环境严重损害的领导干部和造成生态环境严重破坏的企业和个人进行严肃追责。由于不科学的政绩观和干部任用体制不健全的影响，一些地方政府和领导干部为了追求地方经济的短期高速增长，不考虑生态环境承受度而盲目开发，结果造成了生态环境的破坏。为了扭转这种情况，应该建立生态环境损害责任终身追究制，实行生态环境状态一票否决制，杜绝经济高增长、环境大破坏的情况发生。针对企业或个人违反法律法规、肆意破坏生态环境的行为，实行损害赔偿制度。

全面推行河长制，保护河流生态环境。自2016年年底实施河长制，一年间，全国就已明确省市县乡四级河长近31万名，其中省级河长331名，河湖管护责任更加明确，各地积极开展清除河道违章、清洁河道垃圾、消除黑臭水体等专项行动，河流生态逐步恢复好转，水质资源更加健康。

（三）建设美丽城市和美丽乡村

建设美丽城市和美丽乡村，是满足人民对美好生活需求的必然要求。

建设美丽宜居城市，要着力解决城市空气、水、土壤等突出环境问题。

从2013年起，我国持续实施大气污染防治行动，加快水污染治理，强化土壤污染管控和修复，大力推进雾霾治理，打赢蓝天保卫战。据统计，2016年全国74个重点城市细颗粒物（PM2.5）平均浓度比2013年下降30.6%，空气质量不断改善，水资源质量明显改善。优化城镇生态环境关键要优化城市能源资源供给，加快煤改气进度，加大企业排污监管力度，推进城市绿色治理。构建绿色产业发展模式，发展新能源汽车和轨道交通在内的绿色城市交通体系，营造绿色建筑，打造绿色社区和绿色街区。

乡村美中国才能美。乡村建设是全国生态文明建设的重点和难点。推进乡村振兴战略，大力治理脏乱差现象，保护乡村古建筑，改善农村人居环境，推进生态人居、生态环境、生态经济和生态环境建设，创建宜居、宜业、宜游的美丽乡村。美丽乡村不仅要环境优美，更要有美的乡风文明。

第二章

全面深化改革

一、决定当代中国命运的关键一招

1978年，是中国开始革故鼎新的第一年。从此，中华民族开始了改革开放时期。在这一时期，改革成为最鲜明的时代特征，一系列改革措施不断推出，中国开始重新起步，并最终取得了翻天覆地的变化。在接下来的发展中，改革仍将是我们前进的主要动力，仍将是我们这个时代最主要的特征。习近平总书记指出："改革开放是决定当代中国命运的关键一招，也是决定实现'两个一百年'奋斗目标、实现中华民族伟大复兴的关键一招。""关键一招"是一种形象的比喻，表明改革是推进中国发展的一种根本途径和主要方式，"关键"一词凸显改革的重要性，表示非此不可。习近平总书记以这种形象化的方式生动阐述了改革的重要性和必要性。改革是决定中国命运的关键一招，说明改革关系到中国的兴衰成败，甚至生死存亡。邓小平曾经指出，如果不改革，中国只能是死路一条。现在，中国如果不继续全面推进改革，经济社会发展仍然没有出路。

（一）改革是历史经验的深刻总结

历史已经证明，改革改变了当代中国命运。如果不进行改革，中国还将在落后停滞的泥潭中难以自拔。习近平总书记曾经说过，改革开放是我们党的历史上一次伟大觉醒，正是这种觉醒使我国社会迸发出了巨大的活力，生产力快速发展，人民生活水平不断提高，政治、文化、社会领域也出现了巨大的变化。这种觉醒造就了中国特色社会主义制度的建立和完善，我们的道路自信、理论自信、制度自信、文化自信都建立在这种觉醒之上。中国共产党领导集体有这种理论自觉性和时代紧迫感，必然能够把中国引向富国强民的康庄大道。

历史是最好的教科书。坚持改革开放是决定中国命运的关键一招，是历史经验的总结。1976年10月粉碎“四人帮”之后，中国面临着一个经济社会发展停滞、政治冤案丛生的局面。广大干部群众强烈要求纠正“文化大革命”的错误，重新思考国家的大政方针，重新矫正民族的发展走向，改变我国贫穷落后的面貌。但是，事情的发展并没有如人们所愿。“两个凡是”方针的提出，表明新的领导层对于如何带领中国摆脱以往的局面没有展现出应有的政治智慧和敢于开拓创新的魄力，党和国家工作在前进中出现了徘徊局面。在这一关键的历史时刻，以邓小平为首的老一辈革命家响应时代召唤，就关系党和国家前途命运的大政方针作出了政治决断和战略抉择。党的十一届三中全会提出把党和国家工作中心转移到经济建设上来、实行改革开放的重大战略决策，中国的发展开始走上了一条新的伟大征程。在十一届三中全会召开前的中央工作会议上，邓小平针对我们党和国家在过去十几年走过的弯路，沉痛地指出：“如果现在再不实行改革，我们的现代化事业和社会主义事业就会被葬送”；为什么说不实行改革开放，我们的现代化事业就会被葬送，因为“道理很简单，不搞改革开放就不能继续发展，经济要滑坡。走回头路，人民生活要下降”。“不只是四个现代化没有希望，甚至于要涉及到亡党亡国的问题，可能要亡党亡国”。总之一句话，“不改革就没有出路”。这是在党和国家面临向何处去的重大历史关头作出的关键抉择。要知道，在过去中国沉迷于搞阶级斗争，搞“文攻武卫”的时候，世界上很多国家正在快速发展。在科技革命的引领下，西方国家不断进行产业升级，经济取得了快速发展，中国同西方发达国家的发展差距越拉越大。中国不发展就要落后，而落后就要挨打，要想发展，就必须改革，这就是中国社会发展的基本逻辑。1991年，邓小平在总结改革开放十几年取得的经验教训时明确指出：“坚持改革开放是决定中国命运的一招。”他强调：“这一段总结经济工作的经验，重点放在哪里？我看还是放在坚持改革开放上。没有改革开放十年经济发展的那个飞跃，取得顺利调整是不可能的。”“特别要注意，根本的一条是改革开放不能丢，坚持改革开放才能抓住时机上台阶。”1992年，邓小平在南方谈话中继续强调改革的重要性："不坚持社会主义，不改革开放，不发展经济，不改善人民生活，只能是死路一条。"

从1978年党的十一届三中全会提出实行改革开放的历史性决策开始算起，到2016年，我国的改革事业已经走过了将近40个年头，在这一时期中，我国的经济社会发生了历史性的变化，经济实力不断强大，综合国力不断增强，人们的生活水平大幅度跃升，中国在国际社会中的影响力显著提升。这一切都是改革开放的结果。从经济发展来看，改革首先从经济领域展开，取得的成就也最为人所瞩目。1978年我国国内生产总值为3645亿元，2013年已经接近60万亿元，2016年为74万亿元。按经济总量来计算，1978年我国经济总量仅位居世界第十五位，2010年已经超过日本，跃居世界第二位。从人均收入来看，按照世界银行的测算，我国人均国民总收入由1978年的190美元上升至2012年的5680美元，2016年则达到8000美元，中国已经接近中等偏上收入国家平均水平。从经济增长率来看，1979—1990年期间平均每年增长9%，1991—2001年期间中国经济的年增长率进一步上升到10.4%。近几年，由于我国经济进行结构性调整，主动降低经济增长率，但经济增长率也保持了将近7%的年增长率。纵观世界经济发展历史，能够维持长达30多年的高速经济增长的国家和地区几乎没有，堪称人类经济史上的奇迹。1978年我国外汇储备只有1.67亿美元，人均只有0.17美元；改革开放以后，我国对外经济逐渐发展壮大，经常项目贸易盈余不断积累，外汇储备逐年上升，1990年外汇储备超过百亿美元，2013年年末达到38213亿美元，连续多年稳居世界第一位。改革极大地改善了老百姓的生活水平，中国人民已经从改革开放前温饱不足的状态走向全面小康。1978年城镇居民人均可支配收入为343元，农村居民人均纯收入为134元。随着农村家庭联产承包责任制的推进和城市企业改革的发展，2013年城镇居民人均可支配收入达到26955元，扣除价格因素，比1978年实际增长11.3倍，年均增长7.4%；农村居民人均纯收入8896元，扣除价格因素，实际增长11.9倍，年均增长7.6%。2016年城镇居民人均可支配收入进一步增长至33616元，2016年农村居民人均可支配收入增长到12363元，人民收入水平继续稳步增长。城乡居民拥有的财富明显增加，1978年年末城乡居民储蓄存款余额仅为211亿元，2013年年末达到44.8万亿元，2015年进一步达到55.2万亿元，比1978年增长200多倍。贫困人口大幅减少，农村绝对贫困人口从1978年的2.5亿人减少到2016年的4335万人，平均每年脱贫538万人。

改革开放以来，我国由封闭半封闭到全方位开放，对外开放取得了辉煌成就。确立了改革开放的国策之后，我国不断拓展对外开放的广度和深度，从沿海到沿江、沿边和内陆，从制造业到农业和服务业，从大规模“引进来”到大踏步“走出去”，我国与世界的关系日益紧密，对外经济合作步伐明显加快，对世界经济的贡献也越来越大。1978年我国货物进出口贸易总额仅为206.4亿美元，此后不断增长，特别是2001年加入世界贸易组织之后，对外贸易总量不断攀升，2012年我国货物进出口总额达到38671亿美元，比1978年增长186倍，货物出口总额位居世界第一位。2016年我国货物进出口总额24.3万亿元，占世界贸易总额的比重保持在11%以上。服务进出口快速发展。改革开放之初，我国服务贸易基本上属于空白，随着对外开放程度的加深，我国服务贸易不断发展壮大：1982年，我国服务贸易进出口总额仅为44亿美元，居世界第三十四位；2013年服务贸易进出口总额5396亿美元，居世界第三位；2016年服务进出口总额达到6575亿美元，稳居世界第二位。随着经济社会的快速发展，我国的国际影响力显著提升，成为稳定世界经济增长的重要力量之一，对世界经济的复苏发挥着重要作用。2016年，我国国内生产总值折合11.2万亿美元，占世界经济总量的15%左右，稳居世界第二位。2013—2016年，我国对世界经济增长的平均贡献率达到30%以上，超过美国、欧元区和日本贡献率的总和，居世界第一位。我国积极参与国际经济合作，在国际经济规则的制定中发挥作用，不断扩大中国对世界经济的影响力。可以说，没有改革开放，就没有中国如今举足轻重的国际地位。正如习近平总书记在党的十八届三中全会上所指出的那样："中国人民的面貌、社会主义中国的面貌、中国共产党的面貌能发生如此深刻的变化，我国能在国际社会赢得举足轻重的地位，靠的就是坚持不懈推进改革开放。"

（二）改革是解决现实问题的根本途径

无论从哪一个角度来看，将近40年的改革确实给中国带来了巨大的变化，极大地促进了中国经济社会的发展和进步。但是，长期的经济社会发展繁荣并不代表改革的任务已经完成，相反，正如邓小平所说，发展起来以后的问题不比不发展时少。今天的改革就是要解决发展起来以后的问题。邓小平强调："这个问题要解决。"虽然"解决这个问题比解决发展起来的问题还困难"，但是一定"要利用各种手段、各种方法、各种方案解决这些问题"。否则，"发展下去总有一天会出问题"。今日之改革，必须是全面的改革，必须是深入的改革，只有把改革全面推向深化，才能不断解决发展进程上不断出现的新问题，才能确保当代中国沿着正确的道路继续发展下去，实现中华民族的伟大复兴。

现在，我们正处于建设社会主义现代化的关键时期。我们要想跨过中等收入陷阱，顺利实现"两个一百年"奋斗目标，实现中华民族伟大复兴中国梦，需要强大的动力，这一动力源泉就是全面深化改革。习近平总书记强调："我们中国共产党人干革命、搞建设、抓改革，从来都是为了解决中国的现实问题。可以说，改革是由问题倒逼而产生，又在不断解决问题中而深化。"当前，国内外环境都出现了深刻的变化，产生了许多新的问题。国际上，经济全球化继续快速发展的同时各个国家的贸易保护主义却有所抬头，全球经济已经从2008年金融危机的打击中走了出来，但恢复缓慢，世界经济的发展仍然曲折多变，国与国之间合作与对抗并存，综合国力的比拼更加激烈。在国内，阻碍经济社会进一步稳定健康发展的困难和问题还很多，比如：发展中不平衡、不协调、不可持续问题依然突出，科技创新能力不强，产业结构不合理，发展方式依然粗放，城乡区域发展差距和居民收入分配差距依然较大，社会矛盾明显增多，教育、就业、社会保障、医疗、住房、生态环境、食品药品安全、安全生产、社会治安、执法司法等关系群众切身利益的问题较多，部分群众生活困难，形式主义、官僚主义、享乐主义和奢靡之风问题突出，一些领域消极腐败现象易发多发，反腐败斗争形势依然严峻，等等。出现这些问题的深层次原因一方面在于改革不够全面，比如改革更加注重经济运行体制的改革，对分配领域的改革重视不够，也包括没有把经济改革同政治改革、社会改革联系起来，导致某一领域的改革单兵突进，社会发展不够协调。另一方面在于改革不够深入，许多领域的改革在遇到阻力之后就流于形式，难以深入下去，这其中既有利益固化所带来的利益集团阻挠的原因，也有思想不够解放、不敢触碰体制机制问题的原因。发展过程中的这些问题能否解决关系着老百姓的切身利益，关系着中国特色社会主义事业的成败，更决定着中国的前途命运。解决这些问题，必须继续用好改革这“关键一招”。可以说，是这些问题的严峻性和紧迫性逼迫我们必须改革。如果说1978年我们对改革是一种主动抉择，那么现在的改革就是一种被动选择，经济社会发展过程中积累的深层次问题已经相当严重，如果不加以解决，就会危及党和国家的前途命运。为了解决当今时代的问题，回应人民的新期待，必须把改革作为解决问题的根本途径。

（三）改革是中国新一轮发展的最大红利

我国经过长达30多年的高速增长之后，影响经济发展的一系列约束条件已经发生变化，经济发展进入新常态。以前促进经济增长的人口红利、投资红利和资源红利逐步消退。首先是人口红利逐渐缩减。改革开放之初，经济发展取得成功的一个关键因素是我国有大量的廉价劳动力，但是随着时间的推移，劳动力成本不断提高。随着我国经济的不断发展，工资收入水平在不断上涨，加之国家的社会保障体系不断完善，职工的社会保障支出对于企业来说是一项必要的开支。同时随着我国计划生育政策效应的显现，我国劳动力总量扩大趋势减缓，总人口红利消失，劳动力成本上升压力日趋加剧。其次是资源红利的消散。土地、能源、原材料等资源价格也在逐步上涨。我国自然资源的总量不低，但是人均水平并不高，许多资源产品依赖进口。我国经济发展过分依赖自然资源的投入，是一种粗放式的数量增长型的经济发展方式，不仅难以形成持久的经济发展动力，而且造成了严重的环境危机。为了应对越来越严重的生态环境危机，再依赖大量的资源投入来推动经济增长已经不太现实。最后是投资红利。在促进经济增长的“三驾马车”中，投资需求是我国运用的较多的一项，通过吸引外资、政府投资和民间投资，促进了我国经济的长期繁荣。但是，过度依赖投资也使我国的经济结构失衡越加严重，消费需求启动困难。从投资结构来看，国家主导投资仍然是投资的主要方式，但这样的投资往往导致资金进入一些效率不高、产能过剩的企业，造成更加严重的产能过剩，使经济失衡进一步加重；民间资本的投资渠道狭窄，一些行业和领域民间资本并不容易进入。外资引进也是我国重要的投资方式，但是金融危机之后，外资对我国进行投资的热度下降，外资增幅明显回落。

有人据此认为中国经济发展的红利已经消散，今后的增长将极为困难，中国将迈入中等收入陷阱。但是，中国有一关键红利并未消散，这就是改革红利。李克强提出，改革是中国最大的红利。有了这一红利，中国的发展不仅不会停滞不前，反而会越来越好。“改革红利论”即是认为，只要我们能够认清形势，抓住关键问题，解放思想，就能够通过对阻碍经济发展的体制机制进行改革来释放增长动力。由于改革最终是通过政策的形式推动的，所以改革红利论也叫“政策红利论”。

改革红利论的理论基础是，在我国社会主义基本制度不变的前提下，通过改革制约经济社会发展要求的社会主义体制机制，达到发展生产力的目的。邓小平说过：“改革的性质同过去的革命一样，也是为了扫除发展社会生产力的障碍。”中国共产党带领中国人民实现了第一次革命，取得了新民主主义革命的胜利，建立了新的社会主义制度。现在，改革是党带领人民进行的第二次革命。改革就是对阻碍我们经济发展的体制机制的革除，推动我国社会主义制度的自我完善和发展，使社会主义制度在建立之后还能保持生机和活力，从而实现生产力的发展。改革开放这些年来发展成就的取得，就是通过不断制定新的政策来克服体制机制的弊端，从而释放被压制的生产力的结果。比如，农村生产力的快速发展归根结底是因为政策红利的释放，是我们改革了农村土地制度，允许农民包产到户，放松了对农民的管制，给了农民自由耕种土地的选择之后的结果。通过运用改革对社会主义制度进行完善和发展，我们已经释放了巨大的改革红利，取得了快速的发展。但我们离成熟的社会主义市场经济体制还有很长的路，完善的中国特色社会主义制度体系的建立也还需要很长时间，我们只有继续推进改革，通过改革释放生产力，才能推动生产力和生产关系继续耦合，使我国的经济社会不断发展。我们的国有企业正在进行混合所有制改革，通过混合所有制改革，可以使国有资本不断壮大，使国有企业的生产效率不断提高。我国的户籍制度改革正在不断推进，居住证正在全国开始推广，这将为城镇化的发展注入新的活力。所以说，经过多年的发展，虽然支撑我国经济增长的人口红利、资源红利和投资红利已经逐步消失，但是我们仍然拥有改革这一重要动力，一定能够释放出更大的改革红利，促进我国经济社会继续持续稳定发展。从这个意义来看，改革仍然是决定我国当前命运的关键一招。

改革是决定当代中国命运的关键一招。如果我们继续深化改革，中国将沿着正确的发展道路前进直至实现中华民族伟大复兴的中国梦。如果我们停滞改革，甚至倒退回原来的状态，改革开放以来中国长期高速发展的命运将会被改写，不仅可能重蹈苏联的覆辙，甚至可能陷入经济社会发展长期停滞的深渊。正如江泽民在论述改革发展稳定关系时所指出的那样，改革、发展、稳定是三招关键棋子，一招走好了，全盘皆活，一招走不好，全盘皆输。而这其中，改革是最为关键的一招，因为只有坚持改革，中国才能有发展，中国社会也才会有稳定，否则，经济社会发展要么停滞，要么就会陷入畸形发展，导致社会出现混乱。

正是基于历史经验和现实发展的迫切要求，党中央反复强调改革开放是决定当代中国命运的关键一招，也是决定实现“两个一百年”奋斗目标、实现中华民族伟大复兴的关键一招。我们要深刻理解改革开放的关键作用，深刻认识到停顿和倒退没有出路，改革开放只有进行时、没有完成时，这样才能解决我国发展面临的一系列矛盾和问题，化解来自各方面的风险和调整，也才能把中华民族引向伟大复兴的征程。站在新的历史起点上，改革已经成为时代的最强音，成为实现中华民族伟大复兴的关键催化剂。“穷则变，变则通，通则久。”只要我们继续解放思想，深化改革，勇于承担历史赋予的责任，坚持破除利益固化的藩篱，坚决破除阻碍生产力发展的体制机制障碍，不断为中国发展提供强大动力，中国就一定能够昂首阔步迈向富强繁荣的明天。

二、不谋全局者不足谋一域

“不谋万世者，不足谋一时；不谋全局者，不足谋一域”是清末举人陈澹然提出的著名观点，其意为：不从长远利益考虑问题，就难以谋划好眼前的事情；不从全局来考虑问题，就难以谋划好一个局部的事情。“不谋全局者，不足谋一域”讲的是整体与局部之间的关系。事物之间是相互联系的，一件事物内部的各个组成部分也是相互联系的，如果不从全局把握事物之间以及事物内部各组成部分之间的联系，就难以认清事物的本质，也难以把握事物的发展规律。习近平总书记借用古人名言表明，全面深化改革是一项复杂的系统工程，在改革的过程中，要注意各项改革之间的协同配合。

（一）全面深化改革需要各个领域协同推进

“改革开放是一场深刻而全面的社会变革，每一项改革都会对其他改革产生重要影响，每一项改革又都需要其他改革协同配合。要更加注重各项改革的相互促进、良性互动，整体推进，重点突破，形成推进改革开放的强大合力。”现在我国的改革已经进入深水区，改革的复杂性和艰巨性越来越突出，任何一个领域的改革都会牵动其他领域。以往那种单个领域的单兵突进式改革已经难以适应改革的现实要求。如果各领域改革不配套，不能有效配合、统一规划，各项改革措施就可能相互牵扯、相互抵触，改革就可能陷入内耗，难以进行下去。特别是对于改革中的突出矛盾和热点问题，需要各个领域的改革的协同推进才能得到彻底解决，否则就会陷入“头痛医头，脚痛医脚”的局面。所以我们在用局部试点为改革投石问路的同时，更要通过顶层设计从整体规划改革全局，处理好各个改革领域之间的协同问题。

我国的改革首先发轫于经济领域，中华人民共和国成立以来依据苏联模式建立的经济制度，已经不能推动生产力的发展，人们物质生活的极大匮乏导致经济领域必然要发生相应的变革。改革的开端起于农村土地制度，为了争取基本的生存权，安徽小岗村农民自发实行的包产到户揭开了中国改革的序幕。中国改革成功的一条重要经验就是找准突破点，不是一开始就搞全面改革，而是从经济领域开始，从农村改革开始，逐步向各个领域推进。如果一开始就进行全方位的改革，改革遇到的阻力会更多，改革有可能会夭折。但是当改革从农村领域向城市领域推进，当经济体制改革逐步走向深入的同时，如果不进行其他领域的改革，不注意改革的整体性、关联性、协同性，那么随着经济改革的深入，改革遭遇的阻力会越来越大。这种阻力不仅来自经济领域，也有来自政治、社会等各个领域的阻力，改革最后同样会遭受严重的挫折。

从马克思主义唯物史观来看，生产关系是由生产力决定的，由生产关系总和构成的经济基础决定着居于其上的上层建筑。但是作为上层建筑一部分的政治制度对经济基础有着强大的反作用。由于改革触及同生产力迅速发展不相适应的生产关系和上层建筑，所以改革不仅要突破传统的经济制度，还要冲破其他各种旧的僵化体制，实现国家政治制度、人们思想观念及社会行为方式的深刻变革。也就是说，经济体制改革导致的经济制度变迁客观上要求我国制度体系整体随之变迁，将经济基础变革同上层建筑改革相结合，促进生产关系与生产力、上层建筑与经济基础相协调。以经济体制改革和政治体制改革之间的关系为例，政治体制改革对经济制度的演变有着重要的推动作用。经济体制改革的不断深入需要政治体制改革提供源源不断的动力。没有政治体制改革的推进，经济体制改革就会逐步陷入停滞。邓小平曾经指出："我们提出改革时，就包括政治体制改革。现在经济体制改革每前进一步，都深深感到政治体制改革的必要性。不改革政治体制，就不能保证经济体制改革的成果，不能使经济体制改革继续前进，就会阻碍生产力的发展，阻碍四个现代化的实现。"在党的十七大报告中也指出："政治体制作为我国全面改革的重要组成部分，必须随着经济社会发展而不断深化，与人民政治参与积极性相适应。"而我国制度体系的整体变革进程缓慢，远不能适应经济体制改革的要求。

所以，从制度系统的角度来讲，改革的目的是建立完善的中国特色社会主义制度体系。我们要"不失时机深化重要领域改革，坚决破除一切妨碍科学发展的思想观念和体制机制弊端，构建系统完备、科学规范、运行有效的制度体系，使各方面制度更加成熟更加定型"。中国特色社会主义制度是我国在社会主义制度自我完善和发展的过程中，在经济、政治、文化、社会等各个领域形成的一整套相互衔接、相互联系的制度体系，包括根本政治制度、基本政治制度、基本经济制度以及建立在这些制度基础上的各个领域的具体体制。体制是制度的具体实现形式。建立在基本政治制度、基本经济制度基础之上的政治体制、经济体制、文化体制、社会体制、生态文明制度是一个整体系统，共同构成了一个稳定的体制结构。一项体制性制度安排需要与其他体制性制度安排融合在整体制度结构中，在制度结构系统中考察它的效率。“经济体制改革是一场涉及经济基础和上层建筑许多领域的深刻革命”，需要有一系列相应的体制改革和政策调整，需要其他体制改革的配套，单靠经济领域的改革或经济领域内某些方面的改革，可能会取得短期效益，但不会形成全方面的长期效益，会出现短边制约长边的“短边效应”，对整体制度效能的发挥也将形成制约。所以，我们要把握好制度系统内部要素的结构性协调问题。制度体系内部单个制度要素的功能要持续发挥作用，就必须和其他制度要素很好地契合，使制度要素相互间在功能上形成有效的支持。从动力上来说，经济制度已经进行的变革给制度体系其他方面的变革提供了动力，经济体制的变化，需要政治体制、社会体制等进行相应的变化来适应经济制度，否则经济制度的变革就不会彻底，就会有反复，我国改革开放的成果就有可能被彻底葬送。我们的最终目的是建立完备的中国特色社会主义制度体系。我们要及时总结制度建设的经验，推动制度体系的整体发展，使人民不仅享有丰富的物质文明，而且享有丰富的精神文明、政治文明、社会文明、生态文明。

（二）全面深化改革要处理好全局与局部的关系

注重改革的整体性，不仅需要政治、经济、文化、社会、生态环境等领域协同发展，而且要处理好改革过程中局部与全局的关系。局部和全局的关系是进行现代化建设过程中一对非常重要的关系。相对全国来说，各省是局部，各个地方有自己的地方利益，国家有整体利益。各个省要服从全国改革一盘棋的大局，不能单兵突进，不能自作主张推行改革措施，考虑问题要从全国层面着手，这样才能避免条块分割，各地之间的改革与发展才能协调一致。我们在以前的发展过程中有过这方面的教训，一些地方在经济发展和改革进程中一味追求地方利益，不从全局出发，不考虑区域之间的协调性，忽视国家全局利益和社会整体效益，产生了诸如重复建设等问题，造成国家资源的极大浪费。这就要求我们的党员干部首先要从大局出发考虑问题。要看提出的重大改革举措是否符合全局需要，是否有利于党和国家事业长远发展。要真正向前展望、超前思维、提前谋局。只要对全局改革有利就要自觉服从改革大局、服务改革全局。另一方面，国家整体改革措施的制定也要考虑到地方的特殊情况，不能搞一刀切。注意发挥地方政府的改革积极性，尊重地方改革的探索成果。

我们还要处理好整体推进和重点突破之间的关系。改革的路径要着眼全局、整体推进，各项改革措施之间的相互配合、良性互动。注重改革措施整体效果，防止单兵突进、顾此失彼，但是又不能眉毛胡子一把抓。习近平总书记指出："整体推进不是平均用力，齐头并进，而是要注重抓主要矛盾和矛盾的主要方面，注重抓重要领域和关键环节，努力做到全局和局部相配套、治本和治标相结合、渐进和突破相衔接，实现整体推进和重点突破相统一。"一项改革往往会牵一发而动全身，关系到改革大局，是改革的重点和关键环节，是改革能否取得成效的重中之重。重点突破要求把握好改革的先后顺序，对那些影响全局的重点领域和关键环节的改革要放在首位进行推进，这些重点领域和关键环节的改革可以成为改革的突破口，对于全面改革会起到重要的带动和牵引作用。

重视改革的整体性，我们还要处理好眼前利益和长远利益的关系。风物长宜放眼量，我们要有"千里眼"，要看到长远利益。不为眼前的蝇头小利而迟滞改革，也不能因为改革有可能使自己的眼前利益受到损失而看不到改革后整体利益的增长。

（三）用体制改革推进"五位一体"建设

全面推进"五位一体"建设，就要抓住经济社会发展过程中各个社会领域的根本矛盾，推进中国特色社会主义经济体制、政治体制、文化体制、社会体制和生态体制改革。

习近平总书记指出："如果各领域改革不配套，各方面改革措施相互牵扯，甚至相互抵触，全面深化改革就很难推进下去，即使勉强推进，效果也会打折扣。"全面深化改革，不是某个领域、某个方面的单项改革，而是政治、经济、文化、社会、生态文明等各领域的全面改革，使这些领域的改革整体推进、相互促进，如此才能取得更好的效果。党的十八大和十八届三中全会已经绘就了"五位一体"改革的壮丽蓝图，我们应该以完善和发展中国特色社会主义制度和推进国家治理体系和治理能力现代化为改革总目标，加快推进社会主义市场经济、民主政治、先进文化、和谐社会、生态文明"五位一体"的建设进程。

"五位一体"是对原有"四位一体"的补充和升级，是习近平总书记在新时期提出的全面建设社会主义的总布局。社会的发展需要各个领域的协调统一、共同发展。如果某一领域发展滞后，就会严重影响其他领域的进一步发展。"五位一体"体现了社会主义建设的统一性、协调性和一致性，表明对社会各个领域的发展要统筹规划、协调推进，不能使任何一个领域发展滞后。"五位一体"要求我们在深化改革的过程中加强顶层设计和整体谋划，改革方式需要从以前的"摸着石头过河"转变为现在自上而下的顶层设计和自下而上的群众实践相结合。过去我们在经济领域的改革较为深入，也取得了丰硕的成果，但在政治领域、社会领域和生态建设等领域改革发展相对滞后，如果没有其他领域改革的配合，经济领域的改革也难以进一步推进。"五位一体"建设强调各个领域改革的相互配合和统筹安排，对于推进改革开放具有重要意义。实现中国梦的伟大目标和"两个一百年"的战略目标，必须统筹"五位一体"建设，在各个领域主动变革、协调发展。只有社会发展的各个领域协调推进，避免个别领域的单兵突进，才能建成全面的小康社会，为民族复兴的中国梦夯实基础。

当前经济体制改革仍是改革的重点。

全面深化改革，“要有强烈的问题意识，以重大问题为导向，抓住关键问题进一步研究思考，着力推动解决我国发展面临的一系列突出矛盾和问题”。我国仍然长期处于社会主义初级阶段这一基本国情没有发生变化，以经济建设为中心、推动经济社会持续健康发展仍是我们的根本任务。所以，经济体制改革仍是全面深化改革的重点。

目前，我国经济发展步入新常态，正处于对社会主义市场经济体制进行不断调整和完善的过程当中。虽然我们已经建立起市场经济体制，但离成熟的社会主义市场经济体制还有很长的路要走，如何进一步完善市场经济体制是我们面临的重要课题。十八届三中全会提出：“经济体制改革是全面深化改革的重点，核心问题是处理好政府和市场的关系，使市场在资源配置中起决定性作用和更好发挥政府作用。”这一新的论述重新界定了政府与市场的关系，是一次理论上的重大创新，给我国深化经济体制改革指明了方向，将会促进社会主义市场经济体制更加完善，对我国的改革开放有着重要的指导意义。

正确处理好政府与市场的关系，使两者协调共存，是完善市场经济体制的重要前提。经济体制改革是一项复杂的系统工程，涉及经济生活的方方面面，包含各种各样的关系。其中，政府与市场的关系处于经济体制改革的核心位置。解决好政府与市场的关系，才能理顺经济体制改革过程中其他关系，使社会主义市场经济体制更加完善，经济体制改革的推进更为顺畅。

提出把市场的基础性作用改为决定性作用，是十八届三中全会作出的重要贡献，虽然跟以往的表述相比仅两字之差，却意义重大。这一新的论述是对市场经济规律认识的一次飞跃，把市场的作用提升到一个新的高度，将会极大地解放生产力。选择资源配置方式是一个社会经济发展的首要问题，也是经济体制的基本问题，人类生产资料的有限性决定了资源的配置首先要考虑经济效率的问题。市场经济之所以受到历史的青睐，是因为通过市场能够花费最小的成本获得最大的收益，也就是通过市场这只看不见的手，使资源分配到能产生最高效益的地方，这样社会将会在资源限定的前提下获得最大的社会财富。提出市场在资源配置中起决定性作用，是对价值规律的尊重，是对客观经济规律的回归。特别是我国还处于社会主义初级阶段，市场经济发展的时间较短，市场机制的建设还不完善，更需要充分发挥市场的决定性作用。

提出市场在资源配置中起决定性作用，也是针对目前我国经济生活中出现的新的问题提出来的。经过多年改革，我国的市场经济体制已经基本建立起来，但是，生产要素的市场化程度还比较低，市场体系也还不完善，经济生活中的深层次矛盾逐渐暴露出来。这些问题的出现不是由于市场配置资源的盲目性、随意性造成的，相反是由于市场配置资源作用发挥得还不充分的结果。充分发挥市场的决定性作用，提高市场配置资源的效率，扩大市场机制的作用才是解决这些问题的根本出路，而不能因噎废食、停滞不前。

三、“啃硬骨头”与“涉险滩”

我国改革已经走过了30多个年头，取得了辉煌的成就。我国已经成为世界第二大经济体，在经济总量上已经实现了“超日赶美”；我国的自主创新能力不断增强，“中国制造”正逐步转向“中国创造”；老百姓的生活越来越好，全面建成小康社会目标的实现指日可待，综合国力的增强让中国在世界上的影响力不断增强。但是，这是否意味着我国的改革已经接近尾声？是否意味着我们的改革已经基本完成？答案当然是否定的，不仅我们的改革远未完成，而且事关体制机制弊端的改革正处于关键时期。习近平总书记在广东考察时强调：“要坚持改革开放正确方向，敢于啃硬骨头，敢于涉险滩。”这是习近平总书记对我国改革现状的一次清晰判断，也是对改革即将进入新阶段的总动员。

（一）改革已经进入深水区

我国改革走了一条由浅入深、先易后难的渐进式改革之路。在改革开放初期，邓小平审时度势，从最容易推进的农村改革入手，尊重人民的首创精神，把各地自发出现的包产到户的形式推广到全国，取得了令人瞩目的改革成绩。改革之初之所以能够取得如此巨大的成就，原因是改革初期社会经济发展落后，社会结构比较简单，人们的利益诉求基本一致，人人都希望通过改革来告别过去那种物质贫乏的日子，改革无须动员，很容易达成改革共识。而且，我们的改革更多地采取一种增量式的改革，大家都是改革的受益者，不会触及其他人的利益。以家庭联产承包责任制改革为例，中央对于农村出现的包产到户的新现象，没有一棒子打死，也没有盲目地全面推行，而是在尊重农民意愿的基础上，由各地农村自主选择。由于承包责任制施行后粮食产量大幅增加，促进了农村生产力的发展，农村的面貌焕然一新，大部分农民在改革中获益，所以，家庭联产承包责任制的全面推广较为顺利，农村土地改革基本没有遇到多大阻力。民营经济的发展同样如此。民营经济是从个体经济逐步演化过来的，当个体经济发展到一定程度时，一些个体经营者转变成为民营企业家就成为一种必然。政府对于新生的所有制形式没有草率地扣帽子，而是采取从容忍到保护再到鼓励的政策，使这种新兴的所有制形式快速发展起来。而且民营经济的发展也没有造成对国有企业的冲击，相反两者之间相互补充，反而能够相互促进、共同发展。总之，这种增量型的、渐进式的改革道路使我国在进行改革时，既保持了社会的稳定，又有力地促进了经济发展。

渐进式的改革道路是成功的，但产生的后果是改革的难题和深层次的矛盾逐步积累。随着改革的深入，容易改革的领域和问题已经改得差不多了，“容易的、皆大欢喜的改革已经完成了，好吃的肉都吃掉了，剩下的都是难啃的硬骨头”，时至今日，改革面临的形势已经异于以往，社会结构变得更加复杂，人们的利益诉求多元化，改革进入了攻坚期和深水区，改革的复杂性和艰巨性日益突出，内部发展不平衡、不协调、不可持续性问题严重，一些一直存在的难题甚或牵动全局的敏感问题和重大问题已经成为难以绕开的“硬骨头”和“浅滩”，一些领域已经到了不深化改革就难以前进的程度。而且，遗留下来的深层次的问题同经济发展过程中出现的新矛盾不断叠加，改革的复杂性和艰巨性不断加深，改革日益呈现出全局性、综合性和敏感性的特征。如果不继续推进改革，旧的问题得不到解决，新的问题又不断产生，人们对改革会逐渐产生困惑、怀疑，改革就会被一些别有用心的人所利用，就有可能前功尽弃。如果不继续推进改革，深层次的问题得不到解决，会使一部分人在改革中获益，而另一部分人没有获得利益或者利益受到侵害，会引发整个社会的撕裂。所以我们要想走出困境，实现经济社会进一步发展，就必须进一步深化改革。

我们要继续发扬改革之初敢闯敢干的精神，以一种大无畏的精神去进行下一阶段的改革任务。我们要有不怕困难、敢于迎难而上的精神，要有把个人的安危荣辱置于国家利益之后的决心。改革是一场革命，必然要触动部分人的利益，特别是现在，改革更是会使一些利益集团的利益受到极大的损失，这些人必然千方百计地为改革设置障碍。所以，我们必须以更大的决心和勇气去推动改革继续深入，解决横在中华民族复兴之路上的拦路虎。习近平总书记指出：“不断解决好前进道路上面临的问题，是我们这一代人的责任。”我们应该认识到问题的严重性和形势的紧迫性，以时不我待、舍我其谁的精神去回应时代的召唤和人民的呼声。

“啃硬骨头”和“涉险滩”会面临极大的阻力，承担更多不可预知的风险。但改革是一场革命，从来不是一帆风顺的。风险与机遇是一对双胞胎，为了中国更好的明天，要有勇气承担风险。所幸的是我们已经有了承担风险的能力，在过去40年的改革过程中已经积累了相当多的经验，我们的国力已经显著增强，更重要的是人民的生活水平相比改革开放前已经显著提高，人民愿意承担必要的改革风险。只要改革的目的是为了使大多数人获益，能够使最大多数人民分享改革带来的成果，能够给人民群众带来更多的获得感，就能够获得人民群众的拥护和支持，我们就能够化风险为机遇，推动中国梦的早日实现。

（二）逐一破解改革之路上的“硬骨头”

在改革的攻坚期和深水区，我们需要破解体制和机制障碍，逐步化解我国经济社会发展过程中的深层次的矛盾和问题。有学者曾将党的十八大之后需要解决的重要问题归结为转变政府职能、缩小收入差距、打破垄断、户籍制度改革、土地制度改革、金融体系改革等“六块硬骨头”。能否解决这些重大的理论和现实问题，对我们进一步改革的勇气和智慧提出了挑战。

党的十八届二中全会和十二届全国人大一次会议审议通过了《国务院机构改革和职能转变方案》，2013年3月，以铁路政企分开为标志的新一轮行政体制改革正式拉开帷幕。有人形象地把这一轮行政体制改革称为新一届中央领导集体啃的第一块“硬骨头”。这是改革开放以来第七次机构改革，也是一次有着全新意义的改革举措。以前政府机构也进行了多次大范围的调整，但是机构改革始终难以走出“精简—膨胀—再精简—再膨胀”的怪圈，政府失位、错位、越位的现象仍广泛存在，归根结底还是没有理顺政府与市场的关系。本次行政体制改革就是抓住这一核心问题，转变政府职能，处理好政府与市场的关系。

处理好政府与市场的关系，让市场的归市场，政府的归政府，是我们在深化改革过程中面临的一个重要难题。改革进行这么多年，其实主要是围绕着怎么样处理政府与市场的关系来进行。国有企业改革也好，行政体制改革也好，都跟能否处理好政府与市场的关系有着重要的关系。政府由于在计划经济时代形成的行为惯性，在市场经济条件下仍存在着对微观经济活动干预过多的问题，对于自己不该管或应该少管的领域继续施加影响，对于自己应该管并且管好的领域却难以发挥作用。这样政府职能越位、错位、缺位并存，导致行政效率低下，权力寻租现象多发，干扰了市场经济的正常运行。而市场虽然在资源配置中扮演了重要角色，但是仍然受到了很多限制，许多领域市场之手难以发挥作用，造成投资消费失衡、经济结构转型困难、发展方式落后等后果。所以，在改革的深水区，首要的问题是要正确处理好政府与市场的关系。对于政府来讲，要切实转变职能，严格依法办事，成为职能科学、结构优化、廉洁高效、人民满意的服务型政府。

政府减少审批事项是现阶段处理政府与市场关系的一个重要举措。在市场经济体制下，传统的计划调节手段已经让位于市场调节方式，过多、过细的行政审批已经成为制约市场机制发挥作用的障碍。行政审批人为设置各种市场准入标准，抑制了企业和个人的投资热情和积极性，忽视了市场和社会的自组织能力和自我协调能力。行政审批也为政府机构寻租活动提供了机会，增加了市场运行的成本，破坏了市场公平、公正的机制，使市场经济走向“坏的”市场经济。行政审批并不能起到维护市场正常运行、弥补市场缺陷的作用，在一定程度上，行政审批甚至人为造成了一些市场缺陷。比如，一些企业垄断的形成正是借助于政府的行政审批制度，成为行政垄断企业；一些地方政府设置行政审批事项，保护地方经济，阻碍统一的市场体系的形成。

政府要敢于对自己革命，把自身不需要的职能去掉。取消不需要进行审批的事项。2012年9月，国务院发布了《国务院关于第六批取消和调整行政审批项目的决定》。在这一《决定》当中，国务院决定第六批取消和调整314项行政审批项目。《决定》强调，要进一步取消和调整行政审批项目。凡公民、法人或者其他组织能够自主决定，市场竞争机制能够有效调节，行业组织或者中介机构能够自律管理的事项，政府都要退出。凡可以采用事后监管和间接管理方式的事项，一律不设前置审批。截至2017年2月，2013年以来国务院分九批审议通过取消和下放的国务院部门行政审批事项共618项，其中取消491项、下放127项。通过推进行政审批制度改革，削减行政审批事项，厘清政府与市场的边界，把本该由市场调节的事项交由市场调节，可以使生产要素能够自由流动，减少制度交易成本，极大程度激发市场活力。当然，取消和下放这些审批事项，绝不意味着政府对这些领域放任不管了，相反要采取加强事后监督的方式，严格市场监管，维护市场秩序，严厉打击假冒伪劣和破坏市场信用、市场秩序的行为。可以看出，党和政府对于行政体制改革不再流于形式，通过取消和调整行政审批事项，政府以壮士断腕的决心和勇气不断推进简政放权，真正理顺政府与市场的关系，既能充分发挥市场配置资源的决定性作用，也能更好地发挥政府的作用。

收入分配制度改革也是我们在改革新时期需要重点解决的领域之一。收入分配制度是经济社会发展中一项带有根本性、基础型制度安排，涉及每个人的直接利益，是老百姓最为关心的问题。改革开放以来，我国的收入分配制度改革取得了重要进展，总体来看，与我国的国情和发展阶段是相适应的。但是收入分配领域仍然存在许多突出问题，比如收入差距过大的问题，收入分配秩序不规范带来的隐性收入和非法收入问题等。2013年，按照党的十八大的要求，国务院批转了发展改革委等部门制定的《关于深化收入分配制度改革若干意见的通知》，对收入分配制度改革进行了顶层设计。之后，收入分配领域改革开始进入快车道。党和政府全面深化收入分配制度改革，增加劳动者特别是一线劳动者的报酬，努力实现劳动报酬增长和劳动生产率提高同步，通过保护合法收入，调节过高收入，增加低收入者收入，努力形成合理有序的收入分配格局。首先是把权力关到制度的笼子里，消除腐败带来的非法和灰色收入。腐败不仅侵蚀党和政府的合法性，而且使居民收入差距不断扩大。对此党加大了反腐败的力度，限制公权力对于市场资源的干预，发挥市场的决定性作用。对各种红包、出场费等灰色收入，也加大了规范力度。其次，千方百计增加农民收入，扩大农民的财产性收入。城乡收入差距过大一直是我们收入分配领域的一项重要难题。党和政府通过促进土地流转等手段不断提高农民的收入水平，取得良好的效果。最后，在再分配领域加强政府主导，重点解决社会保障支出不足的问题。我国社会保障体系中城乡之间、事业单位和企业单位之间的社会保障待遇存在巨大差异，弥补之间的差额，需要政府在再分配领域进行制度革新，完善财税制度和社会保障制度。

党的十八大之后，我国的收入分配制度改革取得了长足的进展。2013年以来，我国城乡居民收入稳定增长。国家统计局数据显示，2016年全国居民人均可支配收入23821元，比2012年增长44.3%，扣除价格因素，实际增长33.3%，年均实际增长7.4%，快于同期人均GDP年均增速0.8个百分点。区域发展均衡性提高，低收入群体收入增加，促进了地区、贫富差距缩小。2016年，全国居民中高收入户与低收入户的相对倍差为10.7，比2013年下降0.1；2016年我国基尼系数为0.465，比2012年下降0.009。2016年年末，全国参加城乡居民基本养老保险、基本医疗保险、失业保险、工伤保险、生育保险人数分别达到8.9亿、7.4亿、1.8亿、2.2亿和1.8亿人，社会保险覆盖范围不断扩大，越来越多的群众享有基本生活保障。

户籍制度改革是另一块改革需要面对的“硬骨头”。我们以往的户籍制度对于我国经济社会的发展有诸多限制的地方，不符合社会主义市场经济发展的要求，迫切需要进行改革。2014年7月24日，国务院正式出台《关于进一步推进户籍制度改革的意见》，《意见》提出，到2020年将基本建立与全面建成小康社会相适应，以人为本、科学高效、规范有序的新型户籍制度，努力实现1亿左右的农业人口在城镇落户。《意见》以人口规模为依据，对不同等级成熟的户口迁移政策进行了不同程度的规定。对于建制镇和小城市，要全面放开落户限制，对于中等城市则规定有序开放落户限制，合理确定大城市落户条件，严格控制特大城市人口规模。之后，各地开始结合本地区的实际情况制定可操作的户籍制度改革措施。截至目前，全国31个省、自治区、直辖市（不含港、澳、台）已全部出台地方版的户籍改革方案，许多地方已经放宽了户口迁移条件。2016年1月，《居住证暂行条例》正式发布实施，居住证制度开始全面施行。根据规定，居住证持有人享有与当地户籍人口同等的劳动就业、基本公共教育、基本医疗卫生服务、计划生育服务、公共文化服务、证照办理服务等权利。而且，随着居住年限的增加，居住证持有人享有的权利会同户籍人口的权利越来越接近。随着改革的不断深入，户籍将不再是限制人口流动的枷锁，我国城镇化的速度将不断加快。户籍制度改革带来的红利会提高未来中国经济的潜在增长率。

（三）“啃硬骨头”和“涉险滩”的有利条件

出席索契冬奥会开幕式时习近平总书记说道：“在中国这样一个拥有13亿多人口的国家深化改革，绝非易事。中国改革经过30多年，已进入深水区，可以说，容易的、皆大欢喜的改革已经完成了，好吃的肉都吃掉了，剩下的都是难啃的硬骨头。这就要求我们胆子要大、步子要稳。胆子要大，就是改革再难也要向前推进，敢于担当，敢于啃硬骨头，敢于涉险滩。步子要稳，就是方向一定要准，行驶一定要稳，尤其是不能犯颠覆性错误。”虽然改革已经到了攻坚期，改革的难度越来越大，但是我们仍然有信心认为我们能够渡过险滩，啃掉硬骨头。

首先，党内外已经达成了改革的共识。改革开放初期，虽然许多人已经认识到国家已经非改不行，但是仍然对于改革深感疑虑，不知改革走向何方，更有一些“左”的错误的支持者，对改革抱有敌意，暗地里阻挠改革。同改革开放初期相比，现在对于要不要改革，改革能否取得成效，大部分人民群众都会给出肯定的答案。现在人们的生活水平不断提高，国家综合实力也在增强，归根结底还是改革的结果。我们大部分人都是改革的受益者，大部分人对于改革是真心拥护的。党的十八大召开前后，对于是否需要进一步推进改革，社会上有一些不同的声音，有些人质疑改革，认为现在一些社会问题的出现是改革的结果，要解决这些问题，就要停止改革。但是经过社会的广泛讨论，党内外普遍认为如果不继续进行改革，社会问题会越积越多。

社会问题的解决只有通过深化改革来解决，舍此别无出路，或者说，现在的改革是问题倒逼出来的。所以，党内外对于要不要继续改革已经达成了共识：只有依靠继续深入改革，才能解决日益凸显的体制和机制问题。

其次，人民是改革的拥护者和支持者。继续进行改革，是人心所向，能够获得人民的全力支持。人民，从来都是历史的创造者和推动者，人民也是我们继续深化改革的力量之源。改革是为了最广大人民争取更大的利益，是为了让改革的成果更多更公平地惠及全体人民，必然会受到人民群众的广泛支持。这是我们涉险滩、啃硬骨头的最大保障。“人心齐泰山移”，实践也已经证明，没有人民的支持和积极参与，我们的改革难以取得成功。改革之初之所以进展顺利，就是因为我们的改革措施都是为了最广大人民群众的利益而制定的，在改革的过程中也坚定地依靠人民，把人民满意不满意、人民答应不答应、人民赞成不赞成作为我们改革的根本标准，从而获得了广大人民群众的支持与参与。“现在，改革到了一个新的重要关头，推进改革的复杂程度、敏感程度、艰巨程度，一点都不亚于三十多年前。有的牵涉复杂的部门利益，有的在思想认识上难以统一，有的要触动一些人的‘奶酪’，有的需要多方面配合、多措并举。矛盾越大，问题越多，越要攻坚克难、勇往直前”。所以，改革进入深水区之后，仍要坚持以人为本，依靠人民群众的丰富智慧，尊重人民的首创精神，以广大人民群众是否获益为改革的基本出发点，鼓励人民群众参与改革，共同迎接挑战面对风险，如此改革的险滩一定会变成坦途。

再次，我们已经积累了丰富的改革经验。继续深化改革虽然面临着许多困难和风险，但是我们仍有信心和决心完成既定的改革任务。这是因为我们已经经历了将近40年的改革，对于如何推进改革，如何防范风险化解风险，如何保持改革、发展和稳定之间的关系等已经有了较为成熟的经验。改革之初，改革的阻力很大，姓资姓社的争论也很激烈，改革者需要承担相当大的政治风险，人们对于什么是改革，怎么样进行改革还是相当迷茫，改革之初也只能采用“摸着石头过河”这样的改革方式。但现在，改革的共识已经达成，改革也已经积累了丰富的经验，可以通过顶层设计的方式对改革步骤、措施、领域和方法进行通盘规划。更重要的是我们已经找到了一条适合中国发展的道路，中国特色社会主义制度也已经基本建立起来。我们的改革有了明确的方向，有了清晰的规划。再加上改革多年来积累的丰富的物质基础。面对世界政治经济错综复杂的局面，我们的改革有继续起航的雄厚资本。

最后，党中央领导集体对于继续深化改革有着坚定的信心，也具备“更大的政治勇气和智慧”。习近平总书记讲过：“深化改革，难免触动一些人的‘奶酪’，碰到各种复杂关系的羁绊，不可能皆大欢喜。突破既得利益，让改革落地，需要有勇气、有胆识、有担当。畏首畏尾，不敢出招，怕得罪人，是难以落实措施、推动工作的。”在改革的重要转折点，习近平总书记清楚地认识到改革的艰巨性和复杂性，提出“敢于向积存多年的顽瘴痼疾开刀”的口号。李克强总理也直呼要有“壮士断腕的决心”去推动改革，提出“喊破嗓子不如甩开膀子”，这体现出了他们坚定的改革决心和舍我其谁的改革魄力，表现出一种“苟利国家生死以，岂因祸福避趋之”的高度历史责任感，彰显了他们不畏艰难险阻，勇于探索的政治勇气和历史担当，会极大地鼓舞广大党员干部和人民群众投身改革洪流之中。在他们的带领下，中国的改革事业一定会取得成功。

（四）如何去“啃硬骨头”和“涉险滩”

在改革的深水区和攻坚期，改革面临的困难和难题越来越多，首当其冲的是思想观念的障碍和利益固化的藩篱。“我们要坚持改革开放正确方向，敢于啃硬骨头，敢于涉险滩，既勇于冲破思想观念的障碍，又勇于突破利益固化的藩篱。”面对困难和更加复杂的改革形势，我们应该坚定信心，以突破体制机制的障碍为主要目标，继续贯彻解放思想、实事求是的思想路线，破除妨碍改革进程的思想观念，把人们的思想统一到深化改革的共识上来。要敢于突破利益固化的藩篱，只要对最广大人民有利的改革措施，就要坚定不移地实施下去，对于阻挠改革的人要敢于出招，不怕得罪人，真正让改革落地生根。

第一，我们要继续贯彻解放思想、实事求是的思想路线，特别是要进一步解放思想。“实践发展永无止境，解放思想永无止境，改革开放永无止境，停顿和倒退没有出路”，改革开放之初，邓小平高举解放思想的大旗，推动了关于检验真理标准问题的大讨论，使改革开放得到了全国人民的拥护。现在，改革面临着“啃硬骨头”“涉险滩”的困境，要想突破这一困难的局面，根本出路还是要解放思想。现在我们的中国特色社会主义理论基本成型，但是理论的成型并不等于不再进行理论创新，中国特色社会主义理论体系是一个开放发展的理论，邓小平、江泽民、胡锦涛都根据当时的历史条件完善并推动了这一理论的不断发展。在深化改革的关键时刻，要进一步冲破旧有思想观念的束缚，大胆设想，勇于实践，这样才能在这一重要历史关头打通任督二脉，顺利涉过险滩，到达我们事业的顶峰。

第二，改革也要敢于突破利益固化的藩篱。改革是由问题倒逼出来的。改革进行到“深水区”，必须解决深层次的问题，才能使改革走向深入，才能最终完成改革。但是在改革的“深水区”，改革难度也在加大，改革的动力逐步减弱，这主要是经过40年的改革，由于改革不到位的原因使一些弱势群体享受的改革成果较少，在经济社会转型过程中利益容易受到侵害，而另一些人在改革过程中获益较多，并且出现了利益固化的现象。利益固化即是指一部分人凭借手中掌握的权力或者资本，能够在获取巨大利益的同时，排斥其他人对这一利益的占有。利益固化使一部分人形成既得利益集团。改革是对原有利益格局的一种破坏，是用新的结构取代旧的结构，用新的制度取代旧的制度，必然要触及现有制度结构下的既得利益集团的利益。李克强总理说：触动利益比触动灵魂更难。为防止改革对其利益的触动，既得利益集团会想方设法去阻挠改革。要进一步深化改革就要突破利益固化的藩篱，破除既得利益集团的阻挠，扫清改革的障碍。

利益固化的直接原因是市场化改革不到位、不彻底，市场在资源配置中还没有取得决定性作用，资本、权力仍然在一定程度上决定着资源配置。所以，要继续深化经济体制改革，处理好政府与市场的关系。利益固化的另一个原因是公共权力的滥用。个别利益集团用公权力来作为保护伞，通过权钱交易，获取非法利益，我国腐败呈多发趋势，就是这一现象的表现。如果不能破除公权力对利益的非法干预，把权力关进制度的笼子里，这一问题难以得到根本解决。除此之外，破除利益固化的藩篱，还要推进收入分配制度改革，提高低收入阶层的收入水平，使改革成果能够惠及全体人民。

第三，以科学发展促进改革深化。发展是硬道理，话虽朴实，但意蕴丰富。可以说，我们党在建设社会主义的过程中碰到的困难和遇到的挫折，跟没有认真理解这句话有很大关系，没有认识到发展的紧迫性和重要性。发展是一切事物的根本要求，违背事物不断发展的客观规律，拒绝发展，就是逆时而动，违背历史的潮流。一个国家、民族必须时时牢记发展的重要性，只有国家、民族发展壮大了，人民的生活水平才能得到提高。改革是发展的催化剂，只有改革制约发展、妨碍发展的体制机制，发展才能取得好的效果。我们党内一些人在改革过程中碰到困难，不是迎难而上，而是退缩不前，根本原因是没有发展意识，甘愿躺在旧有的功劳簿上吃老本，以这样的心态去涉险滩、啃硬骨头，是不可能成功的。中国共产党肩负领导国家、民族繁荣发展的重任，必须牢记发展理念，坚定改革决心，这样才能有信心去解决改革路上的更多难题。在发展的过程中，我们要注意记取经验教训，我们曾经没有解决好发展过程中科学发展的问题，造成生态环境的恶化，但是并不等于发展这个理念错了。我们要按照科学发展观的要求，全面深化改革，转变发展方式，突破发展瓶颈，破除妨碍科学发展的体制机制障碍。特别是党员干部要有改革发展精神，锐意创新，为老百姓利益敢于同阻碍改革发展的拦路虎作斗争，才能有足够的信心和智慧去推进改革，取得改革的最终胜利。

改革是决定当代中国命运的关键一招，是改变中国命运的历史抉择。如果我们不能认清改革的紧迫性和艰巨性，不能下定决心继续前行，那么我们就会辜负历史的重托，成为时代潮流的弃儿。只要我们万众一心、众志成城，就一定能够化风险为机遇，不负历史重托，解决改革深水区中碰到的困难。改革将再次起航，向着激流涌动的深水区进发，有全国人民的理解和支持，我们一定能够冲破思想观念的障碍，突破利益固化的藩篱，深层次的问题一定会逐步得到解决，全面深化改革必将带来一个更加繁荣富强的中国。

四、抓铁有痕、踏石留印

党的十八大以来，改革步入了一个新的历史时期。这一时期，党和政府总结以往的改革经验，首次把顶层设计和“摸着石头过河”结合起来，改革向全面化、系统化、纵深化推进。5年多来，我们以抓铁有痕、踏石留印的精神状态逐步推进改革进程，取得了辉煌的改革成就。但是，我们不能满足于已取得的成绩，而要继续踏实推进改革，把改革真正落在实处。各级政府和领导干部要勇于开拓、积极进取，不能因循守旧，使改革停滞不前。

（一）党的十八大以来全面深化改革取得了辉煌成就

历史和实践证明，改革开放是决定中国命运的关键抉择，中国依靠改革逐步解除了制约生产力发展的体制性障碍，生产力得到了巨大的释放。党的十八大以来的5年，我们以前所未有的决心和力度推进全面深化改革，改革再次成为当代中国最鲜明的时代特征。这一时期的改革呈现出全面发力、多点突破、纵深发展的新局面。改革顶层设计不断完善，主要领域四梁八柱性质的改革主体框架基本确立，一些重要领域和关键环节改革取得突破，各个领域的改革按照预定计划有序推进，全面深化改革已经取得了巨大的进展。不久之前英国媒体进行的一次调查表明，在“民众对国家发展道路的认可度”排名上，中国连续两年以近九成高分位居榜首。西方观察家也不得不承认，中国的改革在多个领域取得了很大的进展，为全球经济发展提供了重要支撑。

第一，党的十八大以来，经济体制改革继续向深入发展，经济活力不断增强，经济社会继续持续稳定发展，经济始终运行在合理区间，主要经济指标占世界的比重不断提高，国际影响力、竞争力不断增强。首先，经济增长率高于世界平均水平，2013—2016年间，我国经济年均增长率为7.2%，明显高于世界同期2.5%的平均水平，也高于发展中经济体4.0%的平均水平。据世界银行测算，2013—2016年间，中国对世界经济的贡献率平均为31.6%，超过美国、欧元区和日本贡献率的总和，成为世界经济增长的第一引擎。从国内生产总值来看，自2010年我国超越日本成为世界第二大经济体以来，国内生产总值继续稳居世界第二位，占世界经济总量的比重逐年上升。我国对外货物和服务贸易总额居世界前列，2012—2016年，我国进口总额仅次于美国稳居世界第二位，在国际经济下行压力较大的背景下，我国对世界经济的复苏作出了突出贡献。我国人均国民总收入（GNI）由5940美元提高到超过8000美元，接近中等偏上收入国家平均水平。在世界银行公布的217个国家（地区）人均GNI排名中，由2012年的第一百一十二位上升到2015年的第九十七位，前进了十五位。经济结构调整稳中有进，经济发展向中高端水平迈进，在经济新常态下，我国大力优化产业结构，以“三去一降一补”为重点任务的供给侧结构性改革初见成效。2016年退出钢铁产能超过6500万吨，煤炭产能超过2.9亿吨。2016年年末，商品房待售面积69539万平方米，比上年年末减少2314万平方米，下降3.2%，多年来首次出现下降；规模以上工业企业资产负债率为55.8%，比上年年末下降0.4个百分点。

2013—2016年世界主要国家经济增长率比较

单位：%

国家	2013年	2014年	2015年	2016年	2013—2016年平均增速
世界	2.5	2.7	2.6	2.3	2.5
发达经济体	1.1	1.9	2.1	1.6	1.7
发展中经济体	4.7	4.3	3.5	3.4	4.0
中国	7.8	7.3	6.9	6.7	7.2
美国	1.7	2.4	2.6	1.6	2.1
欧元区	2.0	0.3	1.2	1.6	1.3
日本	−0.3	1.1	2.0	1.0	1.0
韩国	2.9	3.3	2.6		2.9①
墨西哥	1.4	2.2	2.5	2.0	2.0
巴西	3.0	0.1	−3.8	−3.4	−1.1
俄罗斯	1.3	0.7	−3.7	−0.6	−0.6
印度	6.6	7.2	7.6	7.0	7.1
南非	2.3	1.6	1.3	0.4	1.4

注：①为2013—2015平均增速。
资料来源：世界银行WDI数据库，2016年为预测值。

国有企业改革持续推进，随着《关于深化国有企业改革的指导意见》的发布，国企分类改革、完善国资监管体制、发展混合所有制经济、加强党的领导、防止国有资产流失等多个配套文件陆续出台，国企改革“1＋N”政策体系基本形成。国有企业改革的顶层设计基本完成，改革全面铺开。目前，全国国有企业公司制改制面达到90%，建设规范董事会的央企已有80多家，适应市场竞争要求的决策、执行、监督机制进一步完善；混合所有制改革稳步推进，到2016年年底央企混合所有制企业户数占比为68.9%，上市公司的资产、营收和利润总额在央企整体占比分别达到61.3%、62.8%和76.2%，国有资本功能不断放大。2017年8月20日晚，中国联通集团下属上市公司中国联合网络通信股份有限公司（简称中国联通）混合所有制改革方案正式发布，标志着国有企业的混合所有制改革进入了高潮期。

第二，政治体制改革稳步推进，社会主义民主政治不断完善。2014年召开的党的十八届四中全会对全面依法治国作出了全面部署，通过了《中共中央关于全面推进依法治国若干重大问题的决定》，这一决定提出了六大任务、180多项具体措施，完成了依法治国的顶层设计。党的十八大以来，加强党对立法工作的领导，立法治理不断提升，以宪法为核心的中国特色社会主义法律体系继续完善，5年来，共制定或修改法律48部、行政法规42部、地方性法规2926部、规章3162部，修订法律57部、行政法规130部，启动编纂民法典，颁布和出台了民法总则等一系列重要法律法规。推进人民代表大会制度理论和实践创新，保障人民主体地位的实现。完善政治协商制度，有序推进政党协商、政协协商、基层协商等多种协商民主渠道。探索建立国家监察体制改革试点，深化国家监察体制改革。司法体制改革加快进行。2015年8月18日，中央深改组第十五次会议审议通过了《关于完善人民法院司法责任制的若干意见》以及《关于完善人民检察院司法责任制的若干意见》。意见强调建立法官办案终身负责制，严格依纪依法追究法官违法审判责任，推进以审判为中心的刑事诉讼制度改革。司法职权配置进一步优化，巡回法庭、跨区域检察院成效显著。法治政府建设稳步推进，各级政府在“简政放权、放管结合、优化服务”方面不断加大工作力度。据资料统计，最近几年，国务院部门取消和下放行政审批事项的比例超过40%；中央层面核准的投资项目数量累计减少90%；外商投资项目95%以上已由核准改为备案管理；工商登记由“先证后照”改为“先照后证”；中央和省级政府取消、停征和减免收费1100多项；2013—2016年累计为企业减轻负担2万多亿元，2017年还将再减轻企业负担1万亿元。“放管服”工作的持续推进，使营商环境得到极大改善，市场活力显著增强。

第三，全面推进文化体制改革，文化建设取得长足进展。十八届三中全会通过的《关于全面深化改革若干重大问题的决定》指出："坚持以人民为中心的工作导向，坚持把社会效益放在首位、社会效益和经济效益相统一，以激发全民族文化创造活力为中心环节，进一步深化文化体制改革。"按照这一要求，文化体制改革不断深入，文化创新创造活力进一步释放。积极培育和践行社会主义核心价值观，使我国的文化自信显著增强。为保障人民群众基本文化权益，各级单位，推进公共文化设施向社会免费或优惠开放，现代公共文化服务体系初步形成。文化产业增长较快，产业规模不断扩大，整体竞争力显著增强，文化产业对国民经济增长的贡献逐年增大。我国进一步加大了对文化产业政策的扶持力度，制定出台了一系列政策措施，明确了政策导向，优化了产业环境，有效推进了文化领域供给侧结构性改革。据测算，2016年我国文化产业实现增加值30254亿元，比2012年增长67.4%，年均增速13.7%，比同期GDP现价增速高5.4个百分点，文化产业呈现出快速增长的态势。

第四，社会体制改革不断推进，人民群众的获得感不断增强。党的十八大以来，社会建设以保障和改善民生为重点，加快推进重点领域改革和制度建设，经济社会发展的协调性明显增强。长期制约我国经济社会发展的户籍制度改革取得突破性进展，《关于进一步推进户籍制度改革的意见》明确要求，全面放开建制镇和小城市落户限制、有序放开中等城市落户限制、合理确定大城市落户条件以及有效解决户口迁移中的重点问题。这份意见提出，中国要建立城乡统一的户口登记制度，取消农业户口与非农业户口性质区分和由此衍生的蓝印户口等户口类型。医疗卫生体制中的弊端是导致看病难、看病贵的根本原因，中央深改组审议通过《关于城市公立医院综合改革试点的指导意见》，对医疗卫生体制进行了大胆的探索，全部取消药品价格加成，积极减轻群众的就医负担。深化教育体制机制改革，统筹推进县域内城乡义务教育一体化改革发展。社会保障体系建设取得较大进展，社会保险的覆盖面不断扩大。2016年年末，参加基本养老、城镇基本医疗、失业、工伤和生育保险人数分别比2012年年末增加9981、20751、2864、2879和3022万人。通过实施精准扶贫计划，采取多种扶贫方式推进扶贫攻坚，扶贫工作取得显著成效。全国农村贫困人口由2012年的9899万人减少至2016年的4335万人，累计减少5564万人，每年减少超过1000万人；贫困发生率从2012年年末的10.2%下降到2016年年末的4.5%。

第五，生态文明建设全面推进。党的十八大将生态文明建设纳入“五位一体”建设总体布局之后，全国上下积极响应，生态环境逐步改善。秉持顶层设计理念，党中央、国务院先后印发了《关于加快推进生态文明建设的意见》和《生态文明体制改革总体方案》，确立了我国生态文明建设的总体目标和生态文明体制改革总体实施方案。截至目前，以八项基本制度为支撑统筹推进相关改革，我们已经初步建立起源头严防、过程严管、后果严惩的生态环境保护基础性制度框架。5年来，全国上下贯彻绿色发展理念，加大环境治理力度，着力改善生态环境，全面节约和高效利用资源，构建生态安全屏障，主要污染物排放总量得到有效控制，资源节约型、环境友好型社会建设取得积极进展。从能源资源利用效率来看，利用效率得到整体提升，单位GDP能源资源消耗明显下降。2016年，单位国内生产总值能耗、用水量分别比2012年下降17.9%和25.4%。

党和政府建立了中央环保督查制度，中央环境保护督察组已经连续实施四批环境保护督查，取得了明显成效。环境空气质量逐步得到改善，地表水水质总体改善，生态系统退化的势头基本得到遏制，人民的生活环境得到极大改善。

（二）改革落实过程中的经验教训

全面深化改革时期，重要的是改革要真正落到实处，让人民群众看到改革带来的巨大变化，让老百姓享受实实在在的改革成果。无论是哪个领域的改革，改革成效的检验都要看老百姓是否真正得到实惠。改革从来不会是一帆风顺的，　定条件下会呈现螺旋式上升的状态。在前期推进改革的过程中，因为各种原因，改革出现了各种问题，也积累了许多经验教训。有许多改革措施并没有落实到位，有许多改革政策没有被认真执行，甚至一些社会问题历经多次改革仍然没有得到真正有效解决，这给我们全面深化改革敲响了警钟。

首先，有的问题经过前期改革之后并没有解决到位，原因是改革没有触及问题的实质，没有从体制机制上进行改革。比如经济发展方式的转变，我们很早就提出要把经济发展方式从粗放型向集约型转变，但是一直难以落到实处。背后的原因有改革执行力不够的问题，但一个很重要的原因是经济结构没有进行调整，市场还没有完全成为决定资源配置的决定性因素。我们一些改革还停留在表层和外围，没有触及问题的实质。比如生态环境恶化的问题一直是我们关注的重点，但一直没有从经济结构调整这个角度来看待这个问题。转变经济结构，把低产出高能耗的企业切实关停，才能逐步解决环境恶化的问题。所以只有触及问题的实质，才能使改革真正抓铁有痕、踏石留印。我国的行政管理体制也经历了多轮改革，但政府权力随意干涉市场，政府机构膨胀的弊端并没有明显改善，根本原因是政府与市场的关系问题并没有得到解决，还没有划清政府与市场的边界。

其次，有些地方政府忽视或不愿真正改革，改革流于形式。有些地方在工作思路上出现了问题，在具体工作中重经济增长和发展，却轻视改革的作用。这些地方政府更关注地方GDP和财政收入的快速增加，而对于要触动利益的改革的积极性却不高。重视社会发展和经济增长，这本无可非议，但是却忽视改革的作用，特别是在一些需要大力推动的革除体制弊端的改革问题上，显得信心不足、耐心不足、定力不足。如果在一些改革的关键环节上一直迟滞不前，惧怕改革这些关键问题产生的不良影响，最后会使整个改革进程受到拖累，不仅与时代的发展相背离，而且也会失去老百姓的支持。一些地方不愿改革的原因是利益集团的阻挠，进一步推动改革会削减一部分人的利益，这部分人大都对于改革决策有着相当大的影响力，会找各种各样的借口去延缓改革。这就会出现一方面人民期待改革，另一方面却出现改革动力不足，改革共识难以达成的情形。

最后，部分改革虽然提出了改革方案，但由于各种原因执行力度不大，并没有发挥作用。有些改革停留在形式和口号上，并没有实质的配套措施；有些改革年年强调、年年部署，但具体措施避实就虚、避重就轻，结果可想而知。比如，十六届三中全会提出“放宽市场准入，允许非公有资本进入法律法规未禁入的基础设施、公用事业及其他行业和领域”，但并没有具体的实施方案，现在非公有制企业进入基础设施、公用事业等领域仍然存在着“玻璃门”现象。

（三）全面深化改革的关键在于落实

习近平总书记指出：“地方和部门工作也一样，要真正做到一张好的蓝图一干到底，切实干出成效来。我们要有钉钉子的精神，钉钉子往往不是一锤子就能钉好的，而是要一锤一锤接着敲，直到把钉子钉实钉牢，钉牢一颗再钉下一颗，不断钉下去，必然大有成效。如果东一榔头西一棒槌，结果很可能是一颗钉子都钉不上、钉不牢。我们要有‘功成不必在我’的精神。一张好的蓝图，只要是科学的、切合实际的、符合人民愿望的，大家就要一茬一茬接着干，干出来的都是实绩，广大干部群众都会看在眼里、记在心上。”改革是一场革命，来不得半点虚假，如果没有“抓铁有痕、踏石留印”的决心，难以在改革的关键时刻发挥作用，甚至还有可能会葬送改革事业。各级领导干部要发扬钉钉子的精神，真抓实干，勇于担当，积极部署落实改革工作。在改革的过程中我们不要为了所谓政绩而忽视改革的推动，也不能空喊口号，而不去把改革蓝图变成现实。要树立正确的政绩观，把推进改革、落实改革的情况纳入工作考核当中，真正做到对历史和人民负责。

第一，领导干部要有强烈的责任感和时不我待的紧迫感，真正把改革落到实处。全面深化改革需要有“抓铁有痕、踏石留印”的精神状态。我国经过多年的改革开放已经取得了巨大的成就，但是改革的任务仍很艰巨，“党面临的赶考远未结束”，一些影响发展的关键性问题并没有得到彻底解决，今后的挑战会越来越大。而我们的一些领导干部已经转变成为改革的拦路虎，远没有改革之初的那股闯劲和干劲：一些干部热衷于各种形象工程、政绩工程，搞改革的形式主义；一些领导不愿同老百姓接触，不愿意深入基层搞调查研究，官僚习气严重；一些干部精神懈怠、不思进取、不敢担当，追求享乐主义，对改革互相推诿；一些领导出入各种高档会所，讲排场，奢靡之风严重，而对于改革过程中的具体问题则很少过问。所以我们要在积极解决“四风”问题的同时，提倡“抓铁有痕、踏石留印”的工作作风。“抓铁有痕、踏石留印”的作风是一个人、一个政党内在精神本质的表达。“喊破嗓子不如甩开膀子”，改革需要真抓实干，需要大胆去闯去试。改革是对利益关系的重新调整，“触动利益比触动灵魂还难”，必须要有壮士断腕的决心和勇气，敢于担当，勇于作为，以对历史和人民负责的态度去啃硬骨头、涉险滩。领导干部如果没有“苟利国家生死以，岂因祸福避趋之”的担当，改革难以取得成功。

把改革落到实处，需要明确改革主体责任。凡是承担改革任务的地方和部门，都要明确各自的责任，各负其责，守责尽责，做到既各司其职，又相互配合协作，共同完成改革任务。在落实改革任务的过程中，既要不折不扣地完成中央的部署，又要根据本地区的实际情况部署改革，鼓励基层创新。加大改革创新在干部考核和提拔任用中的权重，但同时也要建立健全改革容错纠错机制，形成允许改革有失误但不允许不改革的鲜明导向。

第二，加快促进改革的机制建设。改革是一个系统工程，包括改革动力、目标、重点、路径等多个方面。为了顺利推进改革，需要加强促进改革的机制建设，使改革具有内生动力。首先要加强改革立法，要高度重视运用法治思维和法治方式去推动改革，把改革纳入法治轨道上去。改革措施难以执行到位，跟没有强有力的法律约束有很大关系。在改革开放初期，由于改革是从局部试点推动的，依靠党和政府的政策来推动改革。现在改革已经过了“摸着石头过河”的阶段，已经进入顶层设计时期，在这一新的时期，通过改革立法工作，把重大改革措施上升到法律层面，按照依法治国的原则来建立改革工作机制，可以使改革进程大大加快。加强改革立法，强化法律约束，可以避免一些地方改革动力不足的情况发生。通过对改革政策的立法，将改革措施上升为法律意志，可以避免一些不必要的改革争议，克服一些既得利益集团阻挠改革的风险。其次，要建立改革进程的评估、问责、监督机制。针对改革过程中出现的一些部门和单位推脱责任，对改革避重就轻，改革流于形式，难以落到实处的问题，有必要从机制建设入手，建立对改革事项的评估、问责和监督机制。对改革任务的完成要有督察，对于迟滞改革的领导干部要适时启动追责程序，对于搞形式主义、不真抓实干的干部和领导要坚决惩处。比如对于经济结构的调整工作，要建立落后产能退出的时间表，对于该降的产能要细化考核指标，只有这样，才能真正实现经济结构的调整，推动供给侧结构性改革落到实处。再次，要建立社会稳定评估机制。要处理好改革、稳定、发展之间的关系。既不能因为改革可能带来的潜在的社会不稳定就惧怕改革，也不能因为改革而忽视对于社会稳定的关注。改革伴随着风险，有可能带来局部的不稳定，所以我们尤其需要完善的社会稳定评估机制。习近平总书记指出，遇到关系复杂、牵涉面广、矛盾突出的改革，要及时深入了解群众实际生活情况怎么样，群众诉求是什么，改革能给群众带来的利益有多少，从人民利益出发谋划思路、制定举措、推进落实。只有从人民的利益出发才能消除改革带来的不稳定因素，化风险为动力，推动改革不断发展。最后，要建立多元参与的改革评价机制，对改革效果进行全面评估。在评价改革成效上要坚持群众立场，关键要看办成了多少事，解决了多少实际问题，群众到底认不认可、满不满意。把是否促进经济社会发展、是否给人民群众带来实实在在的获得感，作为改革成效的评价标准。

第二，改革要讲究策略。全面深化改革，需要考虑改革的谋篇布局。特别是对于领导干部而言，在改革的过程中既要有敢为天下先的精神，也要注意方式方法，控制改革节奏，不能蛮干。习近平总书记指出，改革“要有强烈的问题意识，以重大问题为导向，抓住关键问题进一步研究思考，着力推动解决我国发展面临的一系列突出矛盾和问题”。改革首先要解决涉及群众利益的突出问题，解决影响全局的关键性问题。这样才能以点带面，才能使其他的改革更加顺畅。习近平总书记强调：“我们一定要坚持胆子要大、步子要稳，战略上要勇于进取，战术上则要稳扎稳打。”面对时代的要求，一定要勇于开拓，积极探索，争当改革的急先锋。另一方面，改革是关系到人民群众切身利益的大事，一定要稳妥慎重，多征求群众的意见，多进行调查研究，改革的过程中要注意经验的积累，不能急于求成，也不能幻想毕其功于一役。既要敢于决策、勇于担当，又要科学分析、善于落实。对于中央制定的改革发展举措，要注意跟本地区本单位的实际结合起来，这要求改革领导者勇于决断、善于决断，推进改革不仅需要勇于开拓的精神，更需要能够根据实际情况灵活变通，不搞一刀切。

对改革要抓好统筹工作，处理好长远和当前的关系，统筹考虑战略、战役和战斗层面的问题。要有工作方案，改革的总体部署已经出台，各个地方和部门要出台相应的施工方案，出台细致的工作计划，不能盲目推进。对改革任务进行项目化、责任化分解，提出改革任务清单，改革要有时间表，做好督促检查。对于已经推出的改革举措，要跟踪了解，及时发现问题，巩固改革成果。

五、“摸着石头过河”与顶层设计相结合

全面深化改革是指改革从以往专注于经济领域向政治、文化、社会、生态、军事、党建等各个领域扩展，由于改革涉及各个领域和各个方面，因此

需要通过顶层设计进行整体谋划、统一安排，做到各个改革措施和政策之间相互配合相互衔接，各个领域稳步协调推进，如此才能确保改革的全面推进和深入发展。与此同时，全面深化改革也离不开“摸着石头过河”这种改革方式，邓小平在改革之初，考虑到无现成的改革经验可以照搬，提出采取渐进摸索的“摸着石头过河”改革策略。现在改革已经有了相当的经验积累，但仍不能放弃这种改革方式。习近平总书记认为，“摸着石头过河”是具有中国特色、符合中国国情的改革方法，不仅改革开放初期要用，现在全面推进改革也要采用。顶层设计和“摸着石头过河”两者相统一，才能促进改革向深层次推进。

（一）改革从“摸着石头过河”开始

“摸着石头过河”是一句民间谚语，是指在没有现成的桥和船的情况下，只能以身试水，踩着河底的石头一步一步走向对岸。河底石头所处的位置大多比较稳当，找准这样的石头，过河的过程才能更加稳妥，才能顺利到达彼岸。所以，民间歇后语称“摸着石头过河——稳稳当当”。这句谚语引申开来，就是指在没有现成经验可供参考的情况下，需要自身积极探索、摸清规律，然后达到目标。1951年7月，陈云首次把“摸着石头过河”应用到国家的政策方针中，陈云指出：“办法也应该稳妥，这叫摸着石头过河。搞急了是要出毛病的。”认为在工作中要从实际出发，不要急于求成，在试点的基础上逐步推进。在改革开放初期，由于我们推进改革没有现成经验可供参考，面对错综复杂的改革局面，“摸着石头过河”成为我们进行改革的一种主要的方法。陈云曾在多个场合指出改革要采取“摸着石头过河”的方法，邓小平对陈云的提法进行了肯定，并把这一方法作为推动改革发展的主要方略。

邓小平认为，“我们现在所干的事业是一项新事业，马克思没有讲过，我们的前人没有做过，其他社会主义国家也没有干过，所以，没有现成的经验可学。我们只能在干中学，在实践中摸索”。他还指出：“在全国的统一方案拿出来以前，可以先从局部做起，从一个地区、一个行业做起，逐步推开。中央各部门要允许和鼓励它们进行这种试验。试验中间会出现各种矛盾，我们要及时发现和克服这些矛盾。这样我们才能进步得比较快。”“摸着石头过河”起因于我们对于社会主义现代化建设没有经验，对于改革的具体目标和实施方法仍处于模糊的状态，在这种情况下就需要积极探索、通过试点的方式寻找规律，从实践中获取真知，最后形成改革的路径。

“摸着石头过河”是一种渐进式的改革模式。改革有两种方式，一种是激进式改革模式，通过大刀阔斧式的全面计划来推动改革，这样的改革承担的风险较大，一着不慎，有可能满盘皆输，特别是在关系国家民族前途命运的改革问题上，如果一开始就采取激进式改革，推动经济或者政治进行全盘转变，有可能遭遇难以预测的风险，造成人民、国家的利益受到损失，严重的情况甚至可能会亡党亡国。历史上已经发生过这样的情况。苏联改革采用的即是这种方式。结果导致苏共解散、苏联解体，历史上曾经跟美国一决雌雄的超级大国一夜间烟消云散。采用“摸着石头过河”渐进式的改革方法，先易后难，层层推进，就不会发生全局性的错误。我们社会主义市场经济体制的建立就是渐进式改革的具体例证。1979年3月，陈云在《计划与市场问题》一文中，提出了计划经济为主、市场调节为辅的思想，揭开了我国经济体制改革的序幕。1984年10月召开的十二届三中全会上通过的《关于经济体制改革的决定》中，对商品经济有了新的认识，认为“社会主义经济同资本主义经济的区别不在于商品经济是否存在和价值规律是否发挥作用”。1987年10月的十三大提出：“社会主义有计划商品经济的体制，应该是计划与市场内在统一的体制。”十三大报告的论述实际上是对计划和市场关系的重新界定，扩大了市场调节的范围和功能。1992年邓小平的南方谈话强调指出：“计划多一点还是市场多一点，不是社会主义与资本主义的本质区别。计划经济不等于社会主义，资本主义也有计划；市场经济不等于资本主义，社会主义也有市场。计划和市场都是经济手段。”邓小平的南方谈话突破了传统关于市场经济的看法，对改革的理论和实践产生了巨大的影响。同年举行的党的十四大郑重决定：我国经济体制改革的目标是建立社会主义市场经济体制。这一体制，“就是要使市场在社会主义国家宏观调控下对资源配置起基础性作用，使经济活动遵循价值规律的要求，适应供求关系的变化”。所以，对于社会主义市场经济体制的探索，我们是逐步进行的，刚开始对于市场到底发挥多大的作用并没有明确的认识，通过“摸着石头过河”的方式积极探索，在总结经验和教训的基础上才最终确立了社会主义市场经济改革的方向。

“摸着石头过河”本质上是一种试错法，通过定点实验的方式，将一项改革措施进行局部试点，总结改革经验，如果有可推广的价值就推广，如果试验失败，影响也不会很大，不会发生全局性的错误，风险能够在可控范围之内。邓小平指出：“我们现在做的事都是一个试验。对我们来说，都是新事物，所以要摸索前进。既然是新事物，难免要犯错误。我们的办法是不断总结经验，有错误就赶快改，小错误不要变成大错误。”试错法的依据是信息和知识的不完全性和不确定性，我们无法获得事物的全部信息，不能高估个人理性的作用，采用试错法可以降低获取信息的成本和风险，虽然其是渐进式的，但整体进程是稳定的。以对外开放改革举措为例，我们首先在深圳、厦门、珠海、汕头等城市建立经济特区，在总结开办经济特区成功经验的基础上才进一步开放了沿海港口城市。对外开放采取由点到线、由线到面、由沿海到内地渐进式展开，使我们的开放政策没有出现大的波折，最终取得了巨大的成就。所以，“摸着石头过河”这种方式遵循“基层首创—改革试点—经验推广”的发展路径，使中国的改革长期处于可控和高效的状态，是中国改革成功的关键所在。

“摸着石头过河”是尊重群众首创精神的具体表现。人民是历史的创造者，人民也是改革的推动者。人民群众在生产生活实践中自发采取的改革措施，往往能够取得良好的效果，这是因为群众是改革的直接参与者和获益者，具有积极性、主动性和创造性，蕴含着丰富的智慧和强大的力量。所以

"摸着石头过河"要注意调动群众参与改革的积极性，引导群众主动参与到改革措施的制定当中。改革开放初期的包产到户就是群众自发推动的，政府只是在群众取得改革的初步成效后把改革的经验进行了肯定和推广，才有了家庭联产承包责任制的建立和发展。个体经济的产生和发展也是尊重群众首创精神的结果。1979年，知识青年"上山下乡"运动结束后，近2000万知识青年开始返乡工作，知识青年的就业问题成为重大社会问题。农村实行家庭联产承包责任制后，生产力得到解放，农村的剩余劳动力开始出现，大批劳动力面临着无业可就的境况。这种情况下，自发产生的个体商贩和流动手工业者开始大量涌现，既解决了相当部分人的就业问题，也增加了国家的税收。政府在这种经济成分出现之后，通过文件的形式对个体经济进行了肯定。1980年中共中央发布《进一步做好城镇劳动就业工作》的文件，认为个体经济是解决就业问题的重要途径，应该大力发展城镇个体经济体，由此个体经济逐步发展壮大起来。所以可以看出，成功的改革举措，基本是由基层群众在实践中摸索出来的。改革开放以来，党紧紧依靠人民，尊重人民的首创精神，不断将人民群众的自觉行为转化为国家的政策方针，采取自下而上的改革路径，不断深化改革内涵，拓宽改革外延，使我们的改革不断走向深入。

"摸着石头过河"，要求我们搞好调查研究。调查研究是党重要的工作方法，只有深入实际进行调查，才能了解事物的实际情况，为解决问题寻找到正确的方法。习近平总书记指出："研究、思考、确定全面深化改革的思路和重大举措，刻舟求剑不行，闭门造车不行，异想天开更不行，必须进行全面深入的调查研究。"通过调查研究，广泛听取群众意见和建议，才能确定稳妥有效的改革方案。

"摸着石头过河"，要求改革者具备敢闯敢试的大无畏精神。邓小平指出："改革开放胆子要大一些，敢于试验，不能像小脚女人一样。看准了的，就大胆地试，大胆地闯。没有一点闯的精神，没有一点'冒'的精神……就走不出一条好路，走不出一条新路，就干不出新的事业。"因为对于改革的前景和预期不明，所以有些改革者难免会瞻前顾后，害怕出现失误，害怕承担责任。所以在改革刚破局的时候，需要我们的改革者有一种敢为天下先的勇气和为了群众利益勇于探索的精神。对于改革过程中可能出现的错误，邓小平强调："搞改革完全是一件新的事情，难免会犯错误，但我们不能怕，不能因噎废食，不能停步不前。"只要我们善于从失败中总结经验，就一定能够到达改革的成功彼岸。

（二）全面深化改革需要顶层设计

顶层设计最早用于工程技术行业，意为从全局出发，通盘筹划项目的整体方案，从而实现降低成本、规避风险的目的。这一概念逐步从自然科学领域引入到社会科学领域，特别是近几年成为一个政治词汇，指代我们对改革进行系统性设计。"顶层设计"作为政治名词最早出现在2010年十七届五中全会通过的《中共中央关于制定国民经济和社会发展第十二个五年规划的建议》，当时的表述是"重视改革顶层设计和总体规划"，目的是破除"体制性障碍和深层次矛盾、全面协调推进经济、政治、文化、社会等体制创新"。顶层设计用于改革中即是指从国家层面出发，对改革进行通盘考虑，加强改革的系统性、关联性和协同性研究，提出推进改革的整体思路和框架，并对一些全局性、关键性问题进行全面筹划，使改革更加科学高效，把改革的风险和阻力降到最低，最终使广大人民群众从改革中获益。改革是一个系统工程，随着改革逐步走向深入，改革的广度和深度相比以前拓展了很多，在这种情况下继续推进改革，必须加强顶层设计。习近平总书记在十八届中共中央政治局就坚定不移推进改革开放进行第二次集体学习时指出："要加强宏观思考和顶层设计，更加注重改革的系统性、整体性、协同性。"进行顶层设计需要一个中央层面的组织领导机构，负责改革方案的总体设计，明确改革的方向、目标、步骤、重点和前景。在地方也要成立相应的专门负责改革的相关机构，统一领导地方的改革事务。2013年，党的十八届三中全会就全面深化改革做出总体部署，全会通过的《中共中央关于全面深化改革若干重大问题的决定》对改革的路线图和时间表进行了具体规划，涉及十五个领域、330多项较大的改革举措，包括经济、政治、文化、社会、生态文明和党的建设等各个方面。这是改革新时期提出的第一个顶层设计方案。全会决定成立中央全面深化改革领导小组（以下简称“深改组”），下设经济体制和生态文明体制改革、民主法制领域改革、文化体制改革、社会体制改革、党的建设制度改革、纪律检查体制改革6个专项小组。在中央设立“深改组”之后，全国大部分省级机构都相继设立了地方“深改组”。中央和地方的“深改组”成立之后，可以有效地对中央和地方的改革事务进行整体设计、统筹协调、检查落实，结束了改革由各个单位和部门自主推进造成的混乱局面。2014年，党的十八届四中全会通过的《中共中央关于全面推进依法治国若干重大问题的决定》，对全面推进依法治国作出了全面详细的部署，共提出了六大任务，30项重大举措，180多项具体措施，这在以往是没有过的。2016年3月，《中华人民共和国国民经济和社会发展第十三个五年规划纲要》发布，这次规划纲要设计和论证更加详细，共涉及二十三类、165个重大项目，创历史之最。2016年党的十八届六中全会审议通过了《关于新形势下党内政治生活的若干准则》和《中国共产党党内监督条例》，对全面从严治党进行了全面部署，是党的建设顶层设计具体表现。2014年1月到2017年8月，中央全面深化改革领导小组已经召开了38次会议，这些会议聚焦不同的改革领域，对改革进行了整体部署，审议通过了200多份规则、方案、意见等重要文件。这一系列决定和文件的出台表明，改革开放的顶层设计正逐步推进，统筹规划的改革路径基本形成。习近平总书记强调：“已经出台总体方案的，要抓紧推出相关配套文件和实施细则。少数尚未形成总体方案的重点领域改革，要加快顶层设计，尽快拿出总体方案。”从这些可以看出，顶层设计已经成为党中央推进改革的一项重要战略方式，对于全面深化改革发挥着重要作用。

改革开放进行到现在，碰到的困难越来越多，改革已经进入深水区，到了“啃硬骨头”和“涉险滩”的关键时刻，所以，“改革推进到现在，必须在深入调查研究的基础上提出全面深化改革的顶层设计和总体规划，提出改革的战略目标、战略重点、优先顺序、主攻方向、工作机制、推进方式、提出改革总体方案、路线图、时间表”。顶层设计解决改革系统性的问题，解决制度建设的问题，成为我们今后推进改革的主要方式。这样做防止了改革的盲目性，避免了瞎折腾，减少了不必要的浪费和走弯路的可能，使深化改革总体有章可循。顶层设计通过自上而下的方式，有利于改革的快速推进，避免有的地方对改革犹豫不决、故意拖延。顶层设计还有利于改革的深入推进，改革进行到现在，对经过多年探索都难以解决的“硬骨头”，基层难以解决的体制性机制性问题，由全国性的机构提出改革的具体方案，可以把改革逐步引向深入。

顶层设计的目的之一是重新梳理利益关系，突破利益固化的藩篱。现在，改革之所以难以取得实质性进展，利益集团的阻挠是很重要的一个原因。改革会触及许多人的利益，会遇到很多障碍。在改革开放初期，由于大部分人都能够从改革中获益，改革遇到的阻力较小，通过群众自发的改革探索能够轻松突破改革障碍。在现在改革新时期，由于利益关系愈来愈复杂，改革会触动现有的利益格局，改革不再会是帕累托改进，一部分人利益的增加，可能会损害另一部分人的利益，由此形成了一批阻挠改革的既得利益者，他们人数虽少，但是往往拥有极大的社会控制力，对于不利于他们的改革措施会千方百计设置障碍，对于有利于他们的改革却很热衷，造成改革利益部门化，改革成了一些利益集团为个人或本集团谋利的工具，广大人民群众却难以再从改革中获益，改革的动力逐渐减弱。而改革现在剩下的都是难啃的“硬骨头”，面临的困难都是涉及体制机制的关键性障碍，需要更大的决心和勇气来推动改革。对于出现的利益格局固化的现象，唯有通过制定顶层改革方案，理顺各种利益关系，打破利益集团对改革话语权的垄断，从国家层面进行利益整合。所以说，通过加强改革的顶层设计，通过一个统一的权威性机构来推进改革，有助于改革动力的增强，有利于破除利益集团设置的改革障碍。

顶层设计的目的之二是对分散的试错改革进行总结，“摸着石头过河”是一种试错改革，通过试点的方法，逐步推广成熟的改革经验。经过30多年的改革，试错式的改革给我们带来巨大发展成就的同时，也造成了一些损失。我们对于如何进行改革，进行现代化建设知之甚少，缺乏经验的积累，试错必然会有失败的概率存在。由于缺乏理论指导和深入的研究，试错式的改革也难以触及改革中的深层次问题。试错式改革是由各个地方自主决策、自主推进，难免带有一定的盲目性。所以，在“摸着石头过河”方式指导下的中国的改革在总体上表现出浅层次、碎片化和非均衡性的特点。现在，通过不断试错，我们对于改革的方式、动力、本质、布局等都有了较为深刻的认识，或者说我们对于改革已经有了较为系统的总结和反思，已经找到制约改革的体制性障碍，已经认识到改革的目的就是完善中国特色社会主义制度和实现国家治理能力和治理体系的现代化，对改革道路、布局等已经逐步清晰，我们已经有了进行顶层设计的经验和资本，是时候从顶层自上而下来规划改革的进程。将改革开放40年的经验进行梳理总结，以这些经验为蓝本和基础，我们的顶层设计会更加切合改革实际，会更快更好地推动改革前进。

顶层设计的目的之三是为了全面推进改革。改革既要解决面临的主要矛盾和矛盾的主要方面，也要兼顾次要矛盾和矛盾的次要方面。在以前的改革阶段，改革主要是采用部分推进的方式，重点在于经济体制改革，政治、社会、文化等领域的改革相对滞后，没有形成经济改革、社会改革和政治改革良性互动的局面，改革的系统性较差。改革的短板已经严重影响了整体改革的进程，比如我们的社会领域改革滞后，虽然我国整体经济实力雄厚，但是职工的工资水平相对偏低，而事关百姓民生的住房、医疗、教育等方面的改革却进展不大，房价高、看病难、上学难的问题仍然存在，严重影响了老百姓对于改革的观感，甚至对进一步改革心生疑虑。特别是现在，各种深层次的问题盘根错节，一个问题可能既涉及经济领域又涉及政治领域，需要各个领域之间协调配合进行改革。在“摸着石头过河”改革策略的指导下，改革的主要特征是单兵突进型，改革主要是针对个别问题，由各个地方、部门自主进行，各个地方、部门之间的协调配合较差，往往会相互抵触，改革的效果大打折扣，有些地方和部门借改革之名以自肥，忽视或侵害老百姓的利益。所以，碎片化、浅层化和不均衡化的改革已经到了难以为继的地步。进一步推进改革需要兼顾各个改革领域，理顺改革中的各种关系，比如经济、政治、文化、社会、生态几大改革领域之间的关系，中央和地方的关系等，从而全面推进改革。顶层设计更加注重改革的系统性、整体性、协同性，可以提高改革决策的科学性，增强改革措施的协调性，克服以前改革单兵推进、各自为战的弊端。

完成顶层设计需要理论的指导。改革需要理论的指导，改革的顶层设计更需要有科学的理论进行指导。缺乏科学的理论指导，顶层设计就可能偏离科学性、合理性、整体性。中国特色社会主义理论可以为顶层设计提供理论指导，使顶层设计不至于偏离正确的方向。顶层设计还需要坚持正确的政治方向，没有正确的政治方向，改革就可能南辕北辙。进行改革的顶层设计，更应该考虑方向的问题。我们应该坚持中国特色社会主义发展方向。中国特色社会主义由道路、理论体系和制度三位一体构成的。中国特色社会主义道路、理论和制度是我们改革开放这么些年来能够取得伟大成就的根本原因，也是我们改革所取得的智慧结晶。在接下来的改革中，中国特色社会主义将是我们改革的根本方向。进行改革的顶层设计，还要注意规划的科学性。在顶层设计的内容规划上应该注意次序性、可行性、系统性和实践效果。顶层设计需要考虑改革的先后次序和重点，需要考量改革方案的可行性，充分估计各种因素对改革方案的影响。顶层设计还要对社会发展的各个方面、各个领域的改革进行全面安排，不能顾此失彼，或者厚此薄彼。所以，我们要在党的领导下，通过科学的决策程序形成顶层设计的方案和每个具体的设计方案。顶层设计最终要经受实践的检验，看其是否能够取得预期的效果，是否能够促进社会的公平和正义，是否能够使大多数人获益。总之，经过改革开放40年的积累，我们完全有条件和能力去规划和设计未来改革的整体框架和思路，明确改革的目标、方向、重点和机制等。完成好顶层设计，就能够把握好改革这一决定中国命运的关键一招，稳妥而全面地推动中国的发展。

（三）“摸着石头过河”与顶层设计是辩证统一关系

习近平总书记提出：“改革开放是前无古人的崭新事业，必须坚持正确的方法论，在不断实践探索中推进。摸着石头过河，是富有中国特色、符合中国国情的改革方法。摸着石头过河就是摸规律，从实践中获得真知。摸着石头过河和加强顶层设计是辩证统一的，推进局部的阶段性改革开放要在加强顶层设计的前提下进行，加强顶层设计要在推进局部的阶段性改革开放的基础上来谋划。要加强宏观思考和顶层设计，更加注重改革的系统性、整体性、协同性，同时也要继续鼓励大胆试验、大胆突破，不断把改革开放引向深入。”我们强调在新一轮的改革中顶层设计的重要性，并不是要否定摸着石头过河的价值，并不是要抛弃摸着石头过河这种试错式改革方式。相反，我们要把顶层设计和摸着石头过河结合起来，处理好两者之间的关系，这样才能使经济改革与政治改革、社会改革等相配套，使全局和局部相协调，渐进改革和重点突破相结合，使各项改革措施相互配合，形成合力，推动改革不断走向深入。

加强顶层设计的同时也要重视摸着石头过河改革方法的运用，具体来说，有以下几个方面的原因。首先，我国是一个人口众多、疆域辽阔的大国，各个地区和行业之间的差异极大，发展很不平衡。顶层设计主要针对全局性、战略性的事项进行规划布局，其以制度建设为最终目标，强调改革的自上而下性。强调中央的权威，强调政策措施的系统性和有机性。所以，对于实施改革的具体行动并不是顶层设计关注的重点。顶层设计也无法细化相关政策的具体过程。由一个全国性机构制定覆盖全国的具体改革细节是不现实的；靠一个全能的政府去管理、执行具体的改革措施，也与现代政府管理理念不相符。摸着石头过河，在实践中摸索前进，仍然是必不可少的改革方式。其次，改革进行到如今，利益多元化的格局已经形成，各种利益关系盘根错节，顶层设计可以从根本上梳理各种利益关系。但是利益主体的利益诉求往往是具体的，处理这样的利益诉求顶层设计往往力不从心，只能依靠基层干部和广大群众具体问题具体分析，采取摸着石头过河的改革方式，进行试错式改革，才能解决不同的利益诉求，防范改革风险发生。最后，顶层设计需要以摸着石头过河为基础，顶层设计的产生不是凭空想出来的，是建立在大量的改革实践基础上的，在大量改革试点的基础上，不断总结经验，上升到理论层面，形成可以指导全局的方针政策，否则这样的设计就是空中楼阁，就会脱离实际。另一方面，顶层设计也不是一劳永逸的，它有个跟实践相结合的过程。任何一项规划设计，都要在实践过程中不断检验、修正、调整。规划制定出来之后，还需要进行修改和调整，还需要经过实践的检验才能证明是否合理。这个检验和评价过程正是摸着石头过河的过程。所以，摸着石头过河“符合人们对客观规律的认识过程，符合事物从量变到质变的辩证法。不能说改革开放初期要摸着石头过河，现在再摸着石头过河就不能提了”。

我们要正确处理好摸着石头过河与顶层设计的关系。两者都属于改革的方法论范畴。顶层设计是从全局和战略高度出发，对改革进行统筹规划和宏观指导。摸着石头过河是指改革要从实际出发，从具体问题出发，大胆探索，从实践中获得改革的经验，摸着石头过河不免会产生失误，但由于大都采用试点的方式，风险处于可控的范围。一般来讲，摸着石头过河的改革方式推进改革的时间较长、风险较小；顶层设计的改革方式推进改革的时间较短，但风险较高。两者都符合马克思主义的认识论和实践论，遵循“实践、认识、再实践、再认识”的发展规律。摸着石头过河强调实际的重要性，但是并不是瞎摸，也不是蛮干，是要从实践中寻找规律、获得真知。从摸索的过程中得到的经验、教训和规律可以上升到理论层面，再进行全国范围的推广。顶层设计重视统一规划和设计，但是进行规划的依据仍然是客观实践，是在总结改革实践过程中得到的理论的再升华。

两者之间是一种改革路径自上而下与自下而上的统一。对于改革而言，既需要人民群众从基层出发、从实践出发积极主动探索，在行动中寻找问题的解决办法；也需要中央政府高屋建瓴，从大局出发，从整体利益出发，为改革勾画蓝图，指明方向。两者相互结合，才能铸就改革大业，两者不可偏废。

两者之间是一种相互促进的关系。仅依靠摸着石头过河的方式进行改革，改革难以突破深层次的问题，但仅依靠顶层设计，改革的政策和措施也难以真正落地。两者要良性互动，摸着石头过河要在顶层设计规定的方向上进行，否则会偏离正确的方向，顶层设计也不能离开摸着石头过河过程中取得的经验和教训，否则就会脱离实际。全面深化改革是一项十分复杂的系统工程。一项改革措施的施行会对其他改革产生重要影响，各项改革举措要相互衔接、密切配合，相互促进。顶层设计和摸着石头过河相互结合，就能够使改革的整体协调性更加顺畅，使改革过程更加顺利。

总体来说，两者之间是一个动态平衡的统一过程，两者需要交替进行并相互作用。当我们对改革的总体进程和框架设计并不很清晰的时候，摸着石头过河可以为我们打开改革的局面，当我们已经有了大量的经验积累时，改革的总体框架已经初露端倪时，适时进行顶层设计，不仅可以加快改革进程，减少无谓的探索，而且也可以使各项改革措施之间更加配合顺畅、良性互动。当有了顶层设计并进一步推进改革之后，仍会碰到一些难以解决的难题和难点，仍需要对我们的顶层设计进行调整时，就需要进一步通过摸着石头过河的方式来进行攻坚和完善。所以两者是统一的，而不是对立的关系。

六、既不封闭僵化也不改旗易帜

举什么旗，走什么路，这是事关我们全面深化改革的根本问题，事关党和国家的兴衰成败。对这个问题没有深刻的认识，我们的改革就会迷失方向，甚至可能走向歧路。高举中国特色社会主义伟大旗帜，走中国特色社会主义道路，是我们党对一切工作的根本要求。党的十八大提出，坚持和发展中国特色社会主义是我们工作的聚焦点、着力点和落脚点。全面建成小康社会的目标的完成，社会主义现代化建设的实现和中华民族的伟大复兴都要紧紧围绕中国特色社会主义来进行。

但是，虽然改革开放已经进行了40年，对于中国特色社会主义的认识仍然存在着一些分歧。有的人认为现在的改革应该限制非公经济的发展，认为非公经济已经冲击了公有制经济的主体地位。有的人则认为中国的改革开放是“有中国特色的资本主义”，明目张胆地宣扬资产阶级自由化思想，生搬硬套西方资本主义的经济、政治制度。如果不对这些错误的认识进行澄清，就会使中国特色社会主义走向封闭僵化的老路，抑或走向改旗易帜的邪路。

针对社会上出现的各种错误的思想和认识，党的十八大报告提出：“我们既不走封闭僵化的老路，也不走改旗易帜的邪路。”所谓“封闭僵化的老路”是指改革开放前的传统社会主义之路，这条道路起源于苏联社会主义模式，是在苏联模式的基础上形成的建设社会主义的道路，从广义上来讲封闭僵化的老路也包括了苏联社会主义道路。这条道路在理论上表现为：僵化理解经典马克思主义作家关于社会主义的认识，认为社会主义在所有制结构方面必须实行单一公有制，在经济体制方面采用计划经济，排斥市场手段、商品和价值规律的作用，在分配方式上不顾实际情况实行事实上的平均分配。这些认识看似符合经典作家对于社会主义的描述，但是没有认识到，马克思等经典作家是在理论上对社会主义进行的一种探索，并没有考虑到不同国家建设社会主义的具体国情。所谓“改旗易帜的邪路”主要是指把改革引向资本主义道路。这一邪路有两个方面的表现：一个是完全放弃社会主义的旗帜，走全盘西化的资本主义道路；另一个是走西方一些国家所走的由社会民主党执政的民主社会主义道路。改旗易帜的邪路要在政治上推翻中国共产党的领导，实行多党制，否定人民民主专政；在经济上反对公有制的主体地位，要求实行私有化；思想上反对马克思主义的指导地位，以资产阶级思想来占据主导地位。不管是封闭僵化的老路，还是改旗易帜的邪路，其根本都是要否定现在的中国特色社会主义道路。我们只能走中国特色社会主义道路，这是党和人民经过长期实践探索出来的正确道路。

（一）不能走封闭僵化的老路

我们不能走封闭僵化的老路，这是对新中国成立以后到改革开放前这一时期党和国家所经历的挫折和教训进行概括总结后得出的结论。往上追溯，近代以来中国之所以如此落后，一个重要的原因就是固守传统、自我封闭，我们称之为“闭关锁国”。封闭不仅是指在对外关系上的封闭自守，更重要的是一种心态上的封闭，缺乏一种勇于吸纳各种文明、吸收各国经验的胸怀，搞唯我独尊，排斥外来文明。

我们在中华人民共和国成立后由于没有建设社会主义的经验可以遵循，苏联模式成为我们国家学习的对象。苏联模式是指苏联在建国之后，在政治、经济、文化等各个领域所确立的一系列制度。苏联模式在经济上的表现是实行单一的社会主义公有制。苏联宪法承认社会主义所有制有两种形式：一种是以国家所有制为主要实现形式的全民所有制，这是社会主义公有制的最高形式；一种是以合作社——集体农庄所有为主要形式的集体所有制，被认为是社会主义公有制的低级形式。除了这两种公有制经济形式之外，没有第三种所有制形式。与单一的社会主义公有制相适应，苏联建立了高度集中的计划经济管理体制。国家行政机关是经济管理的主体，集所有权和经营管理权于一身。经济决策权集中在政府部门，企业几乎没有什么自主权。国家通过发布直接指令和采取物资平衡的方式对企业的日常经营活动进行管理。经济活动主要依靠行政的手段进行调节，放弃了经济杠杆的作用，排斥市场机制、价值规律对经济的调节作用。在政治方面，苏联建立了高度集权的政治体制。这种高度集权的体制保证了苏联政局的稳定，但是，这种政治体制也阻碍了民主制度的发展。随着斯大林成为党的最高领导人，这种政治体制使国家权力更为集中，党内民主被严重削弱了。

政治上高度集中的政治体制、经济上的单一公有制和计划经济体制、文化上高度集中的管理体制共同构成了斯大林时期的社会主义模式的主要内容。苏联模式对苏联经济的发展起过积极的作用，在苏联模式下，国家可以最大限度地集中全国的人力、物力和财力去发展一些重大项目，特别是苏联工业化建设时期，这种模式的作用得到极大发挥。但是以单一公有制和计划经济体制为主要特征的苏联经济模式存在着严重的弊端。这种模式在发挥积极作用的同时，也潜伏着深刻的矛盾和存在着严重的问题，这种模式长期维持下去需要支付高昂的组织成本，高度集权的经济计划管理无力对全社会经济活动做长期和全面的组织和管理，长期效率缺失的后果必然会对公有制和计划经济体制提出挑战。随着历史的发展，这种模式的弊端逐渐显现，越来越严重地阻碍着社会经济的发展。

我国在社会主义改造过程中和改造后所暴露出的问题，说明单一公有制存在许多不适应生产力发展的地方。而1954年以后苏联模式的弊端也开始显露，这些情况的出现促使党和政府从1956年开始就对计划经济和公有制进行必要的改革。毛泽东在当时就清醒地指出："特别值得注意的是，最近苏联方面暴露了他们在建设社会主义过程中的一些缺点和错误，他们走过的弯路，你还想走?"在中共八大前后，党开始对苏联社会主义模式进行反思，试图寻找一条适合中国国情的建设社会主义的道路。

中共八大前后对苏联模式和我国社会主义改造中问题的反思在实践中取

得了一定的成效，在经济发展的产业政策及其相关关系方面，突破了苏联的模式和经验。但是，在经济体制方面的探索上虽然有了新的认识，提出了一些有益的办法和政策，但并没有取得根本性的突破，对社会主义所有制结构的认识也还是局限于单一性质的所有制结构，对计划与市场的关系的认识也没有突破计划经济是社会主义经济的基本特征的理论。1957年出现的“反右”运动所导致的阶级斗争扩大化，使党开始用阶级斗争的眼光来看待所有制领域出现的新的变化，特别是毛泽东改变了1956年中共八大关于社会主要矛盾的认识，认为无产阶级与资产阶级的矛盾在相当长的时期内仍然是社会主要矛盾。所以从1957年后20多年的时间里，开始采用阶级斗争和运动的办法，阻止农户退社，限制个体私营经济的发展，在所有制方面不断搞所有制形式升级、过渡，“割资本主义尾巴”，使在社会主义改造完成后暴露出来的各种问题并没有得到根本解决，反而使单一公有制结构不断得到强化。

不顾我国的实际情况，不断提高公有化的程度，希望通过不断变革生产关系来发展生产力，同时在经济体制的选择上采取高度集中的计划经济管理体制，是封闭僵化的老路在经济领域的集中表现。不顾生产力的实际情况，用行政命令的方式不断提高公有化的程度，不仅没有带来生产力的发展，反而由于生产关系形式与生产力不相匹配，使生产力的发展遭到极大的破坏，社会经济发展缓慢甚至停滞。正如邓小平所说：“我们搞社会主义三十多年，截至一九七八年，工人的月工资只有四五十元，农村的大多数地区仍然处于贫困状态。”当“一大二公三纯”的公有制经济在发展过程中出现问题时，没有思考问题的根源在于所有制结构过于单一，反而认为是资产阶级和无产阶级之间发生矛盾的结果，把主要精力放在搞阶级斗争上，忽视生产力的发展。在以阶级斗争为纲思想的指导下，出台了无产阶级专政下继续革命理论，爆发了“文化大革命”。在“文化大革命”期间，民主法制建设遭受严重的挫折，党的民主集中制和集体领导制度受到严重的破坏，“一言堂”“家长制”代替了集体领导制度。这是封闭僵化的老路在政治领域的集中表现。封闭僵化老路形成的原因在于我们对什么是社会主义、怎么样建设社会主义这个问题没有正确的认识，认为社会主义就是单一的公有制、高度集中的计划经济体制和单一的分配制度。另一原因是过高估计阶级斗争在党内外的严重性。把许多本属于人民内部矛盾的问题作为阶级斗争来对待，造成阶级斗争扩大化，不仅严重挫伤了人民建设社会主义的积极性，也耽误了我们宝贵的建设社会主义的时间。当我们仍然沉浸在阶级斗争之中不能自拔时，西方资本主义国家抓住新科技革命的契机，再次实现了快速发展。历史已经证明，封闭僵化的老路不能实现中国的繁荣与富强。

改革开放之后，封闭僵化的思想并没有销声匿迹，在一些合适的场合就会冒出来。1989年政治风波之后，国内的政治形势出现新的变化，“左”的思想开始抬头，姓资姓社的争论又起，由于思想领域出现了混乱，导致改革的进程一度停滞，经济形势随后开始恶化。值得庆幸的是，邓小平顶住各方压力，发表了著名的南方谈话，重新把中国拉回到中国特色社会主义建设的轨道上来。

现在，我们党内外一些人对我们现在的改革产生一定的怀疑，认为毫不动摇地发展非公经济已经动摇了公有制经济的主体地位，认为改革已经偏离了正确的方向，这部分人的立论依据是僵化地理解社会主义，虽然没有明确提出要走以前封闭僵化的老路，但潜意识中对这个老路充满怀念。改革开放以来，我国取得了巨大的发展，人民生活水平得到了普遍提高，综合国力也大大增强，但改革过程中也产生了一系列新的问题。近年来，贫富差距扩大问题、生态环境恶化问题、食品安全问题、拆迁安置问题都引起了广泛的社会关注，一定程度上甚至因为一些问题处理不及时出现了小规模的群体性事件，有些人据此认为改革已经偏离了正确的方向，甚至认为改革已经危及社会主义的性质，认为中国现在的改革是要把中国导向所谓的“资本社会主义”“国家资本主义”。

持怀疑论者没有正确理解当前中国特色社会主义。中国特色社会主义是社会主义而不是其他什么主义，我们坚持走共同富裕的道路，坚持公有制为主体、多种所有制共同发展的基本经济制度，我们的根本政治制度是人民民主专政，我国有人民代表大会制度、中国共产党领导的多党合作和政治协商制度、民族区域自治制度和基层群众自治制度并没有发生改变，我们“一个中心，两个基本点”的基本路线也没有发生变化。这说明我们的科学社会主义的原则并没有丢，我们是社会主义而不是其他的什么主义。“如果不顾历史条件和现实情况的变化，拘泥于马克思主义经典作家在特定历史条件下、针对具体情况作出的某些个别论断和行动纲领，我们就会因为思想脱离实际而不能顺利前进，甚至发生失误。”所以，我们的改革并没有偏离方向。持怀疑论者也没有正确看待改革过程中出现的新的矛盾和问题。不能因为发展过程中出现新的问题而质疑和否定改革，从而走向歧路。改革越往后发展，改革的难度越大，一些深层次的问题开始出现，这些问题是影响改革成败的关键性问题，必须依赖继续改革，用改革来解决发展中出现的矛盾和问题。我们要用长远发展的眼光看问题，不因为眼前的矛盾和问题而放慢改革的步伐，相反应该推动改革逐步走向深入，由问题而倒逼改革，而不能因为出现的矛盾和问题而宁愿倒退至改革开放前的状态。

我们坚决反对回到以前封闭僵化的老路，并不等于我们要否定改革开放前整个历史时期。要正确看待改革开放前的历史时期，不能用改革开放后的历史时期否定改革开放前的历史时期，也不能用改革开放前的历史时期否定改革开放后的历史时期。习近平总书记指出：“对改革开放前的社会主义实践探索，要坚持实事求是的思想路线，分清主流和支流，坚持真理，修正错误，发扬经验，吸取教训。”我们在改革开放前的建设和发展中出现了许多失误和挫折，但是这些失误和挫折并不是历史的全部，我们也取得了许多成功的经验，为社会主义制度的建立奠定了坚实的基础，我们在实践中遭受的挫折也为改革开放以后的社会主义实践探索积累了条件。我们在中华人民共和国成立初期刚开始社会主义建设时，对怎么样建设社会主义没有经验积累，犯了一些错误，但并没有出现颠覆社会主义的根本错误。现在我们在新的历史时期进行社会主义改革，也不能犯颠覆社会主义的根本性错误。

（二）不能走改旗易帜的邪路

把中国道路导向改旗易帜的邪路，也是我们在建设社会主义过程中应该重点防范的错误倾向。所谓“改旗易帜的邪路”就是要放弃社会主义旗帜，走资本主义道路。走社会主义道路，不走资本主义道路，是中国人民的选择，也是中国历史的选择。鸦片战争爆发后，面对怎么样解救中华民族于危难的巨大时代课题，中国人民中的先进分子开始了各种形式的救亡图存运动。然而历史的发展证明，封建统治内部的自发改革，农民阶级进行的农民革命，都不能挽救中国；资产阶级所主导的君主立宪道路和资产阶级革命派主张的资本主义民主共和制道路也不能引导中国走向民族独立国富民强的道路。只有中国共产党人把马克思主义基本原理和中国具体国情相结合，通过新民主主义革命和社会主义改造，建立起全新的社会主义制度，才使中国摆脱了帝国主义的压迫，实现了民族独立，才使中国的发展迎来了前所未有的良好时机。中华人民共和国成立后到现在，中国政治稳定，经济飞速发展，已经成功跻身世界民族之林。可以说，只有社会主义才能救中国，也只有社会主义才能发展中国。所以，历史已经证明资本主义道路在中国行不通，妄图把中国引向资本主义道路的种种图谋都不能被中国人民所接受。

我们所指的“改旗易帜的邪路”在共产主义运动史上真实地发生过。东欧剧变和苏联解体是社会主义国家发展史上惨痛的一幕。以苏联解体为例，曾经是世界超级大国的社会主义国家一夜之间土崩瓦解，其原因值得我们深思。苏联解体的原因是多方面的，有苏联模式僵化多年未加变动的原因，但苏联领导人所主导的一系列改革措施的“资本主义”取向，也是导致苏联解体的重要原因。为了应对苏联日益严峻的经济社会危机，苏联共产党进行了方方面面的改革，但是改革举措失当使苏联走上了改旗易帜的邪路。苏联改革成为走改旗易帜邪路的鲜活例子。苏联改革在政治领域放弃共产党的领导，实行西方式的议会制和多党制。在意识形态领域放弃马克思主义的指导地位，实行指导思想多元化，鼓吹“人道的民主的社会主义”，造成人们思想上的混乱，催生各种反共反社会主义组织，最后是在经济领域实行全面私有化，通过休克疗法放弃全部国有资产。苏联解体之后，在相当长时间内物价飞涨、物资短缺，人们的生活水平急剧恶化，给人们带来了长期的痛苦。鉴于苏东剧变的惨痛教训，我们必须保持清醒的头脑，决不能走改旗易帜的邪路。

改革开放以后，面对多变的国际形势和复杂的国内形势，在开拓中国特色社会主义道路的过程中，我们不可避免地受到了来自各个方面的干扰，其中一个重要的方面就是资产阶级自由化思想的泛滥。在20世纪80年代中后期，一部分别有用心的人利用我国改革过程中出现的一些失误和问题，利用青年学生的爱国热情，肆意传播资产阶级自由化思想。这种情况发展到后来演变成一场妄图颠覆政权的政治风波。这一事件给我们党敲响了警钟，西方资本主义会利用一切可乘之机对中国进行和平演变，改变我们国家的性质，企图把我们拉入混乱的泥潭。

现在我们党内外也存在着这样一种声音，认为中国的改革就是要向西方的制度方向改，要接受西方的“普世价值”，这无疑是要把我国的改革导向改旗易帜的邪路。如，有学者认为中国经济改革的主线就是实现企业的非国有化和价格自由化，公开声称国有企业改革就是要私有化，否定公有制的主体地位和国有经济的主导地位。有学者认为民主社会主义才是马克思主义正统，主张中国特色社会主义就是要走向民主社会主义。还有学者借宪政民主来传播西方的普世价值和宪政理论，企图全盘照搬西方的“三权分立”等政治制度。这种声音是西方主流思潮在中国的具体表现，其最终目的是要把中国引向资本主义道路。西方主流价值观宣传的政治上的三权分立、多党竞争和轮流执政，经济上的全面私有化、市场化和自由化已经证明并不适合其他国家，特别是发展中国家。东南亚和南美洲的一些实行西方式民主政治制度和经济制度的国家相继陷入困境，出现了较为严重的政治腐败、经济衰退，有些国家甚至发生动乱，就是明显的例证。在西方主要发达国家，近年来也深陷“民主”丑闻，2008年爆发的全球金融危机也是肇始于美国，这些问题说明西方的政治经济制度也存在相当大的缺陷。中国有一句老话，鞋子合不合脚只有脚知道，我们不能允许一部分人借用西方的“普世价值”来限定我们的改革道路。橘生淮南则为橘，生于淮北则为枳。社会制度是具体的，必须跟一个国家的具体国情相适应，全盘照搬西方政治上的“三权分立”和经济上的私有制等必然会造成水土不服，导致中国社会的动荡。历史上已经有过这样的惨痛教训，我们应该汲取教训，认清这些错误观点的理论实质和其可能带来的严重危害，坚持走中国特色社会主义道路。

不走改旗易帜的邪路，一个重要的理论问题是如何看待资本主义和社会主义两种制度的关系问题。对此，习近平总书记有过深入的思考：“我们要深刻认识资本主义社会的自我调节能力，充分估计到西方发达国家在经济科技军事方面长期占据优势的客观现实，认真做好两种社会制度长期合作和斗争的各方面准备。在相当长时期内，初级阶段的社会主义还必须同生产力更发达的资本主义长期合作和斗争，还必须认真学习和借鉴资本主义创造的有益文明成果，甚至必须面对被人们用西方发达国家的长处来比较我国社会主义发展中的不足并加以指责的现实。”从现在来看，资本主义社会仍然可以通过自我调节发展社会生产力，资本主义社会在经济科技等方面相较于我国仍具有优势。我们可以学习和借鉴，但不能照搬和照抄。我们学习和借鉴西方资本主义发展过程中有益的经验，“但决不能囫囵吞枣、决不能邯郸学步。照抄照搬他国的政治制度行不通，会水土不服，会画虎不成反类犬，甚至会把国家前途命运葬送掉”。另一方面，我们也不能对资本主义发展的现实视而不见，断绝跟资本主义的交流和合作，而是热衷于斗争和对抗，这两方面的看法都是没有真正理解什么是中国特色社会主义。我们在政治立场上一定要坚定，在理论探索上一定要实事求是，全面提高自己的理论修养和政治素养，保持高度的理论清醒和政治清醒，才能不犯颠覆性错误。

（三）立场要坚定，既不封闭僵化也不改旗易帜

中国特色社会主义的伟大实践是前所未有的，我们在前行的道路上一定要保障正确的方向，方向问题至关重要。我国30多年的改革之所以能够顺利推进，一个很重要的原因就是坚持了正确的改革方向和政治立场。如今，在全面深化改革的关键时刻，一定要牢牢把握改革的正确方向，坚持正确的改革立场，既不封闭僵化，也不改旗易帜，决不能犯根本性、方向性的错误。

我们要始终坚持改革的正确方向，既不走封闭僵化的老路，也不走改旗易帜的邪路。为此，我们要坚定自己的立场，对于错误的思想言论要敢于发声批驳。我们鼓励广大知识分子和群众积极对改革建言献策，但要十分警惕一些别有用心的人借此机会发表一些包藏祸心的言论。习近平总书记指出：对那些明显偏离中国特色社会主义的言论，对那些别有用心、借“改革”之名宣扬错误观点的言论，我们要保持警觉，加强舆论引导，不要让它们搞乱了人们思想、干扰了改革大局；有些人制造舆论、混淆视听，他们是醉翁之意不在酒，对此，我们要洞若观火，保持政治坚定性，明确政治定位。对于这些包藏祸心的言论我们要引起足够的重视，不仅要敢于亮剑，坚决予以抵制，而且要从理论上揭露其错误的本质，进行彻底的批驳。

坚定自己的政治立场，不犯颠覆性错误，就要正确认识中国特色社会主义。全面深化改革，立场要坚定，方向要正确。我们要坚持走中国特色社会主义道路，这就是我们正确的方向。各种错误言论存在的重要原因就是对中国特色社会主义没有正确的理解。中国特色社会主义有两层意思：一是社会主义，一是中国特色。那么什么是社会主义？邓小平很好地解决了这一问题。在南方谈话中，他说：“社会主义的本质，是解放生产力，发展生产力，消灭剥削，消除两极分化，最终达到共同富裕。”社会主义本质就是两个方

面：一个是生产力如何发展的问题，另一个是如何达到共同富裕的问题。社会主义不仅要讲发展生产力，还要讲共同富裕。邓小平曾经说过："社会主义与资本主义不同的特点就是共同富裕，不搞两极分化。"过去我们更多地把注意力放在发展生产力上，忽视了共同富裕的问题，或者说在缩小贫富差距、走向共同富裕方面做得不够，使一部分老百姓有了怨言。所以，党的十八大报告中再次重申"必须坚持走共同富裕道路。共同富裕是中国特色社会主义的根本原则"。报告同时指出，现阶段的要求是"使发展成果更多更公平惠及全体人民，朝着共同富裕方向稳步前进"。这也是我们下一步改革的一个重要方向。另一方面，理解中国特色要从我国的基本国情、社会主要矛盾、国际地位来认识。十九大报告指出，"我国社会主要矛盾已经转化为人民日益增长的美好生活需要和不平衡不充分的发展之间的矛盾"。但是，我国仍处于并将长期处于社会主义初级阶段的基本国情没有变，我国是世界上最大的发展中国家的国际地位没有变。所以，我们不能做超越阶段的事，不能急于求成，要以中国的实际为我们制定政策的依据，否则就会犯急于求成、超越阶段的事情。过去我们急于向共产主义过渡，建设纯而又纯的公有制的根本原因就是没有正确认清我们的实际，使我们付出了沉重的代价。全面深刻理解中国特色社会主义的深刻内涵，我们就能够自觉抵制各种错误言论，就能够保证改革的正确方向，既不封闭僵化，也不改旗易帜。

坚定自己的政治立场，不犯颠覆性错误，就要坚定"四个自信"。党的十八大报告正式提出"三个自信"，即中国特色社会主义的道路自信、理论自信、制度自信，并反复强调要坚定"三个自信"，在庆祝中国共产党成立95周年大会上的讲话中，习近平总书记在"三个自信"的基础上增加了文化自信，"坚持不忘初心、继续前进，就要坚持中国特色社会主义道路自信、理论自信、制度自信、文化自信"。"四个自信"的提出表明我们党对中国特色社会主义的坚强信心，这给社会主义现代化的建成和中华民族伟大复兴的实现提供了坚实的基础。我们强调"四个自信"是基于历史的考察和理论的推演。中国特色社会主义是科学社会主义理论逻辑和中国社会发展历史逻辑的辩证统一。我们对于中国特色社会主义的坚定自信来源于改革开放40年来的伟大实践，是对近代以来中华民族发展历程的总结中得出的。可以说“来源于实践、来源于人民、来源于真理”。拥有这样的自信，我们就能够自觉地抵制各种错误思想和论断，才能排除各种干扰坚定地走属于自己的道路。

坚定自己的政治立场，不犯颠覆性错误，就要促进社会公平正义。改革开放以来，我国经济社会发展取得了巨大成就，但同时发展中还存在许多问题，其中表现较为突出的就是社会上还存在着大量有违社会公平正义的现象。如果不认真解决这些问题，就难以赢得广大人民群众的支持和拥护，就给一些别有用心的人借口来破坏我们的中国特色社会主义制度，改革就可能走向老路和邪路。习近平总书记指出：“全面深化改革必须以促进社会公平正义、增进人民福祉为出发点和落脚点。”这是坚持我们党全心全意为人民服务根本宗旨的必然要求，也是决定我们改革成败的关键。“如果不能给老百姓带来实实在在的利益，如果不能创造更加公平的社会环境，甚至导致更多不公平，改革就失去意义，也不可能持续。”这就要求我们在全面深化改革的过程中，不仅要大力发展经济，而且要重视创造更加公平正义的社会环境，消除各种有违公平正义的现象，使广大人民群众共享改革发展成果。群众能够从改革中获益，能够感受到社会中的公平正义的彰显，就会自觉维护中国特色社会主义制度，同各种错误观点和行为作斗争，改革也就不会走上老路和邪路。

第三章

全面依法治国

一、全面推进依法治国的总目标和基本原则

全面依法治国是中国特色社会主义的本质要求和重要保障，是实现国家治理体系和治理能力现代化的必然要求，事关我们党执政兴国，事关人民幸福安康，事关党和国家长治久安。从1978年党的十一届三中全会开启新时期法治建设征程，到1997年党的十五大确立依法治国的基本方略；从2002年党的十六大把依法执政确立为党执政的基本方式，提出发展社会主义民主政治，最根本的是要把坚持党的领导、人民当家作主和依法治国有机统一起来，到2007年党的十七大提出依法治国是社会主义民主政治的基本要求；从2012年党的十八大强调更加注重发挥法治在国家治理和社会管理中的重要作用，到2014年党的十八届四中全会作出《中共中央关于全面推进依法治国若干重大问题的决定》（以下简称《决定》），我们党对法治地位和作用的认识不断深化并趋于成熟。《决定》明确提出了全面推进依法治国的总目标，为我们描绘了宏伟蓝图，指明了前进方向。《决定》还提出实现全面依法治国总目标必须坚持的五个基本原则，充分反映了党对全面推进依法治国这一系统工程的深刻认识和对国家治理规律的准确把握。党的十九大把全面依法治国作为习近平新时代中国特色社会主义思想的重要内容之一，强调明确全面推进依法治国总目标是建设中国特色社会主义法治体系、建设社会主义法治国家。

（一）全面推进依法治国的总目标

总目标犹如一面旗帜、一座航标，具有强大的导向、引领和凝聚作用。《决定》明确提出："全面推进依法治国，总目标是建设中国特色社会主义法治体系，建设社会主义法治国家。这就是，在中国共产党的领导下，坚持中国特色社会主义制度，贯彻中国特色社会主义法治理论，形成完备的法律规

范体系、高效的法治实施体系、严密的法治监督体系、有力的法治保障体系，形成完善的党内法规体系，坚持依法治国、依法执政、依法行政共同推进，坚持法治国家、法治政府、法治社会一体建设，实现科学立法、严格执法、公正司法、全民守法，促进国家治理体系和治理能力现代化。”全面推进依法治国的总目标的提出是党对社会主义法治建设的系统规划、顶层设计，具有重要的战略意义。习近平总书记指出：“提出这个总目标，既明确了全面推进依法治国的性质和方向，又突出了全面推进依法治国的工作重点和总抓手。”这个总目标是贯穿《决定》全篇的一条主线，对全面推进依法治国具有纲举目张的意义。

第一，构筑了建设法治中国的宏伟大厦。如果把中国共产党看作工程师，把建设法治中国看作宏伟大厦，那么全面推进依法治国总目标的提出就意味着中国共产党不仅奠定了法治中国大厦的三大基石，而且构筑了法治中国大厦的五个支柱，同时设计了法治中国大厦的施工方案，描绘了法治中国大厦的未来效果。具体而言，“三大基石”就是坚持中国共产党的领导，坚持中国特色社会主义制度，贯彻中国特色社会主义法治理论，明确了全面推进依法治国的领导力量、制度基础和理论指导；“五大支柱”就是形成完备的法律规范体系、高效的法治实施体系、严密的法治监督体系、有力的法治保障体系、完善的党内法规体系等五大体系，构成法治体系的有力支撑；施工方案就是坚持依法治国、依法执政、依法行政共同推进，坚持法治国家、法治政府、法治社会一体建设，强调法治建设全面、协同推进；未来效果就是实现科学立法、严格执法、公正司法、全民守法，促进国家治理体系和治理能力的现代化，强调法治建设的具体目标和前景。基石、支柱、方案和目标也构成了全面推进依法治国的根本方向、基本抓手、建设路径和基本要求，从而为全面建成小康社会和实现社会主义现代化提供坚强的制度保障。

第二，明确了全面推进依法治国的正确方向。世界各国由于自身历史、经济、政治、文化和发展道路不同，所以有着不同于别国的法律制度和法治体系。全面推进依法治国总目标的提出，就是明确宣示，我们全面推进依法治国，将坚定不移建设中国特色社会主义法治体系、建设社会主义法治国家，就是要沿着中国特色社会主义法治道路前进。坚持我国法治的社会主义性质，最根本的就是要在中国共产党的领导下，坚持中国特色社会主义制度，贯彻中国特色社会主义法治理论。中国共产党的领导是中国特色社会主义最本质的特征，是社会主义法治的根本保证。中国特色社会主义制度是中国特色社会主义法治体系的制度基础，是全面推进依法治国的制度保障。中国特色社会主义法治理论是中国特色社会主义法治体系的理论指导和学理支撑，是全面推进依法治国的行动指南。这三方面规定并确保了中国特色社会主义法治体系的前进方向，是全面推进依法治国的政治保证。对这一根本性问题有了清晰的认识，才能明确依法治国的根本目的和历史任务，凝聚全党全国各族人民在法治上达成共识、统一思想，排除和澄清各种模糊认识，确保依法治国沿着正确的方向不断推进。

第三，反映了我们党治国理政思想的重大创新。随着改革开放的深化和中国特色社会主义的发展，我们党对法治的认识更加全面和深刻。“文化大革命”结束后，邓小平深刻地认识到制度问题的重要性并深刻指出，制度问题具有全局性和根本性，我国是社会主义国家，人民是国家的主人，为了确保人民民主，就必须加强法制。党的十一届三中全会开启了民主法制建设的新征程。党的十五大确立了依法治国的基本方略，党的十六大重申了这一方略，党的十七大对建设社会主义法治国家作出了一系列新部署，党的十八大提出法治是治国理政的基本方式，党的十八届三中全会进一步强调建设法治中国。在这些历史性成就的基础上，党的十八届四中全会根据新时期的实践特点和时代发展特征，与时俱进地提出了全面推进依法治国的总目标。党的十九大再次强调这一目标，并把其作为习近平新时代中国特色社会主义思想的重要内容。这一总目标的提出，尤其是提出建设中国特色社会主义法治体系，进一步深化了我们党对社会主义法治规律、社会主义建设规律和共产党执政规律的认识，把党对治国理政的认识提到了一个新的高度，是我们党在治国理政思想上的重大创新。法治是治国理政的基本方式，以法治来实现全面深化改革的总目标，完善中国特色社会主义制度，推进国家治理体系和治理能力现代化，这样才能把国家治理好。

第四，体现了与全面深化改革总目标的内在联系。习近平总书记指出："建设中国特色社会主义法治体系、建设社会主义法治国家是实现国家治理体系和治理能力现代化的必然要求，也是全面深化改革的必然要求，有利于在法治轨道上推进国家治理体系和治理能力现代化，有利于在全面深化改革总体框架内全面推进依法治国各项工作，有利于在法治轨道上不断深化改革。"党的十八届四中全会通过的《决定》明确提出，全面推进依法治国的总目标是建设中国特色社会主义法治体系，建设社会主义法治国家，这与党的十八届三中全会提出的完善和发展中国特色社会主义制度，推进国家治理体系和治理能力现代化的全面深化改革的总目标形成了姊妹篇。也就是说，两者之间内在联系、相互衔接，在全面深化改革总体框架内全面推进依法治国各项工作，在法治建设过程中不断深化改革，更好地发挥法治的引领和规范作用。一方面，通过全面深化改革，推进体制机制创新，进一步解放和发展生产力，促进社会公平正义，为建设中国特色社会主义法治体系创造条件；另一方面，通过全面推进依法治国，为国家治理体系和治理能力现代化提供了有力的法治保障，确保全面深化改革沿着法治轨道健康有序地推进。简单来说，就是全面深化改革需要法治保障，全面推进依法治国需要深化改革。推进全面深化改革与全面依法治国就好比鸟的两翼，只有彼此之间协同驱动，鸟才能飞得更高更远，才会为我国全面建成小康社会提供动力和保障。

（二）全面推进依法治国的基本原则

《决定》旗帜鲜明地提出要实现全面依法治国的总目标必须坚持五项基本

原则，即坚持中国共产党的领导、坚持人民主体地位、坚持法律面前人人平等、坚持依法治国和以德治国相结合、坚持从中国实际出发。这五个基本原则既回答了社会普遍关心的法治领域的许多重大问题，又是全面推进依法治国的底线思维和根本遵循。

第一，坚持中国共产党的领导。党的领导是全面推进依法治国的根本保证，必须把党的领导贯彻落实到依法治国全过程和各方面，坚定不移走中国特色社会主义法治道路。党的领导是中国特色社会主义最本质特征，是社会主义法治的根本要求，是党和国家的根本所在、命脉所在，是全国各族人民的利益所系、幸福所系，是全面推进依法治国的题中应有之义。只有在党的领导下依法治国，人民当家作主才能充分实现，国家和社会生活法治化才能有序推进。离开中国共产党，没有任何一个政党或政治力量能够代表中国最广大人民的根本利益，社会主义法治建设就会偏离正确方向，社会主义国家政权就会改变性质。党的领导和社会主义法治在本质上是一致的。全面推进依法治国要有利于加强和改善党的领导，有利于巩固党的执政地位、完成党的执政使命。“把依法治国基本方略和依法执政基本方式统一起来，把党总揽全局、协调各方同人大、政府、政协、审判机关、检察机关依法依章程履行职能、开展工作统一起来，把党领导人民制定和实施宪法法律同党坚持在宪法法律范围内活动统一起来，善于使党的主张通过法定程序成为国家意志，善于使党组织推荐的人选通过法定程序成为国家政权机关的领导人员，善于通过国家政权机关实施党对国家和社会的领导，善于运用民主集中制原则维护中央权威、维护全党全国团结统一。”要把党的主张贯彻到依法治国全过程和各方面，体现在党领导立法、保证执法、支持司法、带头守法上。

第二，坚持人民主体地位。坚持人民主体地位是全面推进依法治国、实现社会主义法治国家建设目标的力量源泉，体现了党的根本宗旨和执政理念。我国是人民民主专政的社会主义国家，国家的一切权利属于人民，人民是国家的主人，人民依照法律规定，通过各种途径和形式管理国家事务，管理经济和文化事业，管理社会事务。人民在全面推进依法治国中处于主要地位，起主要作用，必须把人民的根本利益放在至高无上的地位。坚持人民主体地位和全面推进依法治国是统一的。全面推进依法治国，必须坚持法治建设为了人民、依靠人民、造福人民、保护人民。以实现好、维护好、发展好最广大人民利益作为法治建设的出发点、落脚点和根本目标，保证人民依法享有广泛的权利和自由，承担相应的责任和义务，维护社会公平正义，促进共同富裕。必须充分调动广大人民群众的积极性和主动性，广泛集中人民群众的智慧，自觉接受人民群众的监督，举全民之力全面推进依法治国。必须使人民群众认识到法律既是保障自身权益的有力武器，也是必须遵守的行为规范，增强全社会学法尊法守法用法意识，让法律为人民所掌握、所遵循、所运用，当全体人民都成为社会主义法治的忠实崇尚者、自觉遵守者、坚定捍卫者时，依法治国就会全面落实。

第三，坚持法律面前人人平等。坚持法律面前人人平等，解决的是全面推进依法治国的价值问题。平等是社会主义法律的基本属性，是社会主义法治的基本要求。任何组织和个人都必须尊重宪法法律权威，都必须在宪法法律规定的范围内活动，以宪法法律为准绳，依照宪法法律行使权力或权利、履行职责或义务，都不得有超越宪法法律的特权。邓小平曾经指出："公民在法律和制度面前人人平等，党员在党章和党纪面前人人平等。"必须确保任何组织和个人都不得有超越宪法法律的特权，尤其是各级领导干部和国家机关工作人员都要掌握宪法法律的基本知识，牢固树立敬畏宪法法律、遵守宪法法律和维护宪法法律的自觉性、坚定性。必须维护国家法制统一、尊严、权威，切实保证宪法法律有效实施，决不允许任何人以任何借口任何形式以言代法、以权压法、徇私枉法。必须以规范和约束公权力为重点，加大监督力度，加强党内监督、人大监督、民主监督、行政监督、司法监督、审计监督、社会监督、舆论监督，做到有权必有责、用权受监督、违法必追究，不断增强监督合力和实效，切实把权力关进制度的笼子里。

第四，坚持依法治国与以德治国相结合。坚持依法治国和以德治国相结合，强调法治和德治两手抓、两手都要硬。这既是历史经验的总结，也是党对治国理政规律的深刻把握。法律是成文的道德，是准绳，道德是内在的法律，是基石，法律和道德都具有规范社会行为、调节社会关系、维护社会秩序的作用，在国家治理中都有重要的地位和作用。法安天下，德润人心。法律有效实施有赖于道德支持，道德践行也离不开法律约束。法治和德治不可分离、不可偏废，国家治理需要法律和道德协同发力，缺少其中任何一个，都不能使国家和社会健康顺利地发展。要强化道德对法治的支撑作用，就要重视发挥道德的教化作用，提高全社会文明程度。要在道德体系中体现法治要求，发挥道德对法治的滋养作用，努力使道德体系同社会主义法律规范相衔接、相协调、相促进。要在道德教育中突出法治内涵，注重培育人们的法律信仰、法治观念、规则意识，引导人们自觉履行法定义务、社会责任、家庭责任，营造全社会都讲法治、守法治的文化环境。要把道德要求贯彻到法治建设中。以法治承载道德理念，道德才有可靠的制度支撑。法律要树立鲜明的道德导向，弘扬美德懿行，立法、执法、司法都要体现社会主义道德要求，都要把社会主义核心价值观贯穿其中，使社会主义法治成为良法善治。要把实践中广泛认同、较为成熟、操作性强的道德要求及时上升为法律规范，引导全社会崇德向善。总之，把法治中国建设好，必须坚持依法治国和以德治国相结合，使法治和德治在国家治理中相互补充、相互促进、相得益彰，推进国家治理体系和治理能力现代化。

第五，坚持从中国实际出发。全面推进依法治国，要从我国实际出发，同推进国家治理体系和治理能力现代化相适应，既不能罔顾国情、超越实际，也不能因循守旧、墨守成规。能不能把握好中国实际，决定着中国特色社会主义法治道路能否走得通、中国特色社会主义法治体系能否建得成。习近平总书记指出："人民群众对立法的期盼，已经不是有没有，而是好不好、管用不管用、能不能解决实际问题；不是什么法都能治国，不是什么法都能治好国；越是强调法治，越是要提高立法质量。”这番话尽管是针对立法讲的，但深刻揭示了法治建设必须从实际出发的科学道理。从中国实际出发，既要把握长期形成的历史传承，又要把握走过的发展道路、积累的政治经验、形成的政治原则，还要把握现实要求、着眼解决现实问题，不能割断历史；既要在中国特色社会主义道路上、在中国特色社会主义理论体系指引下、在中国特色社会主义制度框架内厉行法治，走中国特色社会主义法治道路，建设社会主义法治国家，又要主动适应改革和经济社会发展需要，科学总结和运用党领导人民实行法治的成功经验，对实践证明行之有效的，要及时上升为法律；对不适应改革要求的法律法规，要及时修改和废止。“坚持从我国实际出发，不等于关起门来搞法治。法治是人类文明的重要成果之一，法治的精髓和要旨对于各国国家治理和社会治理具有普遍意义，我们要学习借鉴世界上优秀的法治文明成果。但是，学习借鉴又不等于简单的拿来主义，必须坚持以我为主、为我所用，认真鉴别、合理吸收，不能搞‘全盘西化’，不能搞‘全面移植’，不能照搬照抄。”

（三）建设中国特色社会主义法治体系

建设中国特色社会主义法治体系是全面推进依法治国的总抓手，将全面推进依法治国的理论和实践提高到一个新水平。中国特色社会主义法治体系是一个内容丰富的系统的整体，主要包括完备的法律法规体系、高效的法治实施体系、严密的法治监督体系、有力的法治保障体系、完善的党内法规体系。习近平总书记指出：“全面推进依法治国涉及很多方面，在实际工作中必须有一个总揽全局、牵引各方的总抓手，这个总抓手就是建设中国特色社会主义法治体系。依法治国各项工作都要围绕这个总抓手来谋划、来推进。”[①]

---

①《十八大以来重要文献选编》（中），中央文献出版社2016年版，第147—148页。

第一，完备的法律规范体系。完善的法律、行政法规、地方性法规体系，包括市民公约、乡规民约、行业规章、团体章程在内的社会规范体系，是全面推进依法治国的基本遵循。1997年党的十五大明确提出，到2010年形成有中国特色社会主义法律体系的立法工作目标。2007年党的十七大提出，要完善中国特色社会主义法律体系。2011年3月10日，全国人民代表大会常务委员会委员长吴邦国向十一届全国人民代表大会四次会议作全国人大常委会工作报告时庄严宣布，一个立足中国国情和实际、适应改革开放和社会主义现代化建设需要、集中体现党和人民意志的，以宪法为统帅，以宪法相关法、民法商法等多个法律部门的法律为主干，由法律、行政法规、地方性法规与自治条例、单行条例等三个层次的法律规范构成的中国特色社会主义法律体系已经形成。这表明中国已在根本上实现从无法可依到有法可依的历史性转变，各项事业发展步入法制化轨道。当然，这并不意味着我国的法律规范体系已经完备，事实上，我国的法律规范体系尚存在一些问题，比如缺项问题、部门化问题、冲突问题、滞后问题等，针对这些问题，党的十八届四中全会提出继续加强和改进立法工作。首先，要完善立法体制，健全立法机关主导，积极倡导社会各方有序参与立法，拓宽公民参与立法的途径，使立法更好地体现广大人民的利益和社会公平正义。其次，深入推进科学立法、民主立法，加强重点领域立法，增强法律法规的系统性，以形成完备的法律规范体系。

第二，高效的法治实施体系。法律的生命力在于实施，法律的权威也在于实施。中国特色社会主义法治体系建设取得了重大进展，与此同时也必须清醒地认识到，目前，法律实施还存在诸多问题，有法不依、执法不严、违法不究的现象在一定范围内普遍存在，有些地方以权谋私、徇私枉法、破坏法治的问题还很严重，人民群众对这些问题的意见还很大。在中国特色社会主义法治体系建设中，高效的法治实施体系建设是重点所在，也是难点所在。正如习近平总书记所说：“如果有了法律而不实施，束之高阁，或者实施不力、做表面文章，那制定再多法律也无济于事。”要加强宪法实施，注意法律规范的可操作性、实施资源的配套性、法律规范本身的可接受性以及法律规范自我实现的动力与能力。要研究法律实施所必需的体制以及法律设施，为法律实施提供强有力的体制、设施与物质保障。要坚持严格执法、公正司法、全民守法，使法治具有最坚实的支撑力量。要研究克服法律实施的阻力，有针对性地进行程序设计、制度预防和机制阻碍，尤其是要把排除人情、金钱、权力对法律实施的干扰作为重点整治内容。

第三，严密的法治监督体系。形成严密的法治监督体系是建设社会主义法治国家的根本所在。改革开放以来，我国法治监督体系建设取得了重大进展，尤其是近年来，一套具有中国特色的监督体系正在逐步形成。但是，我国法治监督体系仍存在不少问题，比如监督目的不明晰、监督范围不明确、监督程序不健全、监督手段和方式不充分、监督机制不完善；监督法治化、体系化、常态化程度较低，各种监督方式之间缺乏协同性；监督的权威性和执行力不高；监督机构和监督人员存在不敢监督、不愿监督、不会监督的问题。全面推进依法治国，建立严密的法治监督体系，其核心是实现对公共权力的监督和制约。党的十八届三中全会强调要强化权力运行制约和监督体系。党的十八届四中全会《决定》又提出，必须以规范和约束公权力为重点，加大监督力度，做到有权必有责、用权受监督、违法必追究，坚决纠正有法不依、执法不严、违法不究行为。加强党内监督、人大监督、民主监督、行政监督、司法监督、审计监督、社会监督、舆论监督制度建设，努力形成科学有效的权力运行和监督体系，增强监督合力和实效。

第四，有力的法治保障体系。从宏观上讲，社会主义法治保障体系包括政治保障、制度保障、思想保障、组织保障、人才保障、文化保障等，它是中国特色社会主义法治沿着正确道路前进的重要保障，是确保法治高效运行的重要支撑。能否形成有力的法治保障体系，关系到全面推进依法治国的总目标的实现。坚持党的领导是政治保障，保障中国特色社会主义法治的正确方向；坚持中国特色社会主义制度是制度保障，保障中国特色社会主义法治建立在政治制度基础上。习近平总书记指出："我们要建设的中国特色社会主义法治体系，本质上是中国特色社会主义制度的法律表现形式。"坚持中国特色社会主义法治理论是思想保障，保障中国特色社会主义法治的健康发展；建设高素质法治专门队伍是组织和人才保障，保障中国特色社会主义法律的有效实施；中国特色社会主义法治文化是文化保障。习近平总书记指出："法治精神是法治的灵魂。人们没有法治精神、社会没有法治风尚，法治只能是无本之木、无根之花、无源之水。""只有内心尊崇法治，才能行为遵守法律。只有铭刻在人们内心中的法治，才是真正牢不可破的法治。"随着依法治国方略的深入实施，我国法治保障体系不断完善，但是也存在不少问题，比如，人们的法治观念淡薄、社会主义法治教育还不够深入、法治专门队伍和法律服务队伍素质不高等。

第五，完善的党内法规体系。党内法规是党的中央组织、中央部门、中央军委总政治部和各省、自治区、直辖市党委制定的用以规范党组织的工作、活动和党员的行为的党内各类规章制度的总称。2013年5月，中共中央发布了《中国共产党党内法规制定条例》和《中国共产党党内法规和规范性文件备案规定》，对党内法规的制定权限、规划与计划、起草、审批与发布、适用与解释等作了明确规定。党的十八届四中全会首次将党内法规体系同法律规范体系、法治实施体系、法治监督体系、法治保障体系一并纳入中国特色社会主义法律体系中，并强调："党内法规既是管党治党的重要依据，也是建设社会主义法治国家的有力保障。""完善党内法规制定体制机制，加大党内法规备案审查和解释力度，形成配套完备的党内法规制度体系。注重党内法规同国家法律的衔接和协调，提高党内法规执行力，运用党内法规把党要管党、从严治党落到实处，促进党员、干部带头遵守国家法律法规。"

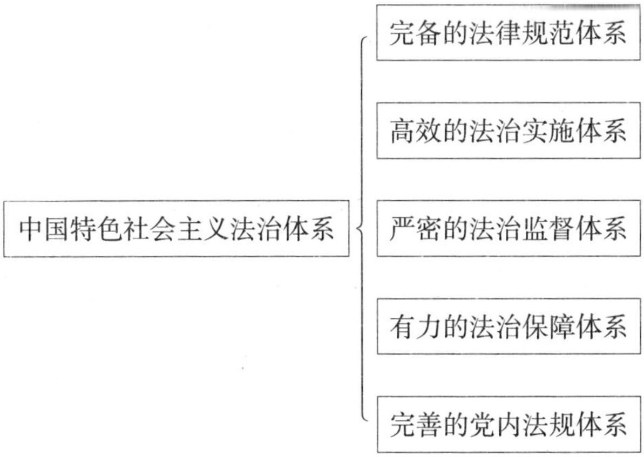

中国特色社会主义法治体系
- 完备的法律规范体系
- 高效的法治实施体系
- 严密的法治监督体系
- 有力的法治保障体系
- 完善的党内法规体系

（四）建设社会主义法治国家

建设社会主义法治国家总目标，要求充分实现“两个推进”和“一个一体建设”的有机结合，也就是全面推进科学立法、严格执法、公正司法、全民守法，坚持依法治国、依法执政、依法行政共同推进，坚持法治国家、法治政府、法治社会一体建设。

第一，科学立法、严格执法、公正司法、全民守法全面推进。科学立法是前提，严格执法是关键，公正司法是重点，全面守法是基础。科学立法、严格执法、公正司法、全民守法明确了全面推进依法治国的主要任务和重点环节，是对有法可依、有法必依、执法必严、违法必究的进一步升华。

科学立法是全面推进依法治国的基础和前提。推进科学立法，关键是完善立法体制，深入推进科学立法、民主立法，抓住提高立法质量这个关键。要优化立法职权配置，发挥人大及其常委会在立法工作中的主导作用，健全立法起草、论证、协调、审议机制，完善法律草案表决程序，增强法律法规的及时性、系统性、针对性、有效性，提高法律法规的可执行性、可操作性。要明确立法权力边界，从体制机制和工作程序上有效防止部门利益和地方保护主义法律化。要加强重点领域立法，及时反映党和国家事业发展要求、人民群众关切期待，对涉及全面深化改革、推动经济发展、完善社会治理、保障人民生活、维护国家安全的法律抓紧制订、及时修改。

严格执法是全面推进依法治国的关键。推进严格执法，重点是解决执法不规范、不严格、不透明、不文明以及不作为、乱作为等突出问题。要以建设法治政府为目标，建立行政机关内部重大决策合法性审查机制，积极推行政府法律顾问制度，推进机构、职能、权限、程序、责任法定化，推进各级政府事权规范化、法律化。要全面推进政务公开，强化对行政权力的制约和监督，建立权责统一、权威高效的依法行政体制。要严格执法资质、完善执法程序，建立健全行政裁量权基准制度，确保法律公正、有效实施。

公正司法是全面推进依法治国的重点。公正是法治的生命线，司法是维护社会公平正义的最后一道防线。推进公正司法，要以优化司法职权配置为重点，健全司法权力分工负责、相互配合、相互制约的制度安排。各级党组织和领导干部都要旗帜鲜明地支持司法机关依法独立行使职权，决不容许利用职权干预司法。“举直错诸枉，则民服；举枉错诸直，则民不服。”司法人员要刚正不阿，勇于担当，敢于依法排除来自司法机关内部和外部的干扰，坚守公正司法的底线。要坚持以公开促公正、树公信，构建开放、动态、透明、便民的阳光司法机制，杜绝暗箱操作，坚决遏制司法腐败。

全民守法是全面推进依法治国的基础。推进全民守法，必须着力增强全民法治观念。要坚持把全民普法和守法作为依法治国的长期基础性工作，采取有力措施加强法制宣传教育。要坚持法治教育从娃娃抓起，把法治教育纳入国民教育体系和精神文明创建内容，由易到难、循序渐进，不断增强青少年的规则意识。要健全公民和组织守法信用记录，完善守法诚信褒奖机制和违法失信行为惩戒机制，形成守法光荣、违法可耻的社会氛围，使尊法守法成为全体人民的共同追求和自觉行动。

第二，依法治国、依法执政、依法行政共同推进。依法治国是我国宪法确定的治理国家的基本方略，是国家长治久安的重要保障。依法治国就是广大人民群众在党的领导下，依照宪法和法律规定，通过各种途径和形式管理国家事务，管理经济文化事业，管理社会事务，保证国家各项工作都依法进行，逐步实现社会主义民主的制度化、法律化，使这种制度和法律不因个人意志而改变。依法治国是个总体概念，它不是单个零散的依法治理，而是系统的全面的法治，它包含了依法执政和依法行政；而能不能做到依法治国，关键在于党能不能坚持依法执政，各级政府能不能依法行政。依法行政是新形势下党执政的重要途径和基本方式，主要体现在加强党对立法工作的领导，善于使党的主张通过法定程序上升为国家意志，从制度上、法律上保证党的路线方针政策的贯彻实施；党员领导干部要牢固树立法制观念，坚持在宪法和法律允许的范围内活动，带头维护宪法和法律的权威；督促、支持和保证国家机关依法行使职权，在法治轨道上推动各种工作的开展，保障公民和法人的合法权益；加强和改进党对政法工作的领导；以保障司法公正为目的，逐步推进司法体制改革。依法行政是依法治国的核心内容，是法治状态下政府行为的基本原则和基本方式，其实质是实现法治行政，就是法对行政的有效支配。2004年3月，国务院发布的《全面推进依法行政实施纲要》明确了依法行政的基本要求，即“合法行政”“合理行政”“程序正当”“高效便民”“诚实守信”“权责统一”。习近平总书记指出：“我们要增强依法执政意识，坚持以法治的理念、法治的体制、法治的程序开展工作，改进党的领导方式和执政方式，推进依法执政制度化、规范化、程序化。执法是行政机关履行政府职能、管理经济社会事务的主要方式，各级政府必须依法全面履行职能，坚持法定职责必须为、法无授权不可为，健全依法决策机制，完善执法程序，严格执法责任，做到严格规范公正文明执法。”

依法治国、依法执政、依法行政是一个有机联系的整体，三者相互关联、层层递进。依法治国就包含了依法执政和依法行政两个内容。依法治国需要依法执政的方式来体现，依法执政最重要的是依法行政。依法执政是实现依法治国最基本的保证，是根本前提，没有依法执政就不可能有依法行政和依法治国。依法行政是依法治国的子目标，是依法治国内容的重要组成部分，没有依法行政这一子目标，依法治国也就无从谈起。因此，三者具有内涵的统一性、目标的一致性、成效的相关性，必须彼此协调、共同推进、形成合力，才能从整体上推进依法治国进程。

第三，坚持法治国家、法治政府、法治社会一体建设。习近平总书记在提出依法治国、依法执政、依法行政共同推进的同时，强调法治国家、法治政府、法治社会一体建设。法治国家、法治政府、法治社会三者各有侧重、相辅相成，构成社会主义法治建设的三大目标，缺少任何一个方面，法治目标都无法实现。

法治国家是依法治国的目标，基本要求主要表现在法律完备而良好、法律权威、法律有效实施等。法治国家是民主的国家、依法而治的国家。法治国家要求国家机构严格依法办事，按照法律的程序规定行使，对一切违法用权滥权怠权行为严格依法追究责任，国家机构体系内部形成彼此相互配合、相互促进的法治化关系。只有在党的领导下以人民民主为基础，以宪法法律为根据而建立起来的社会主义法治国家才具有旺盛的生命力。

法治政府是政府从决策到执行及监督的整个过程都纳入法治化轨道。法治政府的关键是推进政府法治建设，建立健全政府行政的法律依据和督促政府依法行政的法律制度，因此要加快建设职能科学、权责法定、执法严明、公开公正、廉洁高效、守法诚信的法治政府。

法治社会是创新社会治理的内在要求，其主要标志是党和政府依法治理社会、社会依法自治、全体人民自觉守法。习近平总书记指出："全面推进依法治国需要全社会共同参与，需要全社会法治观念增强，必须在全社会弘扬社会主义法治精神，建设社会主义法治文化。要在全社会树立法律权威，使人民认识到法律既是保障自身权利的有力武器，也是必须遵守的行为规范，培育社会成员办事依法、遇事找法、解决问题靠法的良好环境，自觉抵制违法行为，自觉维护法治权威。"

法治国家、法治政府、法治社会，三者相互联系，内在统一，互为依存，共同构成法治中国的基石，缺少任何一个方面，全面推进依法治国的总目标就无法实现。

二、完善中国特色社会主义法律体系

法律体系，又称法律规范体系，是各种法律规范的总称。不断完善中国特色社会主义法律体系，保证国家和社会生活各方面有法可依，是全面推进依法治国的前提和基础。新中国成立以来尤其是改革开放以来，在中国共产党的领导下，适应改革开放和社会主义现代化建设要求，我国逐步形成了立足中国实际、集中体现党和人民意志、以宪法为统帅、由多个层次的法律规范构成的中国特色社会主义法律体系，国家和社会生活各方面总体上实现了有法可依，这是我们取得的巨大成就。同时，我们也要看到，实践是法律的基础，法律要随着实践发展而发展。转变经济发展方式，扩大社会主义民主，推进行政体制改革，保障和改善民生，加强和创新社会管理，保护生态环境，都会对立法提出新的要求，因此要加强立法工作，推进科学立法，不断完善中国特色社会主义法律体系。

（一）中国特色社会主义法律体系的形成

1949年，《中国人民政治协商会议共同纲领》（以下简称《共同纲领》）明确规定："废除国民党反动政府一切压迫人民的法律、法令和司法制度，制定保护人民的法律、法令，建立人民司法制度。"中华人民共和国成立后，根据《共同纲领》建立了中央国家机关和地方各级人民政府，开展了全国范围内的法制建设，先后制定了地方各级人民政府和司法机关的组织通则，制定了工会法、婚姻法、土地改革法以及有关劳动保护、民族区域自治和公私企业管理等法律、法令。1954年9月我国第一届全国人民代表大会第一次会议通过《中华人民共和国宪法》。董必武指出："我们的宪法已经公布，今后不但可能而且必须逐步制定比较完备的法律，以便有效地保障国家建设和保护人民的民主权利。”“为什么把立法问题摆在前面？因为立法工作特别是保卫经济建设的立法工作，相应落后于客观需要，今后如果要按法制办事，就必须着重搞立法工作。”1956年党的八大召开。刘少奇在八大政治报告中指出：“我们目前在国家工作中的迫切任务之一，是着手系统地制定比较完备的法律，健全我们国家的法制……革命的暴风雨时期已经过去了，新的生产关系已经建立起来，斗争的任务已经变为保护社会生产力的顺利发展，因此社会主义革命的方法也就必须跟着改变，完备的法制就是完全必要的了。”

这一时期的法制建设以《宪法》制定为标志取得了显著成绩。截至1956年党的八大召开，我国经济立法取得显著成效，民法立法框架已经基本形成，刑事立法初步展开，诉讼立法也开始启动，逐步形成了以宪法为核心的新中国的法律框架。这些法律的制定和执行对社会关系领域的变革、调整、维持和巩固起到重要作用，为新生政权和新型社会制度的稳定和发展创造了条件，为各项社会事业的创立和发展提供了良好环境，也对中国特色社会主义法律体系的形成具有奠基性意义。但是同时也存在一些问题，如还缺乏一些急需的基本法律，刑法、民法、诉讼法、劳动法、土地使用法等还没有制定，有些法规应该修改的没有修改。由于法制不完备和受“左”的错误影响，1957年下半年开始法制建设受到严重干扰。1958年至1965年法制建设几乎停滞。“文化大革命”时期，社会主义法制建设被搁置并遭到严重破坏。

1978年党的十一届三中全会开启了中国特色社会主义法律体系建设新征程。全会指出：“为了保障人民民主，必须加强社会主义法制，使民主制度化、法律化，使这种制度和法律具有稳定性、连续性和极大的权威，做到有法可依，有法必依，执法必严，违法必究。从现在起，应当把立法工作摆到全国人民代表大会及其常务委员会的重要日程上来。”此后，立法工作逐步展开。1982年全国人大制定了改革开放后的第一部宪法。随后适应国家政治、经济、文化和社会进步发展的要求，全国人大又先后于1988年、1993年、

1999年、2004年通过了四部宪法修正案，这不仅是中国特色社会主义在民主政治建设领域取得的最新成果，而且是依法治国基本方略标志性的成就。

1997年党的十五大在总结近20年民主法制建设经验的基础上，明确提出了到2010年形成中国特色社会主义法律体系的立法目标。1998年第九届全国人大常委会第一次会议提出："经过近二十年的努力，我国的立法工作取得了很大成就，以宪法为核心和基础的、有中国特色社会主义法律体系的框架已经初步形成，在我国改革开放和现代化建设中发挥着重大作用。"今后要继续加强立法工作，把经济立法放在重要位置，提高立法质量，努力建设有中国特色社会主义法律体系。2003年十届全国人大常委会第一次会议工作报告指出："经过不懈努力，构成中国特色社会主义法律体系的各个法律部门已经齐全，每个法律部门中主要的法律已经基本制定出来，加上国务院制定的行政法规和地方人大制定的地方性法规，以宪法为核心的中国特色社会主义法律体系已经初步形成。"2007年党的十七大报告进一步强调，要全面落实依法治国基本方略，加快建设社会主义法治国家，坚持科学立法、民主立法，完善中国特色社会主义法律体系。2008年吴邦国委员长在第十一届全国人大第一次会议上所作的工作报告中指出："到目前为止，我国现行有效的法律共二百二十九件，涵盖宪法及宪法相关法、民商法、行政法、经济法、社会法、刑法、诉讼与非诉讼程序法等七个法律部门；现行有效的行政法规近六百件，地方性法规七千多件。以宪法为核心，以法律为主干，包括行政法规、地方性法规等规范性文件在内的，由七个法律部门、三个层次法律规范构成的中国特色社会主义法律体系已经基本形成"。2011年3月10日，吴邦国委员长在十一届全国人大四次会议上所作的全国人大常委会工作报告中郑重宣布，到2010年年底，中国特色社会主义法律体系已经形成。2013年吴邦国在十二届全国人大一次会议上作常委会工作报告再次指出，到2010年年底，涵盖社会关系各个方面的法律部门已经齐全，各法律部门中基本的、主要的法律已经制定，相应的行政法规和地方性法规比较完备，法律体系内部总体做到科学统一。在党中央领导下，经过各方面长期共同努力，一个立足中国国情和实际、适应改革开放和社会主义现代化建设需要、集中体现党和人民意志，以宪法为统帅，以宪法相关法、民法商法、行政法、经济法、社会法、刑法、诉讼与非诉讼程序法等多个法律部门的法律为主干，由法律、行政法规、地方性法规三个层次的法律规范构成的中国特色社会主义法律体系如期形成，社会主义经济建设、政治建设、文化建设、社会建设、生态文明建设实现有法可依。

中国特色社会主义法律体系的形成是全面推进依法治国的重要标志，为改革开放提供了强有力的法律规范和保障，成为中国特色社会主义伟大事业的重要组成部分，但是中国特色社会主义法律体系的形成是相对的，它还要随着实践和时代的发展不断修订和完善以不断适应社会发展需要。习近平总书记指出："我们要以宪法为最高法律规范，继续完善以宪法为统帅的中国特色社会主义法律体系，把国家各项事业和各项工作纳入法制轨道，实行有法可依、有法必依、执法必严、违法必究，维护社会公平正义，实现国家和社会生活制度化、法制化。"

（二）推进科学立法、民主立法，提高立法质量

"立善法于天下，则天下治；立善法于一国，则一国治。""良法是善治之前提"。中国特色社会主义法律体系已经形成，但是立法进程没有终点，更为重要的是，不是什么法都能治国，不是什么法都能治好国。立法存在不足和缺陷，守法、执法必然出现问题。立法质量直接关系法治质量，提高立法质量成为立法工作的重点。习近平总书记明确提出："人民群众对立法的期盼，已经不是有没有，而是好不好、管用不管用、能不能解决实际问题；不是什么法都能治国，不是什么法都能治好国；越是强调法治，越是要提高立法质量。""要抓住提高立法质量这个关键，深入推进科学立法、民主立法，完善立法体制和程序，努力使每一项立法都符合宪法精神、反映人民意愿、得到

人民拥护。”从现实情况看，我们在立法领域面临着一些突出问题，比如，立法质量需要进一步提高，立法效率需要进一步提升，立法工作中部门化倾向、争权诿责现象较为突出等。十二届全国人大三次会议表决通过修改《中华人民共和国立法法》的决定，强调以完善立法体制，提高立法质量为修改重点，深入推进科学立法、民主立法，更好地发挥立法的引领和推动作用。

第一，科学立法。科学立法是提高立法质量的根本途径。早在2000年制定的《中华人民共和国立法法》中就明确规定：“立法应当从实际出发，科学合理地规定公民、法人和其他组织的权利与义务，国家机关的权力与责任。”首次强调了立法科学性。科学立法的核心在于尊重和体现客观规律，要坚持科学立法，使法律准确反映经济社会发展要求，更好协调利益关系，发挥立法的引领和推动作用。一是要尊重和体现客观规律，也就是说，立法既要符合法的一般规律和原理，又要从具体国情和实际出发，体现社会发展的客观规律性。二是防止立法部门化、地方化倾向。习近平总书记指出：“各有关方面都要从党和国家工作大局出发看待立法工作，不要囿于自己那些所谓利益，更不要因此对立法工作形成干扰。要想明白，国家和人民整体利益再小也是大，部门、行业等局部利益再大也是小。”“如果有关方面都在相关立法中掣肘，都抱着自己那些所谓利益不放，或者都想避重就轻、拈易怕难，不仅实践需要的法律不能及时制定和修改，就是弄出来了，也可能不那么科学适用，还可能造成相互推诿扯皮甚至‘依法打架’。这个问题要引起我们高度重视。”三是要科学编制立法规划、立法计划，就是要根据经济社会发展实际需要制定规划，还要根据形势发展及时调整，要重点安排事关经济社会发展全局、人民普遍关注的立法项目。习近平总书记强调：“要完善立法规划，突出立法重点，坚持立改并举，提高立法科学化、民主化水平，提高法律的针对性、及时性、系统性。”四是建立法律出台前和出台后评估制度。就是要邀请全国人大代表、公众代表、专家学者等，进行立法前和立法后评估，这对科学确立立法项目、提高立法质量具有重要意义。五是强化和完善立法监督。就是审查各种法律规范是否符合宪法和法律规定，审查同层阶或不同层阶法律规范之间是否矛盾，审查法律规范的制定有未超越权限，制度程序是否违法等问题。

第二，民主立法。民主立法既是社会主义民主的内在要求，也是提高立法质量的根本途径。习近平总书记指出："民主立法的核心在于为了人民、依靠人民。"一是树立以民为本、立法为民理念。以民为本、立法为民既是提高立法质量的出发点和落脚点，又是衡量立法质量高低的重要标准。党的十八届四中全会指出，"要恪守以民为本、立法为民理念，贯彻社会主义核心价值观，使每一项立法都符合宪法精神、反映人民意志、得到人民拥护"，"要加快完善体现权利公平、机会公平、规则公平的法律制度，保障公民人身权、财产权、基本政治权利等各项权利不受侵犯，保障公民经济、文化、社会等各方面权利得到落实"。二是健全公共沟通机制，推进开门立法。健全立法机关和社会公众沟通机制，开展立法协商，充分发挥政协委员、民主党派、工商联、无党派人士、人民团体、社会组织在立法协商中的作用，探索建立有关国家机关、社会团体、专家学者等对立法中涉及的重大利益调整论证咨询机制。拓宽公民有序参与立法途径，健全法律法规规章草案公开征求意见和公众意见采纳情况反馈机制，广泛凝聚社会共识。中国社会科学院2013年《法治白皮书》指出，各界参与立法的程度正在逐步提升。各类法律法规规章的草案基本上都已经做到公开征集意见，公众参与较为踊跃。《劳动合同法修正案（草案）》征集到557243条意见，《预算法修正案（草案）》征集到330960条意见，已经远远超出2011年《个人所得税法修正案（草案）》的公众参与规模。三是实现立法公开。从立法动议、立项、起草到草案表决的整个立法过程公开，只有在公开的前提下，公民有序、积极参与立法才能成为可能。社科院2013年《法治白皮书》指出，我国立法公开日渐常态化。法律法规出台前，向社会公开草案，并预留一定时间给公众提出意见建议，这已经成为立法的必经程序。2012年，全国人民代表大会常务委员会共有10部法律草案公开征集意见，还有数十部法律法规草案和部门规章草案通过国务院法制办的“行政法规草案意见征集系统”和“部门规章草案意见征集系统”公开征集了意见。一些国务院部门和地方人大、政府也都严格实行了征集意见制度，并开设了专门的意见征集系统。四是充分发挥人大代表的作用。人大代表依法代表人民的利益和意志参与行使国家权力，要充分发挥人大代表在立法过程中的积极作用，尤其是要健全法律法规规章起草征求人大代表意见制度，增加人大代表列席人大常委会会议人数，更多发挥人大代表参与起草和修改法律作用。

第三，推进立法体制改革。立法体制改革是提高立法质量的制度保障。党的十八届四中全会《决定》提出，要把公正、公平、公开原则贯穿立法全过程，完善立法体制机制，并对立法体制改革进行了部署和安排。其主要着眼点在于以下几个方面。一是加强党对立法工作的领导。加强党对立法工作的领导就是要确保党集中了人民意愿和主张，并通过国家立法机关，按照法律程序转变为国家意志，使之成为全社会一体遵循的行为规范和准则，它是提高立法质量的根本和政治保证。《决定》指出：“加强党对立法工作的领导，完善党对立法工作中重大问题决策的程序。凡立法涉及重大体制和重大政策调整的，必须报党中央讨论决定。党中央向全国人大提出宪法修改建议，依照宪法规定的程序进行宪法修改。法律制定和修改的重大问题由全国人大常委会党组向党中央报告。”二是发挥人大在立法工作中的主导作用。全国人民代表大会是国家最高立法机关，是行使国家立法权的国家机关。要健全有立法权的人大主导立法工作的体制机制，发挥人大及其常委会在立法工作中的主导作用。建立由全国人大相关专门委员会、全国人大常委会法制工作委员会组织有关部门参与起草综合性、全局性、基础性等重要法律草案制度。增加有法治实践经验的专职常委比例。依法建立健全专门委员会、工作委员会立法专家顾问制度。三是加强和改进政府立法制度建设。我国政府立法有三种形式：行政法规、部门规章和地方政府规章。党的十八届四中全会指出，加强和改进政府立法制度建设，完善行政法规、规章制定程序，完善公众参与政府立法机制。重要行政管理法律法规由政府法制机构组织起草。四是使立法与改革政策相衔接。“治国无法则乱，守法而弗变则悖，悖乱不可以持国。”法治在于维护社会稳定性，而改革在于促进社会变动性，但二者不是相对立的，而是相互促进、互相推进。党的十八届四中全会《决定》指出：“实现立法和改革决策相衔接，做到重大改革于法有据、立法主动适应改革和经济社会发展需要。实践条件还不成熟、需要先行先试的，要按照法定程序作出授权。对不适应改革要求的法律法规，要及时修改和废止。”要保证法治建设不偏离正确方向，推进改革不偏离法治轨道。五是要明确立法权力边界，从体制机制和工作程序上有效防止部门利益和地方保护主义法律化。对部门间争议较大的重要立法事项，由决策机关引入第三方评估，充分听取各方意见，协调决定，不能久拖不决。加强法律解释工作，及时明确法律规定含义和适用法律依据。六是赋予设区的市地方立法权。主要是要明确地方立法权限和范围，依法赋予设区的市地方立法权。立法法规定设区的市可以对城乡建设与管理、环境保护、历史文化保护等方面制定地方性法规。

（三）加强重点领域立法

加强重点领域立法，就是要围绕党和国家的工作大局进行立法。习近平总书记指出：“要加强重点领域立法，及时反映党和国家事业发展要求、人民群众关切期待，对涉及全面深化改革、推动经济发展、完善社会治理、保障人民生活、维护国家安全的法律抓紧制订、及时修改。”

第一，完善社会主义市场经济法律制度。经济体制改革是全面深化改革的重点。党的十八届四中全会《决定》指出：“社会主义市场经济本质上是法治经济。使市场在资源配置中起决定性作用和更好发挥政府作用，必须以保护产权、维护契约、统一市场、平等交换、公平竞争、有效监管为基本导向，完善社会主义市场经济法律制度。”主要是健全以公平为核心原则的产权保护制度，加强对各种所有制经济组织和自然人财产权的保护，清理有违公平的法律法规条款。创新适应公有制多种实现形式的产权保护制度，加强对国有、集体资产所有权、经营权和各类企业法人财产权的保护。国家保护企业以法人财产权依法自主经营、自负盈亏，企业有权拒绝任何组织和个人无法律依据的要求。加强企业社会责任立法。完善激励创新的产权制度、知识产权保护制度和促进科技成果转化的体制机制。加强市场法律制度建设，编纂民法典，制定和完善发展规划、投资管理、土地管理、能源和矿产资源、农业、财政税收、金融等方面法律法规，促进商品和要素自由流动、公平交易、平等使用。依法加强和改善宏观调控、市场监管，反对垄断，促进合理竞争，维护公平竞争的市场秩序。

第二，完善社会主义民主政治法律制度。党的十八届四中全会《决定》指出："制度化、规范化、程序化是社会主义民主政治的根本保障。以保障人民当家作主为核心，坚持和完善人民代表大会制度，坚持和完善中国共产党领导的多党合作和政治协商制度、民族区域自治制度以及基层群众自治制度，推进社会主义民主政治法治化。"主要是加强社会主义协商民主制度建设，推进协商民主广泛多层制度化发展，构建程序合理、环节完整的协商民主体系。完善和发展基层民主制度，依法推进基层民主和行业自律，实行自我管理、自我服务、自我教育、自我监督。完善国家机构组织法，完善选举制度和工作机制。加快推进反腐败国家立法，完善惩治和预防腐败体系，形成不敢腐、不能腐、不想腐的有效机制，坚决遏制和预防腐败现象。完善惩治贪污贿赂犯罪法律制度，把贿赂犯罪对象由财物扩大为财物和其他财产性利益。加强反腐倡廉党内法规制度建设，加强反腐败国家立法，提高反腐败法律制度执行力，让法律制度刚性运行，尽快形成内容科学、程序严密、配套完备、有效管用的反腐败制度体系。

第三，健全社会主义先进文化法律制度。加强社会主义先进文化建设，建设社会主义文化强国，必须健全社会主义先进文化法律制度。党的十八届四中全会《决定》提出："建立健全坚持社会主义先进文化前进方向、遵循文化发展规律、有利于激发文化创造活力、保障人民基本文化权益的文化法律制度。"主要是要制定公共文化服务保障法，促进基本公共文化服务标准化、均等化。制定文化产业促进法，把行之有效的文化经济政策法定化，健全促进社会效益和经济效益有机统一的制度规范。制定国家勋章和国家荣誉称号法，表彰有突出贡献的杰出人士。加强互联网领域立法，完善网络信息服务、网络安全保护、网络社会管理等方面的法律法规，依法规范网络行为。习近平总书记指出："要抓紧制定立法规划，完善互联网信息内容管理、关键信息基础设施保护等法律法规，依法治理网络空间，维护公民合法权益。"

第四，推进改善民生和社会治理法律制度。党的十八届四中全会《决定》指出："加快保障和改善民生、推进社会治理体制创新法律制度建设。"主要是制定社会救助法、医疗卫生法、社区矫正法，完善食品安全法、安全生产法、药品管理法等，进一步保障和改善民生。《决定》要求，依法加强和规范公共服务，完善教育、就业、收入分配、社会保障、医疗卫生、食品安全、扶贫、慈善、社会救助和妇女儿童、老年人、残疾人合法权益保护等方面的法律法规。加强社会组织立法，鼓励、规范和引导各类社会组织参与社会管理，提供社会公共服务，激发社会组织活力，同时依法加强对社会组织的监管，规范社会组织行为规范和活动准则。

第五，完善生态环境保护法律制度。生态环境保护法律制度是建设美丽中国的重要保障和必由之路。党的十八届四中全会《决定》指出："用严格的法律制度保护生态环境，加快建立有效约束开发行为和促进绿色发展、循环发展、低碳发展的生态文明法律制度，强化生产者环境保护的法律责任，大幅度提高违法成本。建立健全自然资源产权法律制度，完善国土空间开发保护方面的法律制度，制定完善生态补偿和土壤、水、大气污染防治及海洋生态环境保护等法律法规，促进生态文明建设。"

第六，推进公民权利保障法律制度。党的十八届四中全会提出："依法保障公民权利，加快完善体现权利公平、机会公平、规则公平的法律制度，保障公民人身权、财产权、基本政治权利等各项权利不受侵犯，保障公民经济、文化、社会等各方面权利得到落实，实现公民权利保障法治化。增强全社会尊重和保障人权意识，健全公民权利救济渠道和方式。”

另外，党的十八届四中全会《决定》还提出：“贯彻落实总体国家安全观，加快国家安全法治建设，抓紧出台反恐等一批急需法律，推进公共安全法治化，构建国家安全法律制度体系。”

三、公正司法是维护社会公平正义的最后一道防线

公平正义是中国特色社会主义的内在要求，也是社会主义司法的根本属性。中国特色社会主义司法制度作为中国特色社会主义制度的重要组成部分，必须围绕保障和促进社会公平公正进行改革和完善。党的十九大报告指出，要深化司法体制综合配套改革，全面落实司法责任制，努力让人民群众在每一个司法案件中感受到公平正义。习近平总书记多次强调，决不能让不公正的审判伤害人民群众感情、损害人民群众权益。当前我国还存在影响司法公正和制约司法能力的一些深层次问题，因此，必须进一步深化司法体制改革，确保依法独立公正行使审判权检察权、健全司法权力运行机制、完善人权司法保障制度，不断提高司法公信力，发挥公正司法对维护社会公平正义最后一道防线的作用。

（一）司法不公的严重危害和致命性破坏作用

英国哲学家培根曾经说过：“一次不公正的裁判，其恶果甚至超过十次犯罪。因为犯罪虽是无视法律——好比污染了水流，而不公正的审判则毁坏法律——好比污染了水源。”这个比喻形象地说明了司法不公造成的严重后果和致命性破坏作用，也说明了司法公正是司法活动的灵魂和司法工作的生命线。

第一，司法不公影响国家治理法治化进程。司法是国家治理不可或缺的重要机制。一个国家实现良好治理，不仅要形成一套符合实际、管用的法律体系，而且要保证这些法律得到切实公正的执行。法治是治国理政的基本方式，要注重发挥法治在国家治理和社会管理中的重要作用。目前我们经过长期努力，中国特色社会主义法律体系已经形成，总体上解决了有法可依问题。当然，我国法律体系还要不断完善。现在，我们的工作重点应该是保证法律实施，做到有法必依、执法必严、违法必究。有了法律不能有效实施，那再多法律也是一纸空文，依法治国就会成为一句空话。司法不公将严重影响国家治理法治化进程，阻碍国家治理现代化。

第二，司法不公损害广大人民群众的合法权益。法治是人们维护自己权益的重要手段，而且随着社会主义法治建设逐渐推进，公民法律意识、权利意识不断增强，遇事“找法律”“讨说法”的现象越来越普遍，越来越多的矛盾纠纷、权益维护以案件形式进入司法领域。党的十八届四中全会《决定》指出，要健全依法维权和化解纠纷机制。强化法律在维护群众权益、化解社会矛盾中的权威地位，引导和支持人们理性表达诉求、依法维护权益。解决好群众最关心最直接最现实的利益问题，畅通群众利益协调、权益保障法律渠道。把信访纳入法治化轨道，保障合理合法诉求依照法律规定和程序就能得到合理合法的结果。如果司法不公且得不到及时扭转和更正，群众权益就会失去最基本的法律保障，就会严重损害广大人民群众对合法权益的维护，严重伤害广大人民群众身心。执法司法中万分之一的失误，对当事人也是百分之百的伤害。

第三，司法不公阻碍社会稳定团结和有序运行。司法是调整社会关系和社会秩序的总开关，是社会稳定和有序运行的调节器和安全阀，也是法律实施的核心环节。实践证明，无论是推进社会发展，还是维护社会稳定，法治都是最可靠的手段。偏离法治轨道，不仅不能从根本上解决问题，反而会引发新的矛盾。司法不公将导致人民群众对法律的否定甚至对法律的蔑视，当司法不公发展到危及整个社会主体的法律信仰时，社会主体对法律稳定的心理结构就会崩溃，就会对国家法治丧失信心，从而在遇到纠纷、矛盾、冲突时不是借助于法律手段解决，而是采取暴力等其他非法治化方法，甚至制造矛盾和冲突，扰乱社会稳定团结和有序运行。

第四，司法不公严重影响司法公信力的提升。司法公信力不仅表现为司法机关对每一个案件的处理能否体现司法公正与权威，而且表现为人民群众对司法工作的满意度和信任度。司法不公严重违背法律本义，玷污国家法律权威，摧毁人们的法律信仰，对国家的法律建设会产生致命的危害性和毁灭性。习近平总书记指出："如果不努力让人民群众在每一个司法案件中都感受到公平正义，人民群众就不会相信政法机关，从而也不会相信党和政府。"司法不公，法治就没有权威，司法公信力就失去根基。党的十八大以来，最高人民法院、最高人民检察院工作报告在全国两会上的赞成率不断提高，2016年分别达到90.94%、89.54%，2017年分别达到92%、92%，反映我国司法公信力稳步提升。

2013—2017年，国务院和"两高"工作报告赞成率

作报告年份	国务院			最高法院			最高检察院		
	赞成	反对+弃权	赞成率	赞成	反对+弃权	赞成率	赞成	反对+弃权	赞成率
2013年	2799	145	95.10%	2218	725	75.23%	2218	606	79.34%
2014年	2887	20	99.31%	2425	473	83.23%	2402	498	82.54%
2015年	2852	24	99.13%	2619	257	91.03%	2529	345	87.90%
2016年	2814	43	98.49%	2600	254	91.10%	2560	290	89.54%
2017年	2812	22	99.00%	2606	229	92.00%	2606	226	92.00%

*据公开报道整理

第五，司法不公严重影响社会公平正义。所谓公正司法，就是受到侵害的权利一定会得到保护和救济，违法犯罪活动一定要受到制裁和惩罚。公正是法治的生命线。司法公正对社会公正具有重要引领作用，司法不公对社会公正具有致命的破坏作用。习近平总书记指出："促进社会公平正义是政法工作的核心价值追求。从一定意义上说，公平正义是政法工作的生命线，司法机关是维护社会公平正义的最后一道防线。政法战线要肩扛公正天平、手持正义之剑，以实际行动维护社会公平正义，让人民群众切实感受到公平正义就在身边。"但是我国司法领域还存在一些司法不公问题，比如：一些司法人员作风不正、办案不廉，办金钱案、关系案、人情案，吃了原告吃被告；有的有案不立、有罪不纠、越权管辖、插手经济纠纷、刑讯逼供、徇私舞弊、贪赃枉法等等。如果这些问题得不到解决，罪恶不受惩罚、正义无法伸张，司法这道防线就会被突破，社会公平正义也就无从谈起。

（二）依法独立行使审判权检察权

审判机关、检察机关依法独立公正行使审判权、检察权，是我们党和国家的一贯主张。党的十一届三中全会就明确提出检察机关和司法机关要保持应有的独立性。我国《宪法》规定，人民法院、人民检察院依照法律规定独立行使审判权、检察权，不受行政机关、社会团体和个人的干涉。党的十八届四中全会对确保审判机关、检察机关依法独立公正行使审判权、检察权进行了具体部署，提出了具体要求。

第一，推进司法管理体制改革。司法管理体制在司法体制中处于基础性地位，在保障司法机关独立行使司法权上发挥关键性作用。目前，我国司法人员和经费实行分级管理、分级负担的体制，司法权运行受制于当地，司法活动易受干扰。我国是单一制国家，司法权从根本上说是中央事权。各地法院不是地方的法院，而是国家设在地方代表国家行使审判权的法院。司法机关人财物应该由中央统一管理和保障。世界各主要国家也普遍实行由国家或某一个专门机构统一管理司法人员、经费等司法行政事务。但是我国的法官、检察官数量大，统一收归中央一级管理和保障，在现阶段难以做到。中央提出首先推动建立省以下法院和检察院法官、检察官编制统一管理制度，法官、检察官由省提名和管理并按法定程序任免的机制，探索由省级财政统筹地方各级法院、检察院的经费。目前各地正在有序开展这一改革试点并取得了显著成效。

第二，防止违法干预司法活动。习近平总书记指出，领导机关和领导干部违法违规干预司法问题，是导致执法不公、司法腐败的一个顽瘴痼疾。从司法实践看，我们一些领导干部对怎么坚持党对政法工作的领导认识不清、把握不准，有的该管的不敢管、不会管，怕人家说以权压法、以言代法；有的对政法部门职责范围内的事情管得过多过细，管了一些不该管、管不好的具体业务工作；有的甚至为了一己私利，插手和干预司法个案。党的十八届四中全会《决定》指出："各级党政机关和领导干部要支持法院、检察院依法独立公正行使职权。建立领导干部干预司法活动、插手具体案件处理的记录、通报和责任追究制度。任何党政机关和领导干部都不得让司法机关做违反法定职责、有碍司法公正的事情，任何司法机关都不得执行党政机关和领导干部违法干预司法活动的要求。对干预司法机关办案的，给予党纪政纪处分；造成冤假错案或者其他严重后果的，依法追究刑事责任。"2015年中共中央办公厅、国务院办公厅印发《领导干部干预司法活动、插手具体案件处理的记录、通报和责任追究规定》、中央政法委印发《司法机关内部人员过问案件的记录和责任追究规定》，提出了解决违法干预司法活动的具体办法。

第三，建立健全司法人员履行法定职责保护机制。建立健全司法人员履行法定职责保护机制是确保司法机关依法独立行使职权的必要条件。党的十八届四中全会《决定》指出，非因法定事由，非经法定程序，不得将法官、检察官调离、辞退或者作出免职、降级等处分。建立这一保护机制，有利于司法人员大胆依法公正行使职权，有利于防止某些人利用干部人事权等权力打击报复秉公办案的司法人员，为司法人员公正司法撑起保护伞，解除后顾之忧。

第四，切实维护司法权威。司法实践中时常发生的扰乱法庭秩序、法院裁判难以执行等现象，严重损害司法权威。党的十八届四中全会《决定》提出，要健全行政机关依法出庭应诉、支持法院受理行政案件、尊重并执行法院生效裁判的制度。完善惩戒妨碍司法机关依法行使职权、拒不执行生效裁判和决定、藐视法庭权威等违法犯罪行为的法律规定。2015年8月，十二届全国人大常委会第十六次会议通过的《中华人民共和国刑法修正案（九）》，专门增设了扰乱法庭秩序罪的四种情形：聚众哄闹、冲击法庭；殴打、侮辱、诽谤、威胁司法工作人员或者诉讼参与人；不听法庭制止，严重扰乱法庭秩序；毁坏法庭设施，抢夺、损毁诉讼文书、证据等扰乱法庭秩序行为，情节严重，等。

（三）健全司法权力运行机制

健全司法权力运行机制是深化司法体制改革、确保正确行使司法权的客观需要，也是实现司法公正和司法廉洁的基本保障和有效手段。党的十八届三中全会提出，健全司法权力运行机制，主要是优化司法职权配置，健全司法权力分工负责、互相配合、互相制约机制，加强和规范对司法活动的法律监督和社会监督等。党的十八届四中全会强调，必须完善司法管理体制和司法权力运行机制，规范司法行为，加强对司法活动的监督，努力让人民群众在每一个司法案件中感受到公平正义。

第一，推进以审判为中心的诉讼制度改革。充分发挥审判特别是庭审的作用，是确保案件处理质量和司法公正的重要环节。我国刑事诉讼法规定公检法三机关在刑事诉讼活动中各司其职、互相配合、互相制约，这是符合中国国情、具有中国特色的诉讼制度，必须坚持。同时，在司法实践中，也存在办案人员对法庭审判重视不够，常常出现一些关键证据没有收集或者没有依法收集，进入庭审的案件没有达到“案件事实清楚、证据确实充分”的法定要求，使审判无法顺利进行。党的十八届四中全会提出，推进以审判为中心的诉讼制度改革，目的是促使办案人员树立办案必须经得起法律检验的理念，确保侦查、审查起诉的案件事实证据经得起法律检验，保证庭审在查明事实、认定证据、保护诉权、公正裁判中发挥决定性作用。这项改革有利于促使办案人员增强责任意识，通过法庭审判的程序公正实现案件裁判的实体公正，有效防范冤假错案产生。全会还提出，全面贯彻证据裁判规则，严格依法收集、固定、保存、审查、运用证据，完善证人、鉴定人出庭制度，保证庭审在查明事实、认定证据、保护诉权、公正裁判中发挥决定性作用。我国诉讼制度正逐步实现从“以侦查为中心”向“以审判为中心”转变，从而真正形成控辩相互抗衡、法院居中裁判的正三角关系。

第二，完善司法责任制。司法责任制是保障司法权力运行的重要机制。党的十八届四中全会提出，要明确司法机关内部各层级权限，健全内部监督制约机制，完善主审法官、合议庭、主任检察官、主办侦查员办案责任制，落实谁办案谁负责，明确各类司法人员工作职责、工作流程、工作标准，实行办案质量终身负责制和错案责任倒查问责制，确保案件处理经得起法律和历史检验。为使司法责任制落到实处，党的十八届四中全会还提出，司法机关内部人员不得违反规定干预其他人员正在办理的案件，建立司法机关内部人员过问案件的记录制度和责任追究制度，对因违法违纪被开除公职的司法人员、吊销执业证书的律师和公证员，终身禁止从事法律职业，构成犯罪的要依法追究刑事责任。

第三，健全司法权力监督制约机制。健全司法权力监督制约机制，让司法权力在阳光下运行，是防止权力滥用的根本要求。一是推进司法公开。构建开放、动态、透明、便民的阳光司法机制，推进审判公开、检务公开、警务公开、狱务公开，依法及时公开执法司法依据、程序、流程、结果和生效法律文书，杜绝暗箱操作。加强法律文书释法说理，建立生效法律文书统一上网和公开查询制度。习近平总书记指出："阳光是最好的防腐剂。权力运行不见阳光，或有选择地见阳光，公信力就无法树立。执法司法越公开，就越有权威和公信力。涉及老百姓利益的案件，有多少需要保密的？除法律规定的情形外，一般都要公开。要坚持以公开促公正、以透明保廉洁。要增强主动公开、主动接受监督的意识，完善机制、创新方式、畅通渠道，依法及时公开执法司法依据、程序、流程、结果和裁判文书。对公众关注的案件，要提高透明度，让暗箱操作没有空间，让司法腐败无法藏身。"

二是司法机关内部及相互之间监督机制。主要是在明确司法机关内部各层级权限，完善司法机关内部监督制约基础上，完善检察机关行使监督权的法律制度，加强对刑事诉讼、民事诉讼、行政诉讼的法律监督。检察机关在履行职责中发现行政机关违法行使职权或者不行使职权的行为，要及时提出建议并督促其纠正。要探索建立督促起诉制度、完善检察建议工作机制以及检察机关提起公益诉讼制度等。

三是实行人民监督员制度以及其他监督制度。人民监督员制度是人民群众监督司法、参与司法的重要形式。党的十八届三中全会强调，广泛实行人民陪审员、人民监督员制度，拓宽人民群众有序参与司法渠道。党的十八届四中全会《决定》进一步提出："完善人民监督员制度，重点监督检察机关查办职务犯罪的立案、羁押、扣押冻结财物、起诉等环节的执法活动。"同时，要加强对司法的社会交往行为监督。世界上许多国家都对律师同法官、检察官接触交往作出严格规定，严禁律师和法官私下会见，不能共同出入酒店、娱乐场所甚至同乘一部电梯。但是，我们的一些律师和法官、检察官相互勾结，充当司法掮客，造成了十分恶劣的影响。十八届四中全会明确要求"依法规范司法人员与当事人、律师、特殊关系人、中介组织的接触、交往行为"，"严禁司法人员私下接触当事人及律师、泄露或者为其打探案情、接受吃请或者收受其财物、为律师介绍代理和辩护业务等违法违纪行为，坚决惩治司法掮客行为，防止利益输送"。要加强对司法人员社会交往行为以及在执法办案各个环节的监督，设置隔离墙、通上高压线，谁违反制度就要给谁最严厉的处罚，终身禁止从事法律职业，构成犯罪的要依法追究刑事责任。要加强媒体监督。执法司法活动时刻处在公众视野里、媒体聚光灯下，“政法机关要自觉接受媒体监督，以正确方式及时告知公众执法司法工作情况，有针对性地加强舆论引导。新闻媒体要加强对执法司法工作的监督，但对执法司法部门的正确行动，要予以支持，加强解疑释惑，进行理性引导，不要人云亦云，更不要在不明就里的情况下横挑鼻子竖挑眼”。

四是设立巡回法庭和探索设立跨行政区划的人民法院和人民检察院。近年来，随着社会矛盾增多，全国法院受理案件数量不断增加，尤其是大量案件涌入最高人民法院，导致审判接访压力增大，息诉罢访难度增加，不利于最高人民法院发挥监督指导全国法院工作职能，不利于维护社会稳定，不利于方便当事人诉讼。党的十八届四中全会提出，最高人民法院设立巡回法庭，审理跨行政区域重大行政和民商事案件。这样做，有利于审判机关重心下移，就地解决纠纷，也方便当事人诉讼，有利于最高人民法院本部集中精力制定司法政策和司法解释、审理对统一法律适用有重大指导意义的案件。同时，随着社会主义市场经济深入发展和行政诉讼出现，跨行政区划乃至跨境案件越来越多，涉案金额越来越大，导致法院所在地有关部门和领导越来越关注案件处理，甚至利用职权和关系插手案件处理，造成相关诉讼出现“主客场”现象，不利于平等保护外地当事人合法权益、保障法院独立审判、监督政府依法行政、维护法律公正实施。党的十八届四中全会提出，探索设立跨行政区划的人民法院和人民检察院。这有利于排除对审判工作和检察工作的干扰、保障法院和检察院依法独立公正行使审判权和检察权，有利于构建普通案件在行政区划法院审理、特殊案件在跨行政区划法院审理的诉讼格局。

另外，要加强司法人员作风建设，严惩司法腐败。司法腐败不仅严重败坏政法机关形象，而且严重损害党和政府形象。要坚决破除各种潜规则，决不允许法外开恩，决不允许办关系案、人情案、金钱案；坚决反对和克服特权思想、衙门作风、霸道作风；坚决反对和惩治粗暴执法、野蛮执法行为。习近平总书记指出："以最坚决的意志、最坚决的行动扫除政法领域的腐败现象，对司法腐败，要零容忍，坚持'老虎''苍蝇'一起打，坚决清除害群之马。"①

（四）完善人权司法保障制度

是否有完善的人权司法保障制度是衡量司法体制改革成效的重要标准，也是以民为本理念在司法制度领域的具体体现。我们党和国家历来高度重视人权保障，尊重和保障人权是我国宪法的一项重要原则。党的十八大报告将"人权得到切实尊重和保障"确立为全面建成小康社会和深化改革开放的重要目标之一。十八届四中全会《决定》关于完善人权司法保障的重要论述和重大部署，正是为贯彻落实这一系列原则目标提出的新要求、新任务。党的十九大又强调，加强人权法治保障，保证人民依法享有广泛权利和自由。

第一，加强诉讼权利的司法保障。党的十八届四中全会《决定》提出，要强化诉讼过程中当事人和其他诉讼参与人的知情权、陈述权、辩护辩论权、申请权、申诉权的制度保障。人民法院推行立案登记制度改革，是保障当事人诉讼权利的重大改革举措。2015年4月，中央全面深化改革领导小组审议通过《关于人民法院推行立案登记制改革的意见》，要求坚持从解决实际问题出发，对依法应受理的案件，做到有案必立、有诉必理，从制度上、源头上解决了立案难的问题。比如，立案登记制实施两年间，福州市中级人民法院共登记立案各类案件同比改革前增长29.21%，登记立案率高达99.68%，当场立案率99.32%。《关于人民法院推行立案登记制改革的意见》还明确规定，对不符合法律规定的，应当依法裁决不予以受理，并载明理由。禁止不

① 中共中央文献研究室：《习近平关于全面依法治国论述摘编》，中央文献出版社2015年版，第76页。

收材料、不予答复、不出具法律文书。当事人对裁决不服的，可以提起上诉或申请复议。

第二，规范查封、扣押、冻结、处理涉案财物的司法程序。查封、扣押、冻结都属于诉讼中的强制性措施。长期以来一些司法机关在查封、扣押、冻结、处理涉案财物时，具有一定的随意性，对涉案财物的范围认定不严格，解除强制性措施、返还涉案财物不及时等情况还时有发生。规范查封、扣押、冻结、处理涉案财物的司法程序，确保涉案财物处理的法治化、规范化和公开化，对公民财产权的司法保障具有重要意义。因此，不仅要严格遵守法律法规，切实执行法律关于处理涉案财物规定，而且要细化涉案财物认定标准、明确执行主体、健全当事人复议申诉投诉机制、建立对相关违法行为的责任追究机制。同时要强化对涉案财物的管理，妥善保管涉案财物，探索建立涉案财物集中管理平台，完善涉案财物处理信息公开机制。

第三，健全冤假错案有效防范、及时纠正机制。冤假错案不仅给受害人家庭带来了严重的伤害和影响，而且对执法公信力带来严重的伤害和影响。习近平总书记指出，我们做纠错的工作，就是亡羊补牢的工作。要坚守防止冤假错案底线，切实维护人民群众合法权益和司法权威，坚决杜绝各类冤假错案。2013年8月中央政法委出台了《关于切实防止冤假错案的规定》，就严格遵守法律程序，加强防止和纠正错案作出了明确规定。2013年11月，最高人民检察院发布《关于建立健全防范刑事冤假错案工作机制的意见》。一要健全防止错案机制。要严格遵守证据裁判原则，严禁刑讯逼供、体罚虐待，严格执行非法证据排除规则，准确把握刑事案件证明标准；二要健全发现错案机制。要着力保障犯罪嫌疑人、被告人、罪犯的申诉、控告权，对犯罪嫌疑人、被告人、罪犯提出的申诉、控告、检举材料，应当及时送转、认真对待。充分发挥律师的辩护作用，认真对待律师的辩护意见和提交的证据材料；三要健全纠正错案机制，明确错案的认定标准和纠错启动主体，完善错案纠正程序；四要建立错案责任追究机制。实行案件质量终身负责制，形成用权受监督、失职要问责的管理体系。党的十八大以来我国纠正一批冤假错案，如徐辉案、念斌案、呼格吉勒图案等，是健全冤假错案有效防范、及时纠正机制的具体体现。

第四，完善法律援助制度。法律援助制度是司法制度的重要组成部分。习近平总书记在十八届中央政治局第四次集体学习时指出："要坚持司法为民，改进司法工作作风，通过热情服务，切实解决好老百姓打官司难问题，特别是要加大对困难群众维护合法权益的法律援助。"党的十八届四中全会明确提出，完善法律援助制度，扩大援助范围，健全司法救助体系，保证人民群众在遇到法律问题或者权利受到侵害时获得及时有效法律帮助。对聘不起律师的申诉人，纳入法律援助范围。当前完善法律援助主要是要扩大法律援助覆盖面，及时调整法律援助范围，放宽经济困难标准，加大法律援助办案经费保障，推动建立法律援助专项资金，加强法律援助案件质量监管，提高法律援助服务质量和水平。

另外，完善人权司法保障制度还需要完善律师制度，健全社区矫正制度，加快建立失信被执行人信用监督、威慑和惩戒法律制度，落实终审和诉讼终结制度等。

四、树立法律权威　提升法治意识

维护法律权威，提升法治意识，对凝聚社会共识、维护社会稳定、树立法治思维、促进社会发展等具有重要意义。维护法律权威首要的是维护宪法权威，党的十八届四中全会通过的《决定》指出："宪法是国家的根本法。法治权威能不能树立起来，首先要看宪法有没有权威。必须把宣传和树立宪法权威作为全面推进依法治国的重大事项抓紧抓好，切实在宪法实施和监督上下功夫。"法律权威源自人民的内心拥护和真诚信仰。人民权益要靠法律保障，法律权威要靠人民维护。必须弘扬社会主义法治精神，提升社会主义法治意识，增强全社会厉行法治的积极性和主动性，形成守法光荣、违法可耻的社会氛围，使全体人民都成为社会主义法治的忠实崇尚者、自觉遵守者、坚定捍卫者。

（一）维护宪法法律权威，确保宪法法律实施

第一，必须坚决维护宪法法律权威。恩格斯在《论权威》中深刻地批判了巴枯宁的无政府主义否定一切权威的理论，认为即使在社会主义条件下，权威也是必要的，“把权威原则说成是绝对坏的东西……这是荒谬的”[①]。一个没有法律权威的社会，就如同一个中枢神经严重紊乱的人，就会失去活力、秩序和生命力。宪法是国家的根本法，具有最高法律效力，没有任何其他一种法律规范能够代替和凌驾于宪法之上。宪法权威就是宪法得到全社会普遍认同、自觉遵守、有效维护的一种理念、文化与力量，表现为一种宪法至上，所有公权力、政党活动都要受宪法约束。也就是说，社会主义国家有个人权威、政治权威、党的权威等，但任何权威都不能超越宪法权威。维护宪法法律权威关系到维护国家的根基。历史表明，当宪法有权威的时候，国家的根基就有保障，当宪法没有权威的时候，国家的根基就不能得到维护。维护宪法法律权威也关系到国家治理的根本。一般来讲，凡是有效通过宪法治理的国家，都是成功的，而不以宪法为基础来推动国家治理，就不能成为现代文明的国家，更不能成为现代法治国家。维护宪法法律权威关系到执政党的执政基础和依宪执政的能力。习近平总书记强调维护宪法权威就是维护党和人民共同意志的权威，宪法有没有尊严，也是党和人民共同意志有没有尊严。不尊重宪法，就是不尊重党的合法性、不尊重人民的意志。

第二，任何组织和个人必须在宪法法律范围内活动。维护宪法法律权威最集中的体现就是任何组织和个人必须在宪法法律范围内活动。只有保证公

---

① 《马克思恩格斯选集》第三卷，人民出版社2012年版，第226页。

民在法律面前一律平等，尊重和保障人权，保证人民依法享有广泛的权利和自由，宪法才能深入人心，走入人民群众，宪法实施才能真正成为全体人民的自觉行动。列宁谈到苏维埃法律的执行时明确指出，就苏维埃国家的法律体系的创制而言，不论是国家法、政治法、刑法还是民法制度的创设和实施，我们都要求按照社会主义的基本法律精神和法律原则办事，任何人都"不得有一丝一毫违背我们的法律"。邓小平曾经强调："公民在法律和制度面前人人平等，党员在党章和党纪面前人人平等。人人有依法规定的平等权利和义务，谁也不能占便宜，谁也不能犯法。不管谁犯了法，都要由公安机关依法侦查，司法机关依法办理，任何人都不许干扰法律的实施，任何人犯了法都不能逍遥法外。"习近平总书记也强调："要在全社会牢固树立宪法法律权威，弘扬宪法精神，任何组织和个人都必须在宪法法律范围内活动，都不得有超越宪法法律的特权。"尤其是党的领导干部，要对法律怀有敬畏之心，牢记法律红线不可逾越、法律底线不可触碰，带头遵守法律，带头依法办事，不得违法行使权力，更不能以任何借口任何形式以言代法、以权压法、徇私枉法。党的十八大以来，数名高官落马，彰显了法律面前无特权的基本原则，也表明任何人无论职务有多高、位置多显赫、权力有多大、功劳有多大，只要违反法律，都要受到法律的严惩。

第三，切实保证宪法法律有效实施。维护宪法法律权威最根本的是切实保证宪法法律的有效实施，最核心的是以规范和约束公权力为重点，加大监督力度，做到有权必有责、用权受监督、违法必追究，坚决纠正有法不依、执法不严、违法不究行为。

一是规范和约束公权力。有人形象地说："当权力失去20%的监督时，它就蠢蠢欲动；当权力失去40%的监督时，它就破门而出；当权力失去60%的监督时，它就铤而走险；当权力失去80%的监督时，它就敢于践踏一切法律；当权力失去100%的监督时，它就不怕上断头台。"法国著名思想家孟德斯鸠说过："有权力的人们使用权力一直到遇有界限的地方才休止。"因此权力必须规范和约束，把它关在宪法法律的笼子里，依法厘定公权力边界。2015年2月2日，习近平总书记在省部级主要领导干部学习贯彻十八届四中全会精神全面推进依法治国专题研讨班开班式上强调："权力是一把双刃剑，在法治轨道上行使可以造福人民，在法律之外行使则必然祸害国家和人民。把权力关进制度的笼子里，就是要依法设定权力、规范权力、制约权力、监督权力。"在谈到反腐时，习近平总书记强调："要加强对权力运行的制约和监督，把权力关进制度的笼子里，形成不敢腐的惩戒机制、不能腐的防范机制、不易腐的保障机制。"靠宪法法律的力量把权力关进宪法这个笼子里，规范公权力滥用现象，建立制约权力的机制，这是树立宪法法律权威的基本要求。

二是强化宪法法律实施监督。宪法法律的生命力在于实施，如果宪法法律的实施得不到保障，再完美的宪法法律也是一纸空文，宪法法律权威也必然流于形式。强化宪法法律实施监督是宪法法律有效实施的重要保证。但是，我国保证宪法法律实施的监督机制和具体制度还不健全，有法不依、执法不严、违法不纠现象在一定地方和部门依然存在，因此对这些问题，我们必须高度重视，切实加以解决。不仅要坚持党对宪法法律监督的领导，充分认识宪法法律监督的重要性和必要性，而且要坚持和完善人民代表大会制度，切实完善宪法法律监督机构，不仅要完善宪法法律监督程序，而且要加强备案审查制度建设，对法律、行政法规、地方性法规等进行备案审查。同时要加强宪法法律解释程序制度和机制，尤其是宪法法律解释机关要积极履行宪法法律解释职权，推进宪法法律解释的法治化。

三是严肃处理各类违宪违法行为。对违宪违法行为不处理或处理不当会严重影响宪法法律权威，只有严惩违宪违法行为，才能树立起宪法法律权威，实现让法治为现代中国护航。邓小平曾经在谈到领导干部及子女违法处理时指出："越是高级干部子弟，越是高级干部，越是名人，他们的违法事件越要抓紧查处，因为这些人影响大，犯罪危害大。……不管牵涉到谁，都要按照党纪、国法查处。要真正抓紧实干，不能手软。”党的十八届四中全会《决定》指出：“全国各族人民、一切国家机关和武装力量、各政党和各社会团体、各企业事业组织，都必须以宪法为根本的活动准则，并且负有维护宪法尊严、保证宪法实施的职责。一切违反宪法的行为都必须予以追究和纠正。”

（二）推动全社会提升法治意识

第一，深入开展法治宣传教育。法制宣传教育是法律内化为人们的自觉意识，从而使人们自觉遵守法律的重要途径。邓小平曾经指出，加强法制重要的是要进行教育，根本问题是教育人，“在党政机关、军队、企业、学校和全体人民中，都必须加强纪律教育和法制教育”。同时，要特别重视学校在法律教育中的作用，强调法制教育要从娃娃开始，小学、中学都要进行这个教育，社会上也要进行这个教育。总之，通过宣传教育真正使人人懂得法律，使越来越多的人不仅不犯法，而且能积极维护法律。党的十八届四中全会对法治宣传进行了部署，提出“坚持把全民普法和守法作为依法治国的长期基础性工作，深入开展法治宣传教育，引导全民自觉守法、遇事找法、解决问题靠法。坚持把领导干部带头学法、模范守法作为树立法治意识的关键，完善国家工作人员学法用法制度，把宪法法律列入党委（党组）中心组学习内容，列为党校、行政学院、干部学院、社会主义学院必修课。把法治教育纳入国民教育体系，从青少年抓起，在中小学设立法治知识课程”。当前主要是要通过各种手段深入开展法制宣传教育，弘扬法治精神，使全体人民树立社会主义法治理念和法律信仰，增强人民的法律意识。主要包括法律至上的法治理念，即在现代社会，法律是人民意志的集中体现，具有至高无上的权威，人人必须遵守法律；自觉守法的法治理念，即人民对法律的自觉自愿的接受与维护；尊重权利的理念，即在法定范围内主动追求和行使自己的权利，勇敢地捍卫自己的权利，从而使人们靠外在力量的强制转化为对法律的认同，形成全体公民自觉学法守法用法的氛围。

第二，健全普法宣传教育机制。一是培养法治宣传队伍。能否建立和培养一支精干高效的法治宣传队伍，是做好法治宣传工作的根本。党的十八届四中全会《决定》指出："各级党委和政府要加强对普法工作的领导，宣传、文化、教育部门和人民团体要在普法教育中发挥职能作用。实行国家机关'谁执法谁普法'的普法责任制，建立法官、检察官、行政执法人员、律师等以案释法制度，加强普法讲师团、普法志愿者队伍建设。"不仅要提高法治宣传队伍思想政治素质，而且要提高宣传队伍的业务素质，主要是在掌握宣传工作的本质和规律的基础上，提高宣传主体理解和把握法治内容的实质和精髓的能力；将法治的理论语言转化为能被群众接受的语言能力；恰当选择传播载体的能力；掌握先进的科学技术，熟悉运用现代传播媒介的能力，等等。

二是探索多元宣传方法。法治宣传方法是法治宣传的关键。主要是要摆脱传统的由上到下的单一的宣传教育方式，构建以人为本的多元方法体系。坚持以人为本，用事实说话，切实关心人民群众的现实生活，关注民生，反映群众呼声，不回避现实存在的矛盾和问题，对人民群众关心的切身利益问题和疑惑问题作出合理的解释，使社会主义法治潜移默化地渗透到人民群众的思维方式、行为准则和价值观念中。要在充分运用传统宣传媒介的基础上，充分运用以因特网为代表的高科技宣传方式，发挥网络在法治宣传中不可比拟的优势。

三是完善法治宣传保障制度。法治宣传需要在组织领导、科学管理、制度建设等方面提供相应保障。坚持党对宣传的领导。党管宣传、党管法治是我们党在长期实践中形成的重要原则和制度，要发挥各级党委和政府对普法工作的领导，把其纳入党的工作全局，通盘筹划，周密部署。要积极探索建立新形势下保证党委领导、调控适度、运行有序、促进发展，与依法治国相适应的法治宣传管理体制，形成有效运行的工作机制。

四是强化法治宣传效果反馈。任何系统只有通过信息反馈，才有可能实现有效的控制，从而达到目的；或者说，没有信息反馈系统，要实现有效的控制去达到目的是不可能的。法治宣传也一样，只有其应用的科学性及其实际效果及时反馈出来，才可以检验宣传方法和宣传效果是否有效，并依靠反馈效果，修正宣传方式方法，更好地促进法治宣传，包括反馈宣传内容、方法、效果等，对法治宣传中合理的、符合时代特征和宣传规律的成分要保留并进一步完善，对妨碍宣传有效进行的不合理成分及时摒弃，保证宣传的不断优化升级。

第三，完善守法违法奖惩机制。党的十八届四中全会《决定》指出："牢固树立有权力就有责任、有权利就有义务观念。加强社会诚信建设，健全公民和组织守法信用记录，完善守法诚信褒奖机制和违法失信行为惩戒机制，使尊法守法成为全体人民共同追求和自觉行动。"

一是树立有权力就有责任、有权利就有义务观念。我国《宪法》第三十三条规定："任何公民享有宪法和法律规定的权利，同时必须履行宪法和法律规定的义务。"树立法律意识和法治观念，首要的就是坚持权责统一、权利义务统一原则，不能只讲权利、不讲义务，也不能只讲义务、不讲权利。特别是国家机关及其工作人员应当树立有权必有责、用权受监督、违法受追究的意识，严格按照法定职责和权限行使权力、承担法律责任，自觉接受各方面监督，成为尊崇法律、运用法律、遵守法律、维护法律的表率。

二是完善守法诚信褒奖机制。守法诚信是社会公众的基本规范，是每个企业、事业单位和社会成员立足于社会的必要条件。守法诚信建设是一个系统工程，既要加强守法诚信教育，又要强化制度约束，形成守法诚信长效机制。要健全公民和组织守法信用信息记录，使每一个公民和组织的信用状况公开透明、可查可核。完善守法诚信褒奖机制，在确定经济社会发展目标和发展规划、出台经济社会重大政策和重大改革措施时，把守法经营、诚实信用作为重要内容，形成有利于弘扬诚信的良好政策导向和利益机制；在市场监管和公共服务过程中，充分应用信用信息和信用产品，对诚实守信者实行优先办理、简化程序等“绿色通道”支持激励政策，在全社会形成遵纪守法、诚实守信的良好氛围。

三是完善违法失信行为惩戒机制。完善违法失信行为惩戒机制，强化对违法失信行为的约束和惩戒，是维护宪法和法律权威、树立法治意识的重要途径。要完善失信行为约束和惩戒机制，实行失信发布制度，建立严重失信黑名单制度和市场退出机制，建立多部门、跨地区失信联合惩戒机制，加强对涉及食品药品安全、环境保护、安全生产、税收征缴等重点领域违法犯罪行为的专项整治，形成扬善抑恶的制度机制和社会环境。完善违法行为惩戒机制，坚持严格执法、公正司法，让受到侵害的权利都能得到有效保护和救济，使违法犯罪活动都受到应有制裁和惩罚，努力让人民群众从每一次执法活动中、在每一个司法案件中都感受到公平正义，从而发自内心地敬畏法律、信任法律和遵从法律。

第四，培育良好的法治文化环境。一是吸收中华优秀传统文化中的法治思想，发挥传统文化的教化作用。习近平总书记强调，治理国家和社会，今天遇到的很多事情都可以在历史上找到影子，历史上发生过的很多事情也都可以作为今天的镜鉴。中国传统社会治理以人治为主，但也强调法治的作用。中华优秀传统文化中包含丰富的法治思想，对培育良好的法治文化环境具有一定意义。比如，孔子认为“道之以政，齐之以刑，民免而无耻。道之以德，齐之以礼，有耻且格”；“刑罚不中，则民无所措手足”，既强调为政以德的重要性，又肯定了法制的重要作用。孟子提出“上无道揆也，下无法守也”“徒善不足以为政，徒法不能以自行”。韩非子提出“明王峭其法而严其刑也”“法令所以为治也”等。我们要梳理、弘扬传统法治思想的积极价值，并将其蕴含于传统文化教育之中，从而促进良好法治文化环境的形成。

二是把法治教育纳入精神文明创建内容。法治教育是精神文明创建的应有内容。1996年10月，党的十四届六中全会通过的《中共中央关于加强社会主义精神文明建设若干重要问题的决议》提出，社会主义精神文明建设的主要目标是：在全民族牢固树立建设有中国特色社会主义的共同理想，牢固树立坚持党的基本路线不动摇的坚定信念；实现以思想道德修养、科学教育水平、民主法制观念为主要内容的公民素质的显著提高，以积极健康、丰富多彩、服务人民为主要要求的文化生活质量的显著提高，以社会风气、公共秩序、生活环境为主要标志的城乡文明程度的显著提高；在全国范围形成物质文明建设和精神文明建设协调发展的良好局面。因此，要把法治教育纳入精神文明创建活动中，通过开展各种群众性法治文化活动，包括法治文艺、法治标语、法律宣传资料、法治楹联赠送、法律咨询、以案说法等，把法治意识潜移默化地渗透到人们的头脑中。

三是加强公民道德建设。法律和道德具有天然的联系和共同的价值取向。推动全社会树立法治意识，必须加强公民道德建设，提高公民道德素质，使法治成为人们的道德追求。党的十八届四中全会明确提出，加强公民道德建设，弘扬中华优秀传统文化，增强法治的道德底蕴，强化规则意识，倡导契约精神，弘扬公序良俗。发挥法治在解决道德领域突出问题中的作用，要根据经济社会发展需要和人民群众的愿望要求，把道德领域的一些突出问题纳入法律调整范围，加大执法、司法工作力度，弘扬真善美，制裁假恶丑，引导人们自觉履行法定义务、社会责任、家庭责任。习近平总书记多次强调，要坚持依法治国和以德治国相结合，把法治建设和道德建设紧密结合起来，把他律与自律紧密结合起来，做到法治与德治相辅相成、相互促进。要深入开展道德领域突出问题专项教育和治理，把加强道德教育和依法解决问题结合起来，让违法行为不仅受到法律制裁，而且受到道德谴责，引导人们强化道德观念和法治意识，推动形成崇法守信的社会风尚。

（三）建设完备的法律服务体系

人民是依法治国的主体和力量源泉。人民权益要靠法律来维护，法律权威要靠人民来维护，法治意识要靠人民来提升。只有人民内心拥护法律，全社会信仰法律，法律才能发挥作用。完善法律服务体系，为群众提供满意的法律服务，是人民自觉维护法律权威、提升法治意识的重要途径。

第一，推进公共法律服务体系建设。推进公共法律服务体系建设是改进政府提供公共服务方式、创新社会治理的重要途径，对回应人民群众期待、保障公民平等享受社会公平正义具有重要意义。习近平总书记2014年4月在对司法行政工作的重要指示中强调，要紧紧围绕经济社会发展的实际需要，努力做好公共法律服务体系建设。从布局上看，要强化中西部、农村公共法律服务体系，完善基层法律服务机构。从结构上看，要拓宽公共法律服务领域，形成包括就业、就学、生态、旅游、社会保障等与民生问题紧密相关的服务机构。从方式上看，要健全公共法律服务网络，整合公共法律服务资源等。从保障上看，就是要积极推动公共法律服务经费列入财政预算，把公共法律服务事项纳入政府法律项目，促进基本公共法律服务常态化。

第二，完善法律援助制度。法律援助制度是司法救助体系的重要组成部分，对实现社会正义和司法公正，保障公民基本权利具有重要意义，在司法体系中占有重要地位。我国2003年9月颁布实施《中华人民共和国法律援助条例》之后，法律援助工作快速开展。党的十八届四中全会提出，要完善法律援助制度，扩大援助范围，健全司法救助体系，保证人民群众在遇到法律问题或者权利受到侵害时获得及时有效的法律帮助。一是要提高法律援助质量，积极探索法律援助规律，创新工作方式和方法，实现法律援助简便化、快捷化，提供法律援助工作的规范化、法治化水平；二是扩大法律援助范围，放宽经济困难标准，降低法律援助门槛，使法律援助的覆盖人群逐步扩展至低收入群体，惠及更多困难群众，逐步把有关劳动保障、婚姻家庭、食品药品教育医疗等与民生相关的事项纳入法律援助范围，切实做好农民工、下岗失业人员、妇女、未成年人、老人、残疾人和军人军属群体的法律援助工作。同时，加强刑事法律援助工作，切实履行好侦查、审查、起诉和审判阶段的法律援助工作制度，依法维护当事人的合法权益，促进司法公正、维护社会公平正义。三是提高法律服务保障能力，尤其是完善法律援助服务经费保障体制，加大法律援助服务基础设施建设，提升法律服务援助人才的质量。

第三，健全依法维权和化解纠纷机制。强化法律在维护群众权益、化解社会矛盾中的权威地位，引导和支持人们理性表达诉求、依法维护权益，解决好群众最关心最直接最现实的利益问题。构建对维护群众利益具有重大作用的制度体系，建立健全社会矛盾预警机制、利益表达机制、协商沟通机制、救济救助机制，畅通群众利益协调、权益保障法律渠道。把信访纳入法治化轨道，保障合理合法诉求依照法律规定和程序就能得到合理合法的结果。健全社会矛盾纠纷预防化解机制，完善调解、仲裁、行政裁决、行政复议、诉讼等有机衔接、相互协调的多元化纠纷解决机制。加强行业性、专业性人民调解组织建设，完善人民调解、行政调解、司法调解联动工作体系。完善仲裁制度，提高仲裁公信力。健全行政裁决制度，强化行政机关解决同行政管理活动密切相关的民事纠纷功能。深入推进社会治安综合治理，健全落实领导责任制。完善立体化社会治安防控体系，有效防范化解管控影响社会安定的问题，保障人民生命财产安全。依法严厉打击暴力恐怖、涉黑犯罪、邪教和黄赌毒等违法犯罪活动，决不允许其形成气候。依法强化危害食品药品安全、影响安全生产、损害生态环境、破坏网络安全等重点问题治理。

五、建设高素质的法治工作队伍

全面推进依法治国不仅需要完善的法律规范体系，而且需要高素质的法治工作队伍。没有高素质的法治工作队伍，再好的法律规范也无法发挥自身功能。党的十八届四中全会《决定》第一次系统全面地提出加强法治工作队伍建设，凸显了法治工作队伍在推进全面依法治国、建设社会主义法治国家中的重要地位和作用。《决定》指出：“全面推进依法治国，必须大力提高法治工作队伍思想政治素质、业务工作能力、职业道德水准，着力建设一支忠于党、忠于国家、忠于人民、忠于法律的社会主义法治工作队伍，为加快建设社会主义法治国家提供强有力的组织和人才保障。”习近平总书记也强调：“全面推进依法治国，建设一支德才兼备的高素质法治队伍至关重要。”要按照政治过硬、业务过硬、责任过硬、纪律过硬、作风过硬的要求，努力建设一支信念坚定、执法为民、敢于担当、清正廉洁的政法队伍。

（一）抓住领导干部这个“关键少数”

党员干部在全面推进依法治国过程中肩负着重要责任。依法治国必须首先抓住党员干部特别是党员领导干部这个关键少数。习近平总书记强调：“各级领导干部在推进依法治国方面肩负着重要责任，全面依法治国，必须抓住领导干部这个‘关键少数’。”

第一，党员干部要树立和强化法治观念。习近平总书记明确指出：“必须抓住领导干部这个‘关键少数’，首先解决好思想观念问题，引导各级干部深刻认识到，维护宪法法律权威就是维护党和人民共同意志的权威，捍卫宪法法律尊严就是捍卫党和人民共同意志的尊严，保证宪法法律实施就是保证党和人民共同意志的实现。”宪法是国家的根本法，法律是治国之重器，一切国家机关和武装力量、各政党和各社会团体、各企事业单位组织等都必须遵守宪法和法律。一切违反宪法和法律的行为，必须予以追究。任何组织或个人都不得有超越宪法和法律的特权。领导干部要牢固树立宪法法律至上、法律面前人人平等、权由法定、权依法使等基本法治观念，对各种危害法治、破坏法治、践踏法治的行为要挺身而出、坚决斗争。要牢记法律红线不可逾越、法律底线不可触碰，带头遵守法律、执行法律，带头营造办事依法、遇事找法、解决问题用法、化解矛盾靠法的法治环境。尤其是党政主要负责人要履行推进法治建设第一责任人职责，统筹推进科学立法、严格执法、公正司法、全民守法，确保权力行使不偏离法治轨道、不突破法律边界、不逃避法律责任。习近平总书记在省部级主要领导干部学习贯彻党的十八届四中全会精神全面推进依法治国专题研讨班上的讲话中提到："我反复考虑，觉得应该把尊法放在第一位，因为领导干部增强法治意识、提高法治素养，首先要解决好尊法问题。只有内心尊崇法治，才能行为遵守法律。只有铭刻在人们心中的法治，才是真正牢不可破的法治。"

第二，党员干部必须在宪法和法律范围内活动。党的各级组织和领导干部必须在宪法法律范围内活动，既是我们党在社会主义建设时期管党治党的一条基本经验，也是我们党在领导社会主义法治国家建设过程中确立的一项重大原则。然而，在现实生活中，不少领导干部法治意识比较淡薄，有法不依、违法不究、知法犯法等时有发生，特别是少数领导干部不尊崇宪法、不敬畏法律、不信仰法治，崇拜权力、崇拜金钱、崇拜关系，一些地方和单位被搞得乌烟瘴气，政治生态受到严重破坏。因此党的各级组织和领导干部必须深刻认识这一原则的重要意义，采取有力举措确保这一原则落到实处。习近平总书记指出："纲纪不彰，党将不党，国将不国。要在全党同志特别是高级干部中进一步重申，必须坚持依法治国、依法执政、依法行政，任何人都不得违背党中央的大政方针、搞'独立王国'、自行其是，任何人都不得把党的政治纪律和政治规矩当儿戏、胡作非为，任何人都不得凌驾于国家法律之上、徇私枉法，任何人都不得把司法权力作为私器牟取私利、满足私欲。党纪国法的红线不能逾越。"同时，党员领导干部要做尊法的模范，带头尊崇法治、敬畏法律；做学法的模范，带头了解法律、掌握法律；做守法的模范，带头遵纪守法、捍卫法治；做用法的模范，带头厉行法治、依法办事。党的高级干部尤其要以身作则、以上率下，"如果领导干部都不遵守法律，怎么叫群众遵守法律？上行下效嘛！各级组织部门要把能不能依法办事、遵守法律作为考察识别干部的重要条件。""如果我们的领导干部不能尊法学法守法用法，不要说全面推进依法治国，不要说实现'两个一百年'奋斗目标、实现中华民族伟大复兴的中国梦，就连我们党的领导、我国社会主义制度都可能受到严重冲击和损害。还是邓小平同志说的那句话，制度好可以使坏人无法任意横行，制度不好可以使好人无法充分做好事，甚至会走向反面。所有领导干部都要警醒起来、行动起来，坚决纠正和解决法治不彰问题。”

第三，提高党员干部学法用法能力和水平。党组织和党员干部要不断提高依法执政能力和水平，不断推进各项治国理政活动的制度化和法律化，尤其是要提高运用法治思维和法治方式凝聚改革共识、规范发展行为、促进矛盾化解、保障社会和谐，使各项工作在法治轨道上前进。习近平总书记指出：“领导干部要提高运用法治思维和法治方式的能力。这就要求领导干部把对法治的尊崇、对法律的敬畏转化成思维方式和行为方式，做到在法治之下而不是法治之外，更不是法治之上想问题、作决策、办事情。现在，广大干部群众的民主意识、法治意识、权利意识普遍增强，全社会对公平正义的渴望比以往任何时候都更加强烈，如果领导干部仍然习惯于人治思维、迷恋于以权代法，那十个有十个要栽大跟头。”同时又强调：“领导干部提高法治思维和依法办事能力，关键是要做到以下几点。一是要守法律、重程序，这是法治的第一位要求。二是要牢记职权法定，明白权力来自哪里、界线划在哪里，做到法定职责必须为、法无授权不可为。三是要保护人民权益，这是法治的根本目的。四是要受监督，这既是对领导干部行使权力的监督，也是对领导干部正确行使权力的制度保护。”

第四，完善党员干部的法治考核制度。党选拔任用干部的标准，从宏观上看就是德才兼备。按照德才兼备要求考核评价干部，应当包含党员领导干部法治思维和依法办事能力的内容，也就是把能不能遵守法律、依法办事作为考察干部的重要内容，要在相同条件下，优先提拔使用法治素养好、依法办事能力强的干部。习近平总书记指出：“我们党选拔任用干部的标准就是德才兼备，而法治观念、法治素养是干部德才的重要内容。用人导向最重要、最根本，也最管用。如果我们不是把严守党纪、严守国法的干部用起来，而是把目无法纪、胆大妄为、飞扬跋扈的干部用起来，那就必然会造成‘劣币驱逐良币’现象。要抓紧对领导干部推进法治建设实绩的考核制度进行设计，对考核结果运用作出规定。还要制定具体规定，讲清楚党政主要负责人在推进法治建设方面要履行的具体职责，让大家明白需要做什么、怎么做。”又强调：“我们必须认认真真讲法治、老老实实抓法治。各级领导干部要对法律怀有敬畏之心，带头依法办事，带头遵守法律，不断提高运用法治思维和法治方式深化改革、推动发展、化解矛盾、维护稳定能力。如果在抓法治建设上喊口号、练虚功、摆花架子，只是叶公好龙，并不真抓实干，短时间内可能看不出什么大的危害，一旦问题到了积重难返的地步，后果就是灾难性的。对各级领导干部，不管什么人，不管涉及谁，只要违反法律就要依法追究责任，绝不允许出现执法和司法的‘空档’。要把法治建设成效作为衡量各级领导班子和领导干部工作实绩重要内容，把能不能遵守法律、依法办事作为考察干部重要依据。”

（二）建设德才兼备的高素质法治专门队伍

法治专门人才一般是指专门从事法治建设工作的立法、执法、司法等部门工作人员。习近平总书记指出：“全面推进依法治国，建设一支德才兼备的高素质法治队伍至关重要。我国专门的法治队伍主要包括在人大和政府从事立法工作的人员，在行政机关从事执法工作的人员，在司法机关从事司法工作的人员。全面推进依法治国，首先要把这几支队伍建设好。”

第一，加强理想信念教育、社会主义核心价值观教育和社会主义法治理念教育。培养德才兼备的高素质法治专门队伍首先要把思想政治教育摆在首位，强化理想信念教育、社会主义核心价值观教育和社会主义法治理念教育。坚定的理想信念是政法队伍的政治灵魂。“理想信念是共产党人精神上的‘钙’，精神上‘缺钙’就会得‘软骨病’。这对政法机关来说更有现实意义。‘疾风知劲草’‘烈火见真金’。政法队伍是和平年代面对‘疾风’‘烈火’最多的一支队伍。这就决定了在理想信念问题上广大干警必须有更高标准、更严要求。必须把理想信念教育摆在政法队伍建设第一位，不断打牢高举旗帜、听党指挥、忠诚使命的思想基础，坚持党的事业至上、人民利益至上、宪法法律至上，铸就‘金刚不坏之身’，永葆忠于党、忠于国家、忠于人民、忠于法律的政治本色。”因此，要把思想政治建设摆在首位，加强理想信念教育，深入开展社会主义核心价值观和社会主义法治理念教育，坚持党的事业、人民利益、宪法法律至上，加强立法队伍、行政执法队伍、司法队伍建设。习近平总书记对立法、执法和司法队伍的素质和能力提出了具体要求，也就是，立法人员必须具有很高的思想政治素质，具备遵循规律、发扬民主、加强协调、凝聚共识的能力；执法人员必须忠于法律、捍卫法律，严格执法、敢于担当；司法人员必须信仰法律、坚守法治，端稳天平、握牢法槌，铁面无私、秉公司法。要按照政治过硬、业务过硬、责任过硬、纪律过硬、作风过硬的要求，教育和引导立法、执法、司法工作者牢固树立社会主义法治理念，恪守职业道德，做到忠于党、忠于国家、忠于人民、忠于法律。

第二，完善法律职业制度，推进法治专门队伍正规化、专业化、职业化。推进法治专门队伍正规化、专业化、职业化，提高立法工作者、法官和检察官的职业素养和专业水平，关键是完善法律职业一系列制度。

一是建立和完善职业准入和职前培训制度。《决定》提出，要完善法律职业准入制度，健全国家统一法律职业资格考试制度，建立法律职业人员统一职前培训制度。建立从符合条件的律师、法学专家中招录立法工作者、法官、检察官制度，畅通具备条件的军队转业干部进入法治专门队伍的通道，健全从政法专业毕业生中招录人才的规范便捷机制。建立法官、检察官逐级遴选制度。初任法官、检察官由高级人民法院、省级人民检察院统一招录，一律在基层法院、检察院任职。上级人民法院、人民检察院的法官、检察官一般从下一级人民法院、人民检察院的优秀法官、检察官中遴选。同时，还强化日常培训制度，提升法治专门队伍的业务能力。习近平总书记强调：“同面临的形势和任务相比，政法队伍能力水平还很不适应，‘追不上、打不赢、说不过、判不明’等问题还没有完全解决，面临着‘本领恐慌’问题，必须大力提高业务能力。‘才者，德之资也；德者，才之帅也。’有才无德会败坏党和人民事业，但有德无才也同样会贻误党和人民事业。我们常讲要亮剑，这不仅需要有亮剑的勇气，更需要有亮剑的本事和克敌制胜的能力。各级政法机关要把能力建设作为一项重要任务，坚持从源头抓起，加强和改进法学教育，改革和完善司法考试制度，建立健全在职干警教育培训体系，提高干警本领，确保更好履行政法工作各项任务。”同时强调：“古人有一句话：‘三岁看大，七岁看老。’对领导干部的法治素养，从其踏入干部队伍的那一天起就要开始抓，教育引导他们把法治的第一粒扣子扣好。一个干部能力有高低，但在遵纪守法上必须过硬，这个不能有差别。一个人纵有天大的本事，如果没有很强的法治意识、不守规矩，也不能当领导干部，这个关首先要把住。一方面，要加强教育、培养自觉，促使领导干部不断增强法治意识，养成法治习惯。另一方面，要加强管理、强化监督，设置领导干部法治素养‘门槛’，发现问题就严肃处理，不合格的就要从领导干部队伍中剔除出去。决不能让那些法治意识不强、无法无天的人一步步升上来，这种人官当得越大，对党和国家危害就越大。”

二是要完善职业保障和职业晋升制度。党的十八届四中全会《决定》指出，要加快建立符合职业特点的法治工作人员管理制度，完善职业保障体系，建立法官、检察官、人民警察专业职务序列及工资制度，增强司法人员的职业荣誉感和使命感。要加强经费保障制度。要提高司法工作者公正司法能力，加强忠诚教育和职业培训，特别是要加强基层队伍建设，加强司法干部体制和经费保障体制建设，改善司法干部特别是基层司法干部工作生活条件，让他们更好履行职责。要建立健全司法人员法定职责保护机制，也就是非因法定事由，非经法定程序，不得将法官、检察官调离、辞退或者作出免职、降级等处分。

第三，加强法律服务队伍建设。法律服务队伍一般是指律师、公证员、基层法律服务工作者、人民调解员等。党的十八届四中全会《决定》提出，加强律师队伍思想政治建设，把拥护中国共产党领导、拥护社会主义法治作为律师从业的基本要求，增强广大律师走中国特色社会主义法治道路的自觉性和坚定性。构建社会律师、公职律师、公司律师等优势互补、结构合理的律师队伍。提高律师队伍业务素质，完善执业保障机制。加强律师事务所管理，发挥律师协会自律作用，规范律师执业行为，监督律师严格遵守职业道德和职业操守，强化准入、退出管理，严格执行违法违规执业惩戒制度。习近平总书记指出："律师队伍是依法治国的一支重要力量，要大力加强律师队伍思想政治建设，把拥护中国共产党领导、拥护社会主义法治作为律师从业的基本要求。"①同时，各级党政机关和人民团体普遍设立公职律师，企业可设立公司律师，参与决策论证，提供法律意见，促进依法办事，防范法律风险。明确公职律师、公司律师法律地位及权利义务，理顺公职律师、公司律师管理体制机制。发展公证员、基层法律服务工作者、人民调解员队伍。推动法律服务志愿者队伍建设。建立激励法律服务人才跨区域流动机制，逐步解决基层和欠发达地区法律服务资源不足和高端人才匮乏问题。

（三）不断创新法治人才培养机制

改革开放以来我国已经建立了以学位教育为主体、其他教育为补充，学历教育和在职培训进修相互衔接的法治人才培养体系，培养造就了大批具有法律知识和法律职业技能的专门人才。但是，法治人才培养机制还存在一些亟待解决的问题，影响培养质量。党的十八届四中全会《决定》提出，要着力创新法治人才培养机制，培养造就熟悉和坚持中国特色社会主义法治体系的法治人才及后备力量。

第一，建设一支高素质的法治人才培养教师队伍。创新法治人才培养机

① 《十八大以来重要文献选编》（中），中央文献出版社2016年版，第191页。

制，培养大批德才兼备的法治人才，建设好教师队伍是关键。《决定》明确提出："健全政法部门和法学院校、法学研究机构人员双向交流机制，实施高校和法治工作部门人员互聘计划，重点打造一支政治立场坚定、理论功底深厚、熟悉中国国情的高水平法学家和专家团队，建设高素质学术带头人、骨干教师、专兼职教师队伍。①"一方面，学校要吸收更多有丰富实践经验和一定理论素养的专家型法官、检察官、律师、立法工作者、执法工作者当教师、当导师；另一方面，要安排法学教师，特别是青年教师到法治工作第一线直接从事审判、检察、侦查、行政执法等工作，直接参与国家立法、政府立法和地方立法工作，弥补法学教师的实践知识。同时，法学专业教师要坚定理想信念，带头践行社会主义核心价值观，在做好理论研究和教学的同时，深入了解法律实际工作，促进理论和实践相结合，多用正能量鼓舞激励学生。

第二，优化法治人才培养模式。法治人才培养模式要与法治队伍建设现实需求充分对接，尤其是要强化实践教学。习近平总书记指出，法学学科是实践性很强的学科，法学教育要处理好知识教学和实践教学的关系。要打破高校和社会之间的体制壁垒，将实际工作部门的优质实践教学资源引进高校，加强法学教育、法学研究工作者和法治实际工作者之间的交流。具体而言，不仅要提高法学人才培养方案中实践教学学分比例，重视法治人才培养过程中的实训要求，而且要加强实践教学过程控制，切实增强实践教学效果。同时，要创新实践教学模式，重点将实务部门的优质实践教学资源引入高校，建立协同育人长效机制，打破学校与社会的体制壁垒，引入政府、法院、检察院、律师事务所、企业等实务部门力量参与法治人才培养。

第三，完善法治人才培养课程体系。课程体系是法治人才培养的直接载体，要建立起与高素质法治人才培养目标相适应的法学课程体系。一是立德树人，德法兼修，坚持用马克思主义法学思想和中国特色社会主义法治理论

① 《十八大以来重要文献选编》(中)，中央文献出版社2016年版，第176页。

占领高校、科研机构、法学教育和法学研究阵地，加强社会主义核心价值体系和核心价值观教育，强化中华优秀传统文化教育；二是强化中国特色社会主义法治理论课程。我国高校法学课程体系中中国特色社会主义法治理论相对较弱，对西方法治模式和法治理论可能产生的负面影响和危害认识不足，对树立中国特色社会主义法治理论自信和自觉产生消极影响。要坚持用马克思主义法学思想和中国特色社会主义法治理论教书育人。加强法学基础理论研究，形成完善的中国特色社会主义法学理论体系。因此，法学课程体系要与中国特色社会主义法学理论体系、学科体系相衔接，反映中国特色社会主义法学理论的最新研究成果，推动中国特色社会主义法治理论进教材、进课堂、进头脑。三是遵循现代教育教学规律，压缩必修课程学分，增加选修课程学分，既保证法学专业知识结构的系统性和完整性，又提供丰富的课程供学生选择，为法治人才的成长成才创造自主学习与个性发展的空间。

第四，推进法学教育的国际交流与合作。全球化给各国立法、司法产生了重要影响，尤其是使得国际法律关系变得更为复杂。在这种背景下，建设通晓国际法律规则、善于处理涉外法律事务的涉外法治人才队伍显得尤为重要。要积极探索法学教学国际交流与合作的方式、方法和机制，包括完善与国外院校合作、联合培养、国际组织实习等，拓展法治人才的国际化视野，培养政治可靠、素质过硬、业务精良的涉外法治人才。要积极搭建交流和合作平台，尤其是要深入实施卓越法治人才培养计划，把培养涉外法治人才作为培养的重要组成部分。要加大培养保障力度，尤其是积极争取中央有关部门支持，将涉外律师人才队伍培养提升到国家人才战略的高度，持续加大财政资金投入，提供更多更好的培训教育机会。

六、全面依法治国必须坚持党的领导

党的领导是中国特色社会主义最本质的特征，是社会主义法治最根本的保证。坚持中国特色社会主义法治道路，最根本的是坚持中国共产党的领导。离开了中国共产党，推进依法治国进程，实际上就是一句空话。在坚持党对社会主义法治领导这样的大是大非面前，一定要保持政治清醒和政治自觉，任何时候任何情况下都不能有丝毫动摇。党的十八届四中全会明确把坚持党的领导作为全面依法治国的基本原则，并从理论和实践的结合上对党和法治的关系进行了清晰、透彻的阐释，同时强调要把党的领导贯穿于全面依法治国的全过程和各方面。党的十九大报告指出："坚持党对一切工作的领导。党政军民学，东西南北中，党是领导一切的。"加强党对全面依法治国的领导，必须切实改进党的领导，尤其是要提高党科学执政、民主执政、依法执政水平，使党在宪法、法律和党内规章制度范围内活动，决不允许以言代法、以权压法、徇私枉法。

（一）坚持党的领导是全面依法治国的根本要求

第一，坚持党的领导是历史和人民作出的选择。坚持党的领导地位不是党自封的，而是中国历史和中国人民的必然选择。鸦片战争后，中国逐渐沦为半殖民地半封建社会。中国社会各阶级为了救亡图存，都对中国摆脱半殖民地半封建社会，推进中国社会进步和发展进行了艰辛探索，但均以失败告终。这说明，无论是封建地主阶级，还是农民阶级，无论是资产阶级改良派，还是资产阶级革命派，都不能改变中国半殖民地半封建社会的性质，都不能改变中华民族和中国人民的悲惨命运。能否改变中国社会性质，改变中国人民的悲惨命运，关键在于是否能够完成近代以来中华民族面临的历史任务。哪种政治力量能够带领人民实现这两大任务，它就能够成为掌握中国历史发展前进方向的领导力量。历史实践证明，只有中国共产党才能领导人民取得胜利。中国共产党带领中国人民经过28年的奋战取得了革命的胜利，建立了中华人民共和国，经历了社会主义革命，建立了社会主义制度，为当代中国社会进步和发展提供了政治前提，奠定了政治基础。1954年9月，第一届全国人民代表大会第一次会议通过的《中华人民共和国宪法》，用国家根本大法的形式把党的领导地位明确固定下来，保证了中国人民经过新民主主义革命的长期浴血奋斗所取得的民主成果。习近平总书记指出：“我国宪法以根本法的形式反映了党带领人民进行革命、建设、改革取得的成果，确立了在历史和人民选择中形成的中国共产党的领导地位。对这一点，要理直气壮讲、大张旗鼓讲。要向干部群众讲清楚我国社会主义法治的本质特征，做到正本清源、以正视听。”有人别有用心地提出宪政，习近平总书记指出：“我们必须搞清楚，我国人民民主与西方所谓的‘宪政’本质上是不同的。中国共产党领导是中国特色社会主义最本质的特征。我们说的依法治国，党的十五大早就明确了，就是广大人民群众在党的领导下，依照宪法和法律规定，通过各种途径和形式管理国家事务，管理经济文化事业，管理社会事务，保证国家各项工作都依法进行，逐步实现社会主义民主的制度化、法律化，使这种制度和法律不因领导人的改变而改变，不因领导人看法和注意力的改变而改变。我们讲依宪治国、依宪执政，不是要否定和放弃党的领导，而是强调党领导人民制定宪法和法律，党领导人民执行宪法和法律，党自身必须在宪法和法律范围内活动。”他强调：“历史和人民选择中国共产党领导中华民族伟大复兴的事业是正确的，必须长期坚持、永不动摇。”

第二，坚持党的领导是全面依法治国的根本要求。党的领导是中国特色社会主义最本质特征，也是中国特色社会主义制度的最大优势。习近平总书记指出：“坚持党的领导，是社会主义法治的根本要求，是全面推进依法治国题中应有之义。要把党的领导贯彻到依法治国全过程和各方面，坚持党的领导、人民当家作主、依法治国有机统一。只有在党的领导下依法治国、厉行法治，人民当家作主才能充分实现，国家和社会生活法治化才能有序推进。”一方面，只有坚持党的领导，才能保证全面依法治国的正确方向。习近平总书记强调：“全面推进依法治国这件大事能不能办好，最关键的是方向是不是正确、政治保证是不是坚强有力。”中国共产党代表最广大人民群众的根本利益，在长期的革命、建设和改革历程中形成明显的政治优势，即理论优势、政治优势、组织优势、制度优势、密切联系群众的优势，这些优势是中国共产党的独特优势，具有决定性的意义和力量，是党始终保持先进性和纯洁性的根本法宝，也是全面依法治国进程中维护群众根本利益、实现社会公平正义的重要保证。在现实生活中，一讲到党和法治的关系，经常会有人提出党大还是法大的伪命题，企图否定党的领导地位，这也是当前历史虚无主义的重要表现。这种观点以任意假设为前提，严重背离历史唯物主义基本原则，不尊重历史事实，不能把历史的内容还给历史，企图通过对历史的否定而达成对现实的否定，其实质就在于否定社会主义道路，否定中国共产党的领导。习近平总书记强调："'党大还是法大'是一个政治陷阱，是一个伪命题。对这个问题，我们不能含糊其辞、语焉不详，要明确予以回答。"他还指出，对各级党政组织、各级领导干部来说，"权大还是法大"才是真命题，不能以党自居，就不能把党的领导作为个人以言代法、以权压法、徇私枉法的挡箭牌。另一方面，只有坚持党的领导，全面依法治国才能有序推进，取得实效。依法治国具有长期性、复杂性和艰巨性，尤其是新时代全面建成小康社会决胜阶段、中国特色社会主义发展关键时期，各种深层次矛盾和问题错综复杂，依法治国任务艰巨，只有坚强有力、集中统一的领导核心来总揽全局、协调各方，坚持依法治国基本方略和依法执政基本方式，才能使党的主张通过法定程序成为国家意志，使党组织推荐的人选成为国家政权机关的领导人员，通过国家政权机关实施党对国家和社会的领导，支持国家权力机关、行政机关、审判机关、检察机关依照宪法和法律独立负责、协调一致地开展工作，才能有效推进依法治国进程。

第三，坚持党的领导是依法治国的基本经验。在领导新民主主义革命过程中，党就注重运用法律手段巩固革命成果，不断推进革命根据地和解放区法制建设，积累了丰富的法制建设经验和成果。比如，制定了《中华苏维埃共和国宪法大纲》《婚姻法》《土地法》《劳动法》等法律法规。1949年中华人民共和国成立是我国法制建设由传统向现代转变的分水岭，特别是1956年社会主义制度在我国确立后，以社会主义法律为核心的制度规范逐步形成。《共同纲领》明确规定："废除国民党反动政府一切压迫人民的法律、法令和司法制度，制定保护人民的法律、法令，建立人民司法制度。"中华人民共和国成立后，根据《共同纲领》建立了中央国家机关和地方各级人民政府，开展了全国范围内的法制建设，先后制定了地方各级人民政府和司法机关的组织通则，制定了《工会法》《婚姻法》《土地改革法》以及有关劳动保护、民族区域自治和公私企业管理等法律、法令。1954年9月召开的我国第一届全国人民代表大会第一次会议通过《中华人民共和国宪法》后，又据此重新制定了一些有关国家机关和国家制度的各项重要法律法令。这些法律的制定和执行对社会关系领域的变革、调整、维持和巩固起到重要作用，为新生政权和新型社会制度的稳定和发展创造了条件，为各项社会事业的创立和发展提供了良好环境。但是，由于受封建传统、经济政治体制高度集中以及"左"的错误的影响，1957年下半年以后特别是"文化大革命"时期，阶级斗争和大规模的群众运动对制度规范产生了巨大的消解作用，使其整体上处于缺失、失灵或僵滞状况。改革开放以后，党吸取我国长期忽视法制建设的教训，提出为了保障人民民主，必须加强法制，必须使民主制度化、法律化，把依法治国确定为党领导人民治理国家的基本方略，把依法执政确定为党治国理政的基本方式，积极推进社会主义法治，取得了历史性成就。同时，世界各国法治建设的历史和实践证明，无论在什么样的社会条件下推进法治建设，法治建设能否取得成功在很大程度上取决于占主导地位的政治力量。没有强有力的政治力量的支持和推动，法治既无法建立，也无法实施。在当代中国，坚持走中国特色社会主义法治道路，建设中国特色社会主义法治体系，建设社会主义法治国家，必须依靠中国共产党的领导和推动，任何其他政治力量都无法取代。

（二）把党的领导贯彻到依法治国全过程和各方面

全面推进依法治国过程中始终坚持党的领导，关键是要把党的领导贯彻到依法治国全过程和各方面，这是我国社会主义法治建设的一条基本经验。把党的领导贯彻到依法治国全过程和各方面具体体现在党领导立法、保证执法、支持司法、带头守法上。

领导立法。改革开放以来我国立法的巨大成就，都是在党的领导下取得的。而党对立法工作的领导，又是以党中央和中央办公厅印发的三个重要文件为依据的。第一个文件是1979年8月中共中央办公厅印发的《彭真同志关于制定和修订法律、法规审批程序的请示报告》，第二个文件是1991年2月中共中央印发的《关于加强对国家立法工作领导的若干意见》，第三个文件是2016年2月中共中央印发的《关于加强党领导立法工作的意见》，尤其是《关于加强党领导立法工作的意见》，对新的历史时期党如何领导立法工作规定得最详细具体的一个文件。党的十八届四中全会《决定》指出，凡立法涉及重大体制和重大政策调整的，必须报党中央讨论决定。党中央向全国人大提出宪法修改建议，依照宪法规定的程序进行宪法修改。法律制定和修改的重大问题由全国人大常委会党组向党中央报告，由党中央提出解决问题的立法建议。相应地，地方性法规制定和修改的重大问题也应有相应的地方人大常委会党组向同级党委报告，由同级党委提出解决问题的立法建议。领导立法也体现为把党的主张通过立法程序上升为国家法律，使法律体系更好地把党的主张和人民意志统一起来。

保证执法。执法就是掌管法律，手持法律做事，传布、实现法律。在日常生活中，人们通常在广义与狭义这两种含义上使用这个概念。广义的执法或法的执行是指国家行政机关、司法机关及其公职人员依照法定程序实施法律的活动。狭义的执法是指法的执行，国家行政机关和法律授权、委托的组织及其公职人员，在行使行政管理权的过程中，依照法定的职权和程序，贯彻实施法律的活动。执法是法实现的关键和保证，不能保证执法，立法就成为空谈。从一定意义上讲，保证执法是依法执政的基本要求。当前我国还存在执法不严、越权执法等现象。能否有效地解决这些问题，关系人民群众的切身利益，关系国家的长治久安，是对党的依法执政能力的一个严峻考验。党只有保证执法，其执政活动才能为人民群众所接受。保证执法不仅要支持和推动法治政府建设，形成职能科学、权责法定、执法严明、公开公正、廉洁高效、守法诚信的法治政府，而且要提高行政机关领导干部和普通执法人员的法律素质，同时还要改进行政机关干部的考核评价工作。党的十八届四中全会《决定》指出，把法治建设成效作为衡量各级领导班子和领导干部工作实绩重要内容，纳入政绩考核指标体系。把能不能遵守法律、依法办事作为考察干部重要内容，在相同条件下，优先提拔使用法治素养好、依法办事能力强的干部。对特权思想严重、法治观念淡薄的干部要批评教育，不改正的要调离领导岗位。

支持司法。司法一般是指国家司法机关及其司法人员依照法定职权和法定程序，具体运用法律处理案件的专门活动。司法是实施法律的一种方式，对实现立法目的、发挥法律的功能具有重要的意义。支持司法主要是支持司法机关依法独立公正行使司法权。根据我国宪法和相关法律规定，人民法院依法独立行使审判权，人民检察院依法独立行使检察权。人民法院、人民检察院依照宪法授权的范围行使权力。党的十八届四中全会《决定》指出，各级党政机关和领导干部要支持法院、检察院依法独立公正行使职权。要建立领导干部干预司法活动、插手具体案件处理的记录、通报和责任追究制度。任何党政机关和领导干部都不得让司法机关做违反法定职责、有碍司法公正的事情，任何司法机关都不得执行党政机关和领导干部违法干预司法活动的要求。对干预司法机关办案的，给予党纪政纪处分；造成冤假错案或者其他严重后果的，依法追究刑事责任。支持司法还要领导和推动司法体制改革。党的十八届四中全会《决定》还指出，完善司法体制，推动实行审判权和执行权相分离的体制改革试点。完善刑罚执行制度，统一刑罚执行体制。改革司法机关人财物管理体制，探索实行法院、检察院司法行政事务管理权和审判权、检察权相分离等。

带头守法。习近平总书记指出："各级领导干部在推进依法治国方面肩负着重要责任，全面依法治国，必须抓住领导干部这个'关键少数'。"在省部级主要领导干部学习贯彻十八届四中全会精神全面推进依法治国专题研讨班开班式上，他在系统阐述依法治国的重要讲话中，要求领导干部做尊法的模范，带头尊崇法治、敬畏法律；做学法的模范，带头了解法律、掌握法律；做守法的模范，带头遵纪守法、捍卫法治；做用法的模范，带头厉行法治、依法办事。王岐山也指出，"提高治理能力要靠党员特别是党员领导干部牢固树立法治意识，自觉运用法治思维和法治方式想问题、作决策、办事情，带动全社会尊法、守法、用法""党员领导干部必须做遵纪守法的模范，决不能打法律的'擦边球'、搞'越位'""必须信守宗旨、心存敬畏、慎独慎微，讲规则、守戒律，决不能无法无天、胆大妄为"。对领导干部违法行为要严肃处理。早在1986年1月在中央政治局会议上，邓小平就明确指出："越是高级干部子弟，越是高级干部，越是名人，他们的违法事件越要抓紧查处，因为这些人影响大，犯罪危害大……不管牵涉到谁，都要按照党纪、国法查处。要真正抓紧实干，不能手软。"

（三）加强和改进党对依法治国的领导

加强党对全面依法治国的领导，必须切实改进党的领导。加强和改进党的领导的关键是依法执政，使党在宪法和法律范围内活动。同时加强党内法规制度建设，提高党员干部法治思维和依法办事能力，推进基层治理法治化。

第一，坚持依法执政。依法执政，使党依据宪法法律治国理政，是党领导全面推进依法治国的集中体现，也是现代社会主义政治文明的内在要求。依法执政的关键是依宪执政。宪法是国家的根本大法，是治国安邦的总章程，是党和人民意志的集中体现。坚持依法治国首先要坚持依宪治国，坚持依法执政首先要坚持依宪执政。党要维护宪法的权威和尊严，保证宪法的实施。维护宪法权威就是维护党和人民共同意志的权威，捍卫法律尊严就是捍卫党和人民共同意志的尊严；宪法的生命在于实施，宪法的权威也在于实施，保证宪法实施就是保证人民根本利益的实现。同时要完善确保宪法有效实施的体制机制，就是要围绕提高科学执政、民主执政、依法执政水平，深化党的建设制度改革，加强民主集中制建设，完善党的领导体制和执政方式。各级党组织要提高依宪办事、依法办事的自觉性，提高依宪执政、依法办事的能力和水平，模范地执行宪法和法律，防止和纠正以言代法、以权代法、干扰执法的现象。同时要正确处理党的领导和国家机关独立开展职能活动的关系。习近平总书记指出："党委在同级各种组织中发挥领导核心作用，集中精力抓好大事，支持各方独立负责、步调一致地开展工作。按照党总揽全局、协调各方的原则，规范党委与人大、政府、政协以及人民团体的关系，支持人大依法履行国家权力机关的职能，经过法定程序，使党的主张成为国家意志，使党组织推荐的人选成为国家政权机关的领导人员，并对他们进行监督；支持政府履行法定职能，依法行政；支持政协围绕团结和民主两大主题履行职能。"另外，执法执政要求党必须接受监督，包括政治监督、社会监督、法律监督等，确保把党的执政活动纳入法制轨道，依法掌权、依法用权并依法接受监督。

第二，加强党内法规制度建设。依法执政，既要求党依据宪法法律治国理政，也要求党依据党内法规管党治党。党内法规是治党管党的重要依据，是促进国家法律法规实施的有力保障，也是实现国家治理现代化的重要引领。在90多年的发展历程中，中国共产党先后制定和颁布了一系列党内规范性文件，构建起契合实际、严密配套的制度体系，对规范党组织和党员行为起到了重要作用。但是党内立法也存在一些问题和弊端，比如党内法规制定统筹不够、用文件代替法律法规、党内立法质量不高等。针对这些问题，

2013年中国共产党颁布了两部党内法规《中国共产党党内法规制定条例》《中国共产党党内法规和规范性文件备案规定》，对党内立法进行了规范，这对进一步规范党内立法行为，完善党内法规制定体制机制，提高党内法规制定质量，起到了重要作用。2016年习近平总书记在全国党内法规工作会议上的指示中强调，从全局和战略高度深刻阐明了加强党内法规制度建设的重大意义、主要任务和基本要求，为做好党内法规工作提供了重要遵循。落实好习近平总书记重要指示和党中央部署，要牢牢把握党内法规制度建设的正确方向，以党章为根本依据，切实体现党的意志主张，体现全面从严治党要求，强化“四个意识”特别是核心意识、看齐意识，坚持依法治国与制度治党、依规治党统筹推进、一体建设，推动党的制度优势更好地转化为治国理政的实际效能。要突出工作重点，坚持目标导向和问题导向相统一，抓紧建立和完善主干性、支撑性党内法规制度，健全相关配套法规制度，统筹推进立改废释工作，加快形成内容科学、程序严密、配套完备、运行有效的党内法规制度体系。要以改革创新精神推进党内法规制度建设，在解决突出问题、补齐法规制度短板上下功夫，提高党内法规制度质量。要抓好党内法规制度的落实，发挥领导干部带头示范作用，加强监督检查和追责问责，注重以良好的党内政治文化提升法规制度的执行力影响力。当前和今后一段时间，重要任务就是对党内法规进行系统全面清理，废止陈旧过时的法规、修改相互冲突的法规、制定急需的法规，使党内法规体系充分体现依法执政和社会主义法治精神。

第三，提高党员干部法治思维和法治能力。法治思维和法治方式是党治国理政的思维和方式。党员干部的法治意识、法治能力、法治思维如何，直接决定着中国共产党依法执政理念的落实程度，关系到整个法治建设的进程和效果。改革开放以来广大党员干部的法治意识、法治思维和法治能力显著增强，但是也存在法治意识淡薄，法治能力不足，有机械执法、选择性执法、执法不严等问题。法治是治国理政的基本方式，要进一步提高领导干部运用法治思维和法治方式深化改革、推动发展、化解矛盾、维护稳定能力。习近平总书记在首都各界纪念现行宪法公布施行30周年大会上的讲话中指出："各级领导干部要提高运用法治思维和法治方式深化改革、推动发展、化解矛盾、维护稳定能力，努力推动形成办事依法、遇事找法、解决问题用法、化解矛盾靠法的良好法治环境，在法治轨道上推动各项工作。"提高党员干部法治思维和法治能力关键在于：一是各级领导干部带头执法。各级领导干部要带头依法办事，带头遵守法律，不要去行使依法不该由自己行使的权力，包括在改革过程中也要严格遵守法律。凡属重大改革都要于法有据，都要高度重视运用法治思维和法治方式，发挥法治的引领和推动作用。二是加强法治思维和法治方式的宣传教育。各级党委和政府要加强对普法工作的领导，宣传、文化、教育部门和人民团体要在普法教育中发挥职能作用。实行国家机关"谁执法谁普法"的普法责任制，建立法官、检察官、行政执法人员、律师等以案释法制度，加强普法讲师团、普法志愿者队伍建设。把法治教育纳入精神文明创建内容，开展群众性法治文化活动，健全媒体公益普法制度，加强新媒体新技术在普法中的运用，提高普法实效。三是推进基层治理法治化。全面推进依法治国，基础在基层，工作重点在基层。发挥基层党组织在全面推进依法治国中的战斗堡垒作用，增强基层干部法治观念、法治为民的意识，提高依法办事能力。加强基层法治机构建设，强化基层法治队伍，建立重心下移、力量下沉的法治工作机制，改善基层基础设施和装备条件，推进法治干部下基层活动。四是完善干部考核评价机制，切实把法治建设成效和依法履职的情况考准考实。十八届四中全会《决定》提出："把法治建设成效作为衡量各级领导班子和领导干部工作实绩重要内容，纳入政绩考核指标体系。"

第四章 全面从严治党

一、打铁还需自身硬

全面从严治党的总目标就是要把党建设成为中国特色社会主义事业的坚强领导核心。为贯彻落实党的十八大精神，习近平总书记指出："我们必须以更大的决心和勇气抓好党自身的建设，确保党在世界形势深刻变化的历史进程中始终走在时代前列，在应对国内外各种风险和考验的历史进程中始终成为全国人民的主心骨，在发展中国特色社会主义事业的历史进程中始终成为坚强的领导核心。"党的领导是中国特色社会主义最本质的特征，也是中国特色社会主义的最大优势。这一优势的发挥取决于党能否切实保证先进性和纯洁性，努力增强党的凝聚力、创造力和战斗力。为此，应当增强从严治党的系统性、预见性、创造性、时效性，使从严治党的一切努力都集中到增强党自我净化、自我完善、自我革新、自我提高能力上来，集中到提高党的领导能力和执政能力、保持和发展党的先进性和纯洁性上来。

办好中国的事情关键在党，关键在党要管党、从严治党。习近平总书记指出："实现中华民族伟大复兴，关键在党。""我们党担负着团结带领人民全面建成小康社会、推进社会主义现代化、实现中华民族伟大复兴的重任。党坚强有力，党同人民保持血肉联系，国家就繁荣稳定，人民就幸福安康。"中国共产党是中国的执政党，在一党长期执政条件下，党的建设水平对国家经济社会发展和现代化建设有着举足轻重的影响。党建设得好，思想先进、组织严密、作风优良、制度完善、干部廉洁，就能有效提升自身的凝聚力、战斗力、创新力，保持先进性和纯洁性，增强执政能力，完成好带领人民实现全面建成小康社会实现社会主义现代化的历史重任。反之，如果党建设得不好，思想混乱、组织松散、作风恶劣、制度废弛、干部腐败，就难以保证党的领导作用得到正常发挥，更谈不上先进性和纯洁性，不仅不能发挥现代化建设的领导核心作用，反而可能会使中国特色社会主义事业毁于一旦。同时，管党治党的责任首先在党，必须着力加强党的自我教育、自我管理、自我监督、自我完善，做到党要管党、从严治党。以党的自我监督为例，习近平总书记在十八届六中全会上指出："党内监督在党和国家各种监督形式中是最根本的、第一位的。"明确了党内监督在党的各种监督途径中居于首要地位，突出了党自我监督的重要性。由于党所处的领导地位和周延缜密的组织制度，国家机关、群众团体和公民个人对党的监督往往比较间接和滞后，难以及时有效地发现各级党组织和广大党员，特别是领导干部的违法乱纪行为。而各级党组织和同级纪委则比较容易实现对党员群众和领导干部的实时监督和有效制约，及时提出批评纠正错误，保证党内错误行为和不良思想倾向得到及时改正，从而真正实现监督目的，保证党内各项活动依法依规开展。

艰难繁重的现代化建设任务和复杂多变的国内外局势给新时期党的建设提出了许多新的挑战。当前党的建设总体形势是好的，但随着世情、党情、国情的不断变化，影响党的建设的因素不断增多，党建工作面临的问题和困难有所增加，这主要体现在四个方面。一是社会多样化发展使人们思想多元化、复杂性的特征越来越明显。二是一些党组织软弱涣散，一些党员、干部难以受到监督，队伍管理缺位、不到位情况不是个别。三是党内存在大量思想问题和利益矛盾，某些矛盾涉及党员、干部多，同其他社会矛盾错综交织，协调处理难度很大。四是党内生活政治性、原则性在下降，自由主义、好人主义有所滋长，制度执行不严的情况大量存在，很多制度只是摆设。这些问题的产生部分原因在于改革开放以来，随着市场在资源配置中发挥的作用越来越大，社会上的拜金主义、享乐主义、奢靡之风等不良风气对党内产生了不良影响；同时对外开放程度的不断提高，国外不良风气随之进入国门，并对党员干部产生了一定腐蚀。同时，更重要的原因在于党自身在建设过程中降低了标准、放松了要求，部分党组织和个人，特别是部分领导干部理想信念不坚定、自我要求不严格、个人生活不检点，导致管党治党过程中纪律松弛、作风不良，党的各项制度难以得到有效执行，思想政治工作和组织人事工作不够严肃，从而造成了党在应对新形势和新问题时面临精神懈怠的危险、能力不足的危险、脱离群众的危险、消极腐败的危险，亟须加强治理。

新形势下锻造中国特色社会主义事业领导核心必须实施全面从严治党。解决党的建设面临的难题和考验，将党建设成为中国特色社会主义事业坚强领导核心，关键在于全面从严治党。习近平总书记在十八届中央纪律检查委员会第六次全体会议上指出："全面从严治党，核心是加强党的领导，基础在全面，关键在严，要害在治。""全面"就是管全党、治全党，面向党的各级组织和全体党员，覆盖党的建设各个领域和各个方面，重点抓住"关键少数"。"严"就是真管真严、敢管敢严、长管长严。"治"就是各级党委负好主体责任、各级纪委担负起监督责任。落实全面从严治党，根本原则是坚持思想建党与制度治党相结合，首要任务是严肃党内政治生活，基本制度保障是严格的党内法规体系，重要举措是加强党内监督，重点是抓好"关键少数"，综合运用各种治理措施，"使我们党越来越成熟、越来越强大、越来越有战斗力"。

二、补足共产党人的精神之钙

坚定的理想信念是中国共产党在90多年奋斗征程中不断发展壮大的根本保证，它使得党在长期开展农村革命战争条件下能够将自身建设成为一个无产阶级政党，在革命、建设和改革各个时期始终保持自身先锋队性质不改变。"理想信念就是共产党人精神上的'钙'，没有理想信念，理想信念不坚定，精神上就会'缺钙'，就会得'软骨病'。"新的历史条件下，面对全面建成小康社会和实现社会主义现代化过程中的机遇和挑战，全党更需要有理想信念的坚强支撑，更应深刻认识"我们党以马克思主义为立党之本，以实现共产主义为最高理想，以全心全意为人民服务为最高宗旨。这就是共产党人的本。没有了这些就是无本之木”。从而坚定共产主义的理想信念，牢记全心全意为人民服务的根本宗旨，掌握马克思主义的科学理论，增强中国特色社会主义道路自信、理论自信、制度自信、文化自信，“永远保持建党时中国共产党人的奋斗精神，永远保持对人民的赤子之心”，做到不忘初心、继续前进。

（一）坚定共产主义的理想信念

共产主义是共产党人为之奋斗的最高理想。1922年党的二大通过的《中国共产党第二次全国代表大会宣言》即指出：“中国共产党是中国无产阶级政党。他的目的是要组织无产阶级，用阶级斗争的手段，建立劳农专政的政治，铲除私有财产制度，渐次达到一个共产主义社会。”从而在建党之初就将共产主义写到了党的旗帜上，将其作为全党不懈追求的奋斗目标。毛泽东指出：“主义譬如一面旗子，旗子立起了，大家才有所指望，才知所趋赴。”共产主义的旗帜一旦立起，便成为引领全党不怕牺牲、努力奋进的强大精神支柱和力量源泉，促使着一代又一代共产党人为之奋斗。共产主义的奋斗目标一旦确立就从来没有动摇，无论是在革命战争年代为实现民族独立和人民解放而奋斗，还是在和平建设时期为国家富强和人民幸福而努力，都是在不同历史条件下向着共产主义的最终目标前进。新的历史条件下，党面临着全面建成小康社会和实现社会主义现代化的重大任务，更需要继续坚持共产主义的伟大理想，保持建党时的初心不改变。

坚定共产主义理想信念是党保持自身先进性，有效应对新的历史条件下各种风险和考验的根本保证。习近平总书记在十八届中央政治局第一次集体学习时指出：“坚定理想信念，坚守共产党人精神追求，始终是共产党人安身立命的根本。对马克思主义的信仰，对社会主义和共产主义的信念，是共产党人的政治灵魂，是共产党人经受住任何考验的精神支柱。”当今时代，随着改革不断深化和开放水平的不断提高，国内外各种奇谈怪论纷纷涌现，鱼龙混杂、良莠不齐，大有“乱花渐欲迷人眼”之势。正确认识和把握这些思潮和观点，有效应对纷繁复杂的思想舆论环境，关键在于坚定共产主义的理想信念，保持“乱云飞渡仍从容”的战略定力。“事实一再表明，理想信念动摇是最危险的动摇，理想信念滑坡是最危险的滑坡。”20世纪八九十年代之交的苏东剧变之所以发生，其根本原因在于苏联共产党的领导人放弃了共产主义的理想信念，解除了自身的精神武装，给国内外敌对势力以可乘之机，造成了国际共产主义事业的巨大损失。反观中国共产党，无论国际国内政治环境怎样变化，都能做到“任凭风浪起，稳坐钓鱼台”，不为各种错误思潮所左右，不为任何敌对势力所迷惑，始终坚持共产主义的理想信念不动摇，坚持中国特色社会主义道路不动摇，在新的历史条件下将国际共产主义事业推向前进。“新形势下，党面临的执政考验、改革开放的考验、市场经济的考验、外部环境的考验是长期的、复杂的、严峻的，精神懈怠危险、能力不足危险、脱离群众危险、消极腐化危险更加尖锐地摆在全党面前。”更需要坚定共产主义的理想信念不动摇，做到冷静观察、沉着应对，确保改革开放和现代化建设事业沿着正确道路稳步推进。

坚定共产主义理想信念应当与坚定中国特色社会主义共同理想结合起来。按照《共产党宣言》的描述，共产主义社会是“自由人的联合体”，其中“每个人的自由发展是一切人的自由发展的条件”。这一社会只有在生产力高度发达的基础上，彻底推翻剥削阶级的统治和压迫，消灭一切阶级和阶级对立才能建立。当前我国仍处于社会主义初级阶段，经济文化水平比较落后，仍然需要集中精力发展社会生产力，聚精会神搞建设、一心一意谋发展，为共产主义的实现提供物质基础、政治前提和文化积累。为此，党中央从社会主义初级阶段这个基本国情出发，提出中国特色社会主义的发展道路，确立了全国人民应当为之奋斗的共同理想。一方面，坚定共产主义的最高理想应当立足我国国情，通过坚持和发展中国特色社会主义加以实现，而不能采取超越发展阶段的方针和政策。另一方面，党始终坚持共产主义的最高理想从未改变，坚持和发展中国特色社会主义不能忘记共产主义的最高理想，必须坚持现代化建设事业的社会主义性质，反对各种各样的“共产主义缥缈论”。习近平总书记在中央政治局“三严三实”专题民主生活会上指出：“社会主义是共产主义初级阶段，共产主义是我们的最高理想。我们现在做的是社会主义初级阶段的事情，但不能忘记初衷，不能忘了我们的最高奋斗目标。在这个问题上，不要含糊其辞、语焉不详。”《中国共产党章程》在总纲部分明确规定：“党的最高理想和最终目标是实现共产主义。”这一点从未改变。要引导广大党员干部将共产主义远大理想和中国特色社会主义共同理想有机结合起来，正确理解两者的相互关系和适用阶段，在坚持和发展中国特色社会主义过程中为共产主义远大理想而不断奋斗。

（二）坚持为人民服务的根本宗旨

为人民服务是党的根本宗旨，也是十八大以来党中央的根本执政理念。中国共产党自成立之日起，就始终坚持全心全意为人民服务。1944年毛泽东为悼念中共中央警备团战士张思德所写的《为人民服务》一文开宗明义地提出“为人民服务”的理念，对党和人民军队的根本宗旨作了精辟概括，为共产党员的道德准则提供了经典表述。“全心全意为人民服务”这一命题在《论联合政府》中得到了更为深入的论述和阐释，并被七大党章所吸收，明确规定为党的根本宗旨，并在随后历次党章修订中得到继承和重申。十八大以来的党中央更是将全心全意为人民服务作为治国理政的根本逻辑，想人民之所想、急人民之所急。习近平总书记上任伊始即指出：“人民对美好生活的向往，就是我们的奋斗目标。”2014年在俄罗斯索契接受俄罗斯电视台专访时表示：“我的执政理念，概括起来说就是：为人民服务，担当起该担当的责任。”与此相对应，党中央在治国理政过程中提出了诸如“小康不小康，关键在老乡”、增加人民群众获得感、精准扶贫、共享发展理念等一系列理论观点、施政理念和政策措施，将为人民服务通过各种渠道、在各个方面落到实处。

新的历史条件下判断共产党员是否具有远大理想，是否具有坚定理想信念最根本的标准在于其能否坚持全心全意为人民服务的根本宗旨。革命战争年代考验党员干部是否具有坚定的理想信念的方式比较直接，就在于是否愿意为党和人民的事业舍生忘死，为共产主义事业牺牲一切。和平建设时期，共产党作为执政党，在国家的政治和社会生活中居于领导地位，党员干部面临的生死考验比较少，检验共产党员是否具有坚定的理想信念关键就看其能否始终坚持全心全意为人民服务的根本宗旨，在自身岗位上肩负起使命担当。习近平总书记在新进中央委员会的委员、候补委员学习贯彻党的十八大精神研讨班上指出："衡量一名共产党员、一名领导干部是否具有共产主义远大理想，是有客观标准的，那就要看他能否坚持全心全意为人民服务的根本宗旨。"能否站在最广大人民的立场上，心系人民群众的冷暖安危，心忧人民群众的衣食住行，真正做到权为民所用、情为民所系、利为民所谋，将全心全意为人民服务的根本宗旨落到一点一滴的日常工作中，是和平年代检验共产党员理想信念的试金石。

为什么人的问题是根本性问题，共产党员在实际工作中能够坚持原则、反对错误，勇于面对各种丑恶现象和非法行径，根本原因在于坚持从人民的立场出发想问题、做事情，而非从一己私利出发考虑问题，否则就会畏首畏尾、丧失党性。理想信念总是植根于特定立场，否则就是无源之水、无本之木，难以持久和牢固。共产党员的理想信念牢牢扎根于人民立场，时刻牢记从人民的意愿出发、为人民的利益着想，从而使理想信念在日常工作中得到坚持和实现。1945年毛泽东在七大政治报告中指出："以中国最广大人民的最大利益为出发点的中国共产党人，相信自己的事业是完全合乎正义的，不惜牺牲自己个人的一切，随时准备拿出自己的生命去殉我们的事业，难道还有什么不适合人民需要的思想、观点、意见、办法，舍不得丢掉的吗？"可见，只有坚定站在人民立场上，全心全意为人民服务，从人民的利益出发，才能不断修正不符合人民需要的思想、观点、意见和办法，避免个人私欲对党性原则的侵蚀，切实坚定党员理想信念。

（三）系统掌握马克思主义基本理论

坚定理想信念，补足共产党员的精神之钙，不能仅仅借助于个别的感性认识，而是要系统掌握马克思主义的科学理论。习近平总书记在中央政治局“三严三实”专题民主生活会上指出：“解决好理想信念问题，也要加强对马克思主义的学习。”“从一定意义上说，掌握马克思主义的深度，决定着政治敏感的程度、思维视野的广度、思想境界的高度。”理论是实践的先导。列宁指出：“没有革命的理论，就不可能有被压迫阶级的即历史上最革命的阶级的世界上最伟大的解放运动。”没有正确理论的指导，社会实践活动就难以顺利开展。没有对马克思主义理论的自觉坚持和运用，党的实践目的和奋斗目标就难以得到有效实现。马克思主义有着科学的世界观和方法论，是指引人类解放的科学理论。自1848年《共产党宣言》发表以来，它的许多理论观点已经被国际共产主义运动的伟大实践所证明，是对人类历史发展规律的深刻认识和正确把握，虽然一些具体结论已经随着时代发展得到纠正，但其理论整体和基本原理仍然具有强大的生命力，虽历经风雨，依旧生机勃勃。系统掌握并自觉运用这一科学理论仍然是党正确分析和应对纷繁复杂政治局面的重要保证，是在一系列具有新的历史特点的伟大斗争中取得胜利的重要保证。

新的历史条件下，坚定共产党员的理想信念，在纷繁复杂的社会现象中保持清醒头脑，更需要理解和掌握马克思主义的科学理论。习近平总书记在全国宣传思想工作会议上指出：“要炼就‘金刚不坏之身’，必须用科学理论武装头脑，不断培植我们的精神家园。对领导干部特别是高级干部来说，要把系统掌握马克思主义基本理论作为看家本领。”只有系统掌握马克思主义的科学理论和思想方法，才能正确理解和把握党执政规律、社会主义建设规律和人类历史发展规律，才能正确分析和认识各种社会现象和理论观点，在面对急剧变化的国内外局势时做到不为所惑、不为所动、不为所乱，将中国特色社会主义事业不断推向前进。“无数事实证明，对共产党人来说，只有理论上清醒才能有政治上清醒，只有理论上坚定才能有政治上坚定。所以，要全面提高马克思主义理论素养，掌握辩证唯物主义和历史唯物主义思想武器，学懂弄通中国特色社会主义理论体系，弄明白历史怎样走来、又怎样走下去。”在把握规律的基础上坚定自身理论立场和政治信念。

学习掌握马克思主义基本原理应当与学习掌握中国特色社会主义理论体系结合起来。一方面，中国特色社会主义理论体系是科学社会主义基本原理在改革开放历史条件下的运用和发展，它首先是科学社会主义，不理解科学社会主义的基本原理，就不可能真正理解中国特色社会主义理论体系。习近平总书记在全国党校工作会议上指出：“马克思主义就是我们共产党人的‘真经’，‘真经’没念好，总想着‘西天取经’，就要贻误大事！不了解、不熟悉马克思主义基本原理，就不可能真正了解和掌握中国特色社会主义理论体系。”只有从马克思主义的立场观点出发才能正确理解中国特色社会主义理论体系的逻辑起点、价值取向、理论内涵和实践旨归，离开马克思主义的理论视角，就会在看待中国特色社会主义理论体系时出现偏差，导致理论指导下的实践产生错误。另一方面，马克思主义的基本原理又必须结合各个国家不同历史时期的具体国情得到深化和发展，在具体的历史情景中得到正确理解和把握。1938年毛泽东在六届六中全会上指出：“马克思主义必须通过民族形式才能实现。没有抽象的马克思主义，只有具体的马克思主义。所谓具体的马克思主义，就是通过民族形式的马克思主义，就是把马克思主义应用到中国具体环境的具体斗争中去，而不是抽象地应用它。”中国特色社会主义理论体系在改革开放历史条件下丰富和发展了马克思主义，在坚持马克思主义基本立场、观点和方法的基础上提出了一系列适合中国国情和现代化建设实际的新理论、新观点、新论断，是被实践证明了的关于中国改革和建设的正确理论观点和经验总结，是当代中国的马克思主义。在新的历史条件下，真正坚持马克思主义必须坚持中国特色社会主义理论体系、发展中国特色社会主义理论体系。

（四）不断增强“四个自信”

中国特色社会主义是科学社会主义的基本原理和中国社会发展历史逻辑的辩证统一，是当代中国的马克思主义。坚定共产党员的理想信念集中体现为坚持党的基本路线不动摇，不断增强中国特色社会主义道路自信、理论自信、制度自信、文化自信，为中国特色社会主义事业的不断前进而奋斗。改革开放以来，中国共产党带领全国各族人民立足中国实际，在深刻总结国内外社会主义建设历史经验的基础上，一以贯之地接力探索，成功开辟出了一条既坚持社会主义基本原则，又符合中国实际的发展道路。“中国特色社会主义道路，就是在中国共产党领导下，立足基本国情，以经济建设为中心，坚持四项基本原则，坚持改革开放，解放和发展社会生产力，建设社会主义市场经济、社会主义民主政治、社会主义先进文化、社会主义和谐社会、社会主义生态文明，促进人的全面发展，逐步实现全体人民共同富裕，建设富强民主文明和谐的社会主义现代化国家。”坚定道路自信的依据在于沿着这一道路，当代中国取得了举世瞩目的成就，不仅生产力发展，综合国力增强，人民生活改善，国际地位也得到了巨大提高。中国人民的面貌、社会主义中国的面貌、中国共产党的面貌都发生了深刻变化。中国特色社会主义道路最大的意义和价值在于解决了当代中国的发展问题，即在中国这样一个人口众多的落后国家，在夺取了新民主主义革命的伟大胜利、确立了社会主义基本制度之后，如何开辟一条适合基本国情、实现自身发展的道路的问题。它既符合当代中国的发展实际，又继承了中国的历史文化传统，具有鲜明的时代特征和中国特色，“是实现社会主义现代化建设的必由之路，是创造人民美好生活的必由之路”，必须始终坚定道路自信，坚持和发展中国特色社会主义。

无论何种理论，必须同实际相结合，才能焕发出勃勃生机。党深刻认识到马克思主义只有同中国实际和时代特征相结合，不断实现马克思主义中国化、时代化、大众化，才能取得革命、建设和改革的胜利。改革开放以来，党在领导全国各族人民进行改革开放和社会主义现代化建设的过程中，坚持解放思想、实事求是、与时俱进，实现了马克思主义中国化的第二次飞跃，形成了中国特色社会主义理论体系。“中国特色社会主义理论体系，就是包括邓小平理论、‘三个代表’重要思想、科学发展观在内的科学理论体系，是对马克思列宁主义、毛泽东思想的坚持和发展”，“是指导党和人民沿着中国特色社会主义道路实现中华民族伟大复兴的正确理论，是立于时代前沿、与时代俱进的科学理论”。习近平总书记指出：“坚持和发展中国特色社会主义是一篇大文章，邓小平同志为它确定了基本思路和基本原则，以江泽民同志为核心的党的第三代中央领导集体、以胡锦涛同志为总书记的党中央在这篇大文章上都写下了精彩的篇章。现在，我们这一代共产党人的任务，就是继续把这篇大文章写下去。”事实证明，在新的历史条件下，坚持和发展中国特色社会主义，必须将马克思主义基本理论与改革开放的伟大实践相结合，不断总结新的实践经验，以高度的理论自觉和理论自信丰富和发展中国特色社会主义理论体系，回答和解决实践中不断出现的各种新问题，推动社会主义现代化建设不断前进。

中华人民共和国成立后，党团结带领全国人民确立了社会主义基本制度，奠定了中国特色社会主义制度的根基。改革开放以来，在党的领导下，我国经济、政治、文化和社会等各领域全面深化改革不断推进，逐步形成了一整套相互衔接、相互促进的制度体系。“中国特色社会主义制度，就是人民代表大会制度的根本政治制度，中国共产党领导的多党合作和政治协商制度、民族区域自治制度以及基层群众自治制度等基本政治制度，中国特色社会主义法律体系，公有制为主体、多种所有制经济共同发展的基本经济制度，以及建立在这些制度基础上的经济体制、政治体制、文化体制、社会体制等各项具体制度”。它体现了科学社会主义的基本原则与当代中国实际的有机结合，符合我国国情，顺应时代潮流，有利于保持党和国家活力、调动广大人民群众和社会各方面的积极性、主动性、创造性，有利于解放和发展社会生产力、推动经济社会全面发展，有利于维护和促进社会公平正义、实现全体人民共同富裕，有利于集中力量办大事、有效应对前进道路上的各种风险挑战，有利于维护民族团结、社会稳定、国家统一。“中国特色社会主义制度是当代中国发展进步的根本制度保障，是具有鲜明中国特色、明显制度优势、强大自我完善能力的先进制度。”习近平总书记指出：“要坚持以实践基础上的理论创新推动制度创新，坚持和完善现有制度，从实际出发，及时制定一些新的制度，构建系统完备、科学规范、运行有效的制度体系，使各方面制度更加成熟更加定型，为夺取中国特色社会主义新胜利提供更加有效的制度保障。”我们应该坚定制度自信，在中国共产党的领导下，中国特色社会主义制度必将不断完善和发展，为实现“两个一百年”奋斗目标和中华民族伟大复兴提供更加坚实的保障，为人类对美好社会制度的探索提供中国方案。

增强中国特色社会主义道路自信、理论自信、制度自信，归根结底是要增强中国特色社会主义文化自信。“文化自信，是更基础、更广泛、更深厚的自信。在5000多年文明发展中孕育的中华优秀传统文化，在党和人民伟大斗争中孕育的革命文化和社会主义先进文化，积淀着中华民族最深层的精神追求，代表着中华民族独特的精神标识。我们要弘扬社会主义核心价值观，弘扬以爱国主义为核心的民族精神和以改革创新为核心的时代精神，不断增强全党全国各族人民的精神力量。”中国特色社会主义文化源自党领导人民进行的革命和建设伟大实践，源自近代以来中华民族实现复兴的伟大征程，源自中华文明五千多年的历史传承，凝聚着民族的血脉与传统，体现了民族的精神和追求，是中华民族得以生生不息、传承发展的精神动力、智力支持和思想保证。毛泽东指出：“今天的中国是历史的中国的一个发展；我们是马克思主义的历史主义者，我们不应当割断历史。从孔夫子到孙中山，我们应当给以总结，承继这一份珍贵的遗产。这对于指导当前的伟大的运动，是有重要的帮助的。”共产党员不但应当善于继承中华民族在长期历史过程中形成的优秀传统文化，还应当以马克思主义为指导对传统文化加以改造和提升，立足当代中国发展实际和中国特色社会主义事业需要实现“创造性转化和创新性发展”。特别应当注重以中华优秀传统文化涵养、滋养营养社会主义核心价值观，使社会主义的价值观念获得富有中国特色的规范形式和概念表达，实现两者的内在统一和有机融合，使社会主义核心价值观融汇中国传统、扎根中国大地。

三、营造风清气正的政治生态

开展严肃认真的党内政治生活是党的优良传统，也是新形势下管党治党的首要环节和关键领域，党要管党首先要从政治生活管起、从严治党首先要从政治生活治起。习近平总书记指出：“严肃党内政治生活、净化党内政治生态，是党的建设中带有根本性、基础性的问题，关乎党的团结统一，关乎党的生死存亡。”为此，必须在全党范围内牢固树立“四个意识”，自觉维护党的集中统一，为净化党内政治生态奠定坚实思想基础；不断健全完善民主集中制，为净化党内政治生态提供组织保障；严明党内法规和纪律，为净化党内政治生态提供制度规范；广泛开展批评与自我批评，为净化党内政治生态提供有效途径。

（一）牢固树立“四个意识”

净化党内政治生态，营造风清气正的政治环境，首先要在全党范围内牢固树立“四个意识”，自觉维护党中央权威，增强全党的凝聚力、战斗力和创新力。习近平在庆祝中国共产党成立95周年大会上指出：“全党同志要增强政治意识、大局意识、核心意识、看齐意识，切实做到对党忠诚、为党分忧、为党担责、为党尽责。”将增强“四个意识”作为加强和规范党内政治生活，提升党自我净化、自我完善、自我革新、自我提高能力的重要前提。

讲政治是党的优良传统。中国共产党之所以区别于其他党派，一个重要的原因在于党的各级领导干部和广大党员始终坚持从政治的角度想问题、看事情，按照党的政治原则开展工作。没有强有力的政治保证，就无法实现党的集中统一和坚强领导，党所肩负的使命和责任就无法完成。新形势下增强政治意识就是要“增强党性立场和政治意识，经得起风浪考验，不能在政治方向上走岔了、走偏了。要严守政治纪律，在政治方向、政治立场、政治言论、政治行为方面守好规矩，自觉坚持党的领导，自觉坚持同党中央保持高度一致，自觉维护党中央权威”。做到服从党委领导、发挥组织作用，依照党的路线方针政策开展和落实各项工作。

增强看齐意识就是要时刻注意向党中央看齐，向党的大政方针看齐，做到思想统一、政治团结、行动一致。1945年，毛泽东在党的七大预备会议上指出：“一个队伍经常是不大整齐的，所以就要常常喊看齐，向左看齐，向右看齐，向中看齐。我们要向中央基准看齐，向大会基准看齐。看齐是原则，有偏差是实际生活，有了偏差，就喊看齐。”思想意识总处于不断变动中，增强看齐意识不可能一劳永逸，而应在实际工作中时时注意对正看齐，不断将自身思想状态与工作实践与中央要求加以比对，做到时刻提醒、及时纠偏，努力保持全党的高度统一、高度团结。

增强大局意识就是从全党工作的全局出发考虑和谋划本部门工作，做到下级服从上级、局部服从全体，努力使自身工作融入党和国家工作的整体，履行好党和人民交付的职责和嘱托。“怎样才能站在党和国家大局上想问题、看问题？首要的就是自觉在思想上政治上行动上同党中央保持高度一致，把党中央重大决策部署的精神内涵学深学透、融会贯通，然后自觉贯彻到自己分管方面工作中去。”这一方面要求准确理解和领会重要政策的精神和实质，并加以自觉地贯彻落实，同时更要注意从全局性、战略性高度考虑自身工作，做出符合全党全国利益的实践选择。而不能仅从自身出发、从本部门利益出发，过分强调个人利益和部门利益的特殊性和优先性，从而将自身工作与党的工作整体对立起来。

为加强党的集中统一，确保党中央的领导权威，都需要有一个坚强的领导核心。“一个国家、一个政党，领导核心至关重要。我们这样的大国、大党，要凝聚全党、团结人民、战胜挑战、破浪前进，保证我们党始终成为坚强有力的马克思主义执政党、始终成为中国特色社会主义的坚强领导力量，党中央、全党必须有一个核心。”中国共产党是中国特色社会主义事业的领导核心，是引领中国特色社会主义事业不断前进的核心力量。在党的各个时期的实际工作中都顺应时代需要产生了带领全党的领导核心。党的十八大以来，习近平总书记带领全党在改革发展稳定、内政外交国防、治党治国治军等各个方面提出了一系列具有理论和实践意义的重要论断和思想观点，制定了一系列具有现实和历史意义的政策措施，有力推动了中国特色社会主义事业向前发展。“习近平总书记在新的伟大斗争实践中已经成为党中央的核心、全党的核心”。十八届六中全会在公报中明确提出“以习近平同志为核心的党中央”，反映了全党意志，顺应了时代需要，是新的历史条件下坚持和发展中国特色社会主义的重要保证。全党应进一步增强核心意识，自觉维护党的核心和中央权威，努力增强党的凝聚力和向心力，确保党和国家的事业长治久安、兴旺发达。

（二）坚持和完善民主集中制

民主集中制是党的根本组织原则和组织制度，始终坚持贯彻执行民主集中制是党的一项优良传统，对确保党的团结统一、促进党内政治生活严肃认真、增强党的凝聚力和战斗力具有重要意义。1922年党的二大以接受第三国际加入条件的方式确立了民主集中制的组织原则。1927年中央政治局通过的《中国共产党第三次修正章程决案》提出“党部的指导原则为民主集中制”，首次在党章中将民主集中制明确规定为党的指导原则。次年六大通过的党章则规定："中国共产党……组织原则为民主集中制。"并将民主集中制具体细化为三项原则。1945年七大通过的党章将民主集中制明确定义为"在民主基础上的集中和在集中领导下的民主"，并提出四个方面的基本条件。至此，民主集中制在党章中得到了清晰而稳定的规定。1980年十一届五中全会通过的《关于党内政治生活的若干准则》在新时期重申"民主集中制是党的根本组织原则"，并以党内法规的形式对这一原则的内涵作了更为具体和详细的阐释，为新时期拨乱反正，开创现代化建设新局面提供了有力的组织保障。

民主集中制是民主基础上的集中，不同于个人专制，又是集中指导下的民主，不同于极端民主化。它既注重党内民主的发扬，鼓励支持广大党员依照党内法规行使自身民主权利，发表自己的看法和观点，实现党内意见的交流和碰撞，为作出正确决策提供基础。又注重党内集中统一，按照个人服从组织、少数服从多数、下级服从上级、全党服从中央的原则统一党的思想、政策和行动，在充分吸收全党意见的基础上作出统一决策和部署，并通过党的各级组织加以贯彻落实。习近平总书记在全国组织工作会议上指出："严肃党内政治生活，最根本的是认真执行党的民主集中制，着力解决发扬民主不够、正确集中不够、开展批评不够、严肃纪律不够等问题。"当前开展全面从严治党、严肃党内政治生活，必须不断巩固和健全民主集中制，完善贯彻落实相应的具体制度规范，促使全体党员特别是各级领导干部按照民主集中制的原则讨论问题、开展工作、作出决策，既广泛发扬党内民主，又形成党内集中统一意志。

民主集中制既是组织原则又是党的根本组织制度，其基本内容在长期管党治党实践中保持不变，其具体规范和实现形式则随着党的任务和所面临的管党治党实际的不同而不同，有着鲜明的时代性。2016年十八届六中全会审议通过的《关于新形势下开展党内政治生活的若干准则》继承和重申了民主集中制的基本原则和一般规范，又结合党的十八大以来全面从严治党实践中发现的问题和产生的经验提出了许多新要求、作出了许多新规范，为在党内政治生活中更好地坚持民主集中制提供了依据和保障。《准则》规定："坚持集体领导制度，实行集体领导和个人分工负责相结合，是民主集中制的重要组成部分，必须始终坚持，任何组织和个人在任何情况下都不允许以任何理由违反这项制度。"要求各级党委（党组）必须坚持集体领导制度，一方面要坚持集体领导、集体决策，不允许以个人意志代替集体决策，不允许压制党内不同意见。同时党委（党组）一旦形成即应无条件贯彻落实，不能与组织讨价还价，不能自作主张、自行其是，不能散布违背组织决定的错误言论。领导干部应将各自分管领域内工作及时向组织汇报，不能将其作为"私人领域"，搞独断专行。

（三）严明政治纪律和政治规矩

净化党内政治生态必须健全和完善党内政治纪律和政治规矩，为党内政治生活提供完整系统的指导和规范。强调政治纪律的重要地位是党在长期建设过程中形成的优良传统。1927年党的五大通过了《组织问题决议案》，指出"党内纪律非常重要，但宜重视政治纪律，不应将党的纪律在日常生活中机械的应用"，明确将政治纪律作为党内纪律的重点。同年通过的《山东工作大纲》《政治纪律决议案》也都强调了政治纪律在党的纪律整体中的重要地位。特别是周恩来在中共六大上指出："党的指导机关应受〔有〕政治纪律，党的指导机关没有政治纪律是不对的。"突出了各级领导机关遵守政治纪律的重要意义。

新的历史条件下，党中央高度重视严明党的政治纪律，习近平总书记强调："在所有党的纪律和规矩中，第一位的是政治纪律和政治规矩。""政治纪律是最重要、最根本、最关键的纪律，遵守党的政治纪律是遵守党的全部纪律的基础。"突出了政治纪律在党内法规体系中的重要地位。并进一步指出："遵守党的政治纪律，最核心的，就是坚持党的领导，坚持党的基本理论、基本路线、基本纲领、基本经验、基本要求，同党中央保持高度一致，自觉维护中央权威。”明确了党内政治生活法规制度建设的基本原则。在这一原则指导下，广大党员干部既是国家公民，应当遵守国家法律法规，履行法律义务、承担法定职责，同时又必须遵循党内法规制度和其他党内规矩。习近平总书记在十八届中纪委五次全会上将党的规矩概括为四个方面：“其一，党章是全党必须遵循的总章程，也是总规矩。其二，党的纪律是刚性约束，政治纪律更是全党在政治方向、政治立场、政治言论、政治行动方面必须遵守的刚性约束。其三，国家法律是党员、干部必须遵守的规矩，法律是党领导人民制定的，全党必须模范执行。其四，党在长期实践中形成的优良传统和工作惯例。”净化党内政治生态应切实将党的规矩立起来，特别是党的政治纪律和规范党内政治生活的党内法规，应当得到不断完善、始终坚持和严格遵守。

十八大以来，党中央就党内政治生活的法规制度建设采取了一系列重要举措，其中最重要的是十八届六中全会的召开和《关于新形势下开展党内政治生活的若干准则》的制定。党的十八届六中全会指出：“党要管党必须从党内政治生活管起，从严治党必须从党内政治生活严起。”为严格系统规范新形势下党内政治生活，大会审议并通过了《关于新形势下开展党内政治生活的若干准则》，为新时期党内政治生活的开展提供了基本准则。

《准则》最大的特点是继承和创新的有机统一。它一方面继承了1980年《关于开展党内政治生活的若干准则》的基本内容，重申了党在历史上形成的“以实事求是、理论联系实际、密切联系群众、批评和自我批评、民主集中制、严明党的纪律等为主要内容的党内政治生活基本规范”，又总结十八大以来以习近平同志为核心的党中央在管党治党实践中形成的一系列新方法、新理念、新举措，将全面从严治党的实践经验系统化、理论化、规范化，为进一步严肃和规范党内政治生活提供了法规依据。《准则》分为三个部分，系统论述了新形势下规范党内政治生活的重要意义和主要目的，分别从十二个方面为党内政治生活的开展规定了基本准则，同时号召全党为规范党内政治生活而努力。《准则》既是严肃党内政治生活经验的系统总结，又为今后开展党内政治生活提供了根本遵循。

纪律严明是全党统一意志、统一行动、步调一致前进的重要保障，是党内政治生活的重要内容。政治纪律是最根本、最重要的纪律，遵守党的政治纪律是遵守党的全部纪律的基础。与1980年准则相比，《准则》专门将“严明党的政治纪律”作为党内政治生活的准则之一加以规定。这是着眼于近年来党的领导干部，特别是高级干部中极少数人政治野心膨胀、权欲熏心，搞阳奉阴违、结党营私、团团伙伙、拉帮结派、谋取权位等政治阴谋活动，尤其是部分曾经位居高职的人严重违反党的政治纪律，给党的形象和威信造成了巨大损害。为此，《准则》明确规定，党员、干部特别是高级干部不准在党内搞小山头、小圈子、小团伙，严禁在党内拉私人关系、培植个人势力、结成利益集团。对那些投机取巧、拉帮结派、搞团团伙伙的人，要严格防范，依纪依规处理。坚决防止野心家、阴谋家窃取党和国家权力。

习近平总书记指出：“这次制定的准则，是一个思想性、政治性、综合性很强的文件，要总结我们党长期以来在开展党内政治生活方面形成的宝贵经验和基本规范，阐明党关于开展严肃认真的党内政治生活的原则和立场。”贯彻落实《准则》要求，对增强党内政治生活的政治性、时代性、原则性、战斗性，增强党自我净化、自我完善、自我革新、自我提高能力，提高党的领导水平和执政水平、增强拒腐防变和抵御风险能力，维护党中央权威、保证党的团结统一、保持党的先进性和纯洁性，在全党形成又有集中又有民主、又有纪律又有自由、又有统一意志又有个人心情舒畅生动活泼的政治局面具有重要意义。

（四）广泛开展批评与自我批评

开展广泛的批评与自我批评，通过批评教育的方式改正全体党员特别是领导干部在实际工作中存在的缺点和不足，是党在长期管党治党实践中形成的优良传统和有效途径。批评与自我批评既是党的三大优良作风之一，又是党纠正错误思想、整顿自身作风、检查各项工作的有力武器。早在土地革命战争时期，党就明确要求各支部将批评与自我批评作为支部生活的一项基本内容。1929年《中央关于鄂西党目前的政治任务及其工作决议案》明确指出："支部生活最低限度要办到……发展自我批评……"同时期的古田会议决议也将批评明确列为党内教育的办法之一。毛泽东指出："经常地检讨工作，在检讨中推广民主作风，不惧怕批评和自我批评，实行'知无不言，言无不尽''言者无罪，闻者足戒''有则改之，无则加勉'这些中国人民的有益的格言，正是抵抗各种政治灰尘和政治微生物侵蚀我们同志的思想和我们党的肌体的唯一有效的方法。"广大党员干部在思想上和工作上难免存在这样那样的问题、有着这样那样的不足，但只要是真心为着人民利益而工作，愿意为人民利益而奋斗，就不怕自己身上的缺点和问题被他人指出，就能够通过批评与自我批评的办法加以纠正和解决。

十八大以来，党中央高度重视发挥批评与自我批评在纠正党内错误思想、清除党内工作积弊方面的重要作用。专门开展党的群众路线教育实践活动，通过严肃的党内组织生活，发挥批评和自我批评的重大作用，借以实现"照镜子、正衣冠、洗洗澡、治治病"的教育目标。习近平总书记在党的群众路线教育实践活动第一批总结会议上指出："批评和自我批评是清除党内政治灰尘和政治微生物的有力武器，必须以整风精神严格党内政治生活，着力提高领导班子发现和解决自身问题的能力。""要把批评和自我批评作为防身治病的有力武器，通过积极健康的思想斗争，不断洗涤每个党员、干部的思想和灵魂。"通过当面指出自己和其他同志在思想、作风、工作等各方面存在的缺点和问题，有效提升组织生活的政治性、严肃性和战斗性，使党的组织生活切实发挥教育党员、提升干部的作用。

随着全面从严治党的实施，党内政治生活和组织生活的质量有了很大提升，批评和自我批评的武器得到有效运用，许多矛盾和问题被明确指出并得到初步解决，党内政治生态得到净化。但仍然存在一些因素阻碍批评广泛开展，不利于党内同志间相互监督、相互促进，其中最主要的是缺乏党性担当。习近平总书记在十八届中央纪律检查委员会第六次全体会议上指出："批评和自我批评存在的普遍性问题是，自我批评难，相互批评更难。难就难在为人情所困、为利益所惑，怕结怨树敌、怕引火烧身，说到底还是私心杂念作怪，缺乏党性和担当。"不愿正视自身和其他同志思想和工作中存在的实际问题，难以作出切实有效的批评和自我批评，归根结底还是担心会在领导和其他同志心中造成不良影响，影响个人的发展和进步。仅仅从自身利益出发，患得患失、畏首畏尾，就会对自己和身边同志存在的问题和错误姑息迁就、放任自流，就不敢开展切实有效的针对性斗争，最终会使党内政治生态受到严重污染。只有切实从党和人民的利益出发，不断提升自身党性修养和责任担当，按照党性原则开展批评和自我批评，才能真正直面党内存在的各种问题，按照"惩前毖后、治病救人"的方式促使自己和其他党员坚持真理、修正谬误，祛除党组织肌体上的灰尘和细菌，使党的肌体永葆生机和活力。

四、作风建设永远在路上

加强和改进党的作风，不断密切党与人民群众的血肉联系，是维护和改善党的形象，切实提高党在人民群众中威信的重要途径。习近平总书记在听取兰考县和河南省党的群众路线教育实践活动情况汇报时指出："作风建设永远在路上，永远没有休止符，不可蜻蜓点水，不可虎头蛇尾，不可只是一阵风，否则不仅不可能从根本上解决问题，而且会导致作风问题不断反弹、愈演愈烈，最后失信于民。"只有充分认识作风建设对联系人民群众、巩固党的执政地位的重要意义，从身边点滴小事做起切实落实党的群众路线，逐步建立作风建设的长效机制，才能确保党的优良作风得到不断继承和发扬。

（一）党的作风是党的形象

党的作风是党的形象，是党留给人民群众的第一印象，党能否得到人民群众的拥护和支持，能否密切与人民群众的血肉联系，关键在于是否具备良好的作风。习近平总书记在十八届中央政治局第十六次集体学习时指出："党的作风就是党的形象，关系人心向背，关系党的生死存亡。执政党如果不注重作风建设，听任不正之风侵蚀党的肌体，就有失去民心、丧失政权的危险。"作风建设体现在工作生活中的各件小事，但却是关系着党的生死存亡的大事，能否在点滴小事中培养优良作风，是决定人心向背的重大问题。

作风建设虽然琐碎，但它却能够反映出党的性质和宗旨，反映出党是否站在人民立场上，能否做到全心全意为人民服务。习近平总书记强调："作风问题根本上是党性问题。作风反映的是形象和素质，体现的是党性，起决定性作用的也是党性。我们改进作风，不能简单就事论事，以为把眼前存在的作风问题从面上解决了就万事大吉了，而是要举一反三，透过作风看党性，在解决作风问题的基础上解决好党性问题。这是改进作风的一个重要着眼点。"党的作风建设表面关注的是生活工作中的具体小事，但实际关心的则是党的各级组织和广大党员对待党的事业、对待人民的态度问题，要通过党风建设加强党性建设，既解决工作生活中的具体问题，又要透过现象着力解决党的思想上、制度上的根本问题。就此而言，党风建设既是全面从严治党的重要内容，又是新形势下实施全面从严治党战略的重要抓手。十八届中央政治局上任伊始，即通过改进工作作风、密切联系群众八项规定。通过八项规定的贯彻落实，深刻净化了党内风气和政治环境。同时给全体党员，特别是广大领导干部以极大的教育和警示作用，提醒广大党员干部要牢记全心全意为人民服务的根本宗旨，不断提升自身修养，牢记建党时的初心，在新的历史条件下继续奋斗、不断前进。

（二）贯彻执行党的群众路线

群众路线是党将马克思主义关于人民群众是历史创造者的历史唯物主义原理与长期革命实践相结合形成的重要理论成果，是党的根本工作路线。马克思主义认为历史不是个别英雄人物的历史，而首先是人民群众的历史，人民群众是历史的创造者和根本推动力量。在此基础上，毛泽东提出："人民，只有人民，才是创造世界历史的动力。"明确表达了人民群众的历史主体地位和其在历史创造过程中的巨大作用，宣示了党对人民群众历史作用的基本观点。从这一历史唯物主义的基本观点出发，党在长期的革命斗争中逐渐总结提炼出了群众路线这一根本工作路线，并将其作为党的三大优良作风之一加以继承和弘扬。对此，毛泽东在党的七大上指出："我们共产党人区别于其他任何政党的又一个显著的标志，就是和最广大的人民群众取得最密切的联系。全心全意地为人民服务，一刻也不脱离群众；一切从人民的利益出发，而不是从个人或小集团的利益出发；向人民负责和向党的领导机关负责的一致性；这些就是我们的出发点。"全心全意为人民服务是党的根本宗旨，是党一切工作的根本出发点和落脚点，从群众中来到群众中去的群众路线则是实践这一根本宗旨的根本方法和重要保证。在长期的革命斗争和建设实践中，党始终坚持和发扬群众路线这一优良作风，尊重人民群众的主体地位，维护发展人民群众根本利益，悉心听取人民群众意见，努力发挥人民群众的积极性、主动性、创造性。从人民群众的实践经验和客观需要中总结提炼出党的方针政策，又通过耐心细致的群众工作将党的意志转化成人民的自觉实践，确保党的政策得以有效落实，人民利益得到有效维护。

1981年党的十一届六中全会通过的《关于建国以来党的若干历史问题的决议》将群众路线与实事求是、独立自主共同确定为贯穿于毛泽东思想各个方面的活的灵魂，是党必须长期坚持的思想方法和工作方法，凸显了群众路线在毛泽东思想体系中的重要地位和它对现代化建设事业的指导意义。新时期党的历届中央领导集体都高度重视对群众路线的继承和发扬，在不同发展阶段强调了贯彻落实群众路线的重要意义。习近平总书记在纪念毛泽东诞辰120周年座谈会上指出："群众路线是我们党的生命线和根本工作路线，是我们党永葆青春活力和战斗力的重要传家宝。不论过去、现在和将来，我们都要坚持一切为了群众，一切依靠群众，从群众中来，到群众中去，把党的正确主张变为群众的自觉行动，把群众路线贯彻到治国理政全部活动之中。"明确提出将群众路线贯彻到治国理政全部活动之中，将群众路线定位为新的历史条件下党中央治国理政的重要遵循。

党的十八大以来，为落实党的群众路线、加强和改进党的作风建设，党中央先后在全党范围内颁布实施了改进工作作风、密切联系群众八项规定，开展了群众路线教育实践活动和"三严三实"专题教育，为推动群众路线的有效落实提供了思想保障、制度保证和具体措施。2012年12月4日，中共中央政治局会议审议通过了改进工作作风、密切联系群众的八项规定，从改进调查研究、精简会议活动、精简文件简报、规范出访活动、改进警卫工作、改进新闻报道、严格文稿发表、厉行勤俭节约等八个方面规范党的各级组织和领导干部的工作、生活、学习作风，为作风建设提出了具体措施和有效抓手，有效推动了群众路线的贯彻落实，拉近了与人民群众的距离，让群众切实感受到了党的作风的转变。2013年6月18日正式启动的党的群众路线教育实践活动将任务聚焦于党的作风建设，着力解决形式主义、官僚主义、享乐主义和奢靡之风等群众深恶痛绝、反映强烈的问题，明确提出"照镜子、正衣冠、洗洗澡、治治病"的总要求，通过广泛开展批评和自我批评，切实从思想上清除了党内不正之风产生的根源。为巩固党的群众路线教育实践活动成果，继续深入推进党的思想政治建设和作风建设，2015年4月10日中共中央办公厅印发了《关于在县处级以上领导干部中开展"三严三实"专题教育方案》，提出在县处级以上领导干部中按照"严以修身、严以用权、严以律己，谋事要实、创业要实、做人要实"的要求进行对照检查，以专题民主生活会的形式着力解决工作过程中“不严不实”的问题，推动党的工作作风得到持续改善。十八大以来党中央制定的改进工作作风、密切联系群众八项规定等党内法律规范、开展的群众路线教育实践活动、“三严三实”专题教育以及采取的其他一系列作风建设措施有效提升了党的作风建设水平，在新的历史条件下进一步密切了党和人民群众的血肉联系。

能否贯彻群众路线、树立群众观点归根结底不是认识问题，而是立场问题，关键在于能否站到最广大人民的立场上。“为什么人的问题，是一个根本的问题，原则的问题。”毛泽东在《论持久战》中指出：“很多人对于官兵关系、军民关系弄不好，以为是方法不对，我总告诉他们是根本态度（或根本宗旨）问题，这态度就是尊重士兵和尊重人民。从这态度出发，于是有各种的政策、方法、方式。离了这态度，政策、方法、方式也一定是错的，官兵之间、军民之间的关系便决然弄不好。”作风问题解决不好，表面上是认识问题、方法问题，没有能力与人民群众打成一片，但本质上却是立场问题、态度问题。只有切实尊重群众、相信群众、爱护群众，站在最广大人民的立场上，始终坚持全心全意为人民服务的根本宗旨才能学会与群众打交道的方式方法，形成密切联系群众的优良作风，在实际工作中与人民群众打成一片。习近平总书记在庆祝中国共产党成立95周年大会上指出：“人民立场是中国共产党的根本政治立场，是马克思主义政党区别于其他政党的显著标志。党与人民风雨同舟、生死与共，始终保持血肉联系，是党战胜一切苦难和风险的根本保证，正所谓‘得众则得国，失众则失国’。”始终坚持人民立场，不忘建党初心，坚持权为民所用、情为民所系、利为民所谋，是加强和改进党的作风、密切党和群众血肉联系的根本所在。

（三）作风建设重在抓常抓细抓长

作风建设重在抓常抓细抓长，从点滴做起，从身边做起，在日常工作和生活中逐步改进党的作风、改善党的形象。作风建设往往比较细小琐碎，体现在广大党员日常工作和生活的方方面面，需要广大党员特别是领导干部时时刻刻加以注意。这一特点决定了作风变化往往不易察觉，作风问题往往比较隐蔽，作风建设容易出现反复。为此，加强和改进党的作风建设需要进行大量耐心细致的实际工作，既要提升党员干部的思想认识，充分理解日常工作的“小问题”就会埋下作风建设“大隐患”，又要着力加强制度建设和监督机制，将作风建设中行之有效的方法和措施制度化、规范化、长效化，克服作风问题反复发生的顽疾。习近平总书记在参加河南省兰考县委常委班子专题民主生活会时指出：“作风建设已经采取的措施、形成的机制要扎根落地，已经取得的成效要巩固发展，关键是要在抓常、抓细、抓长上下功夫。”加强和改进作风建设必须标本兼治，针对部分比较严重的问题和群众反映比较强烈的恶劣现象，有必要在短时间内开展集中整治，对作风恶劣的党员和领导干部形成震慑，努力使党的作风尽快得到改善，增加人民对党的作风改进的切实感受。同时，作风建设又不能停留在表面，应当着力加强思想建设、制度建设，形成作风建设长效机制，从根本上确保党的优良作风代代相传。

党的作风体现在广大党员日常工作生活的方方面面，作风建设也渗透在党的各项日常工作和其他各方面建设当中，不存在脱离具体工作的作风建设，应当将党的作风建设和其他各项建设有机结合起来，实现作风建设和具体工作两者相辅相成、相互促进。“抓常，就是要把作风建设时刻摆上位置、有机融入日常工作，做到管事就管人，管人就管思想、管作风。推动各项工作，都要落实作风建设具体要求，形成抓作风促工作、抓工作强作风良性循环。”作风建设不是脱离日常具体工作的一项独立工作，它本身就体现在日常工作当中，是党员日常工作表现的重要侧面，体现了党员工作态度的优劣、工作能力的高低、工作效果的好坏。加强和改进作风建设，应当从日常工作入手，通过严格日常工作要求、强化日常工作规范、提升日常工作质量来推动工作作风的转变。同时在改善工作作风过程中提升工作的效果和质量，从而将作风建设融入日常工作的方方面面，形成两者相辅相成、相互促进的良性互动。

坚持统筹协调、以点带面是开展作风建设的重要方法。作风建设所针对的问题往往比较具体，需要通过大量耐心细致的工作逐一加以解决。同时又要避免陷于具体问题之中，只见树木不见森林、头痛医头脚痛医脚，而要透过现象看本质，在大量具体问题当中发现普遍性、规律性问题，以解决具体问题为抓手推动作风建设整体前进。“抓细，就是要对干部群众特别是基层群众反映的作风问题一一回应、具体解决。要透过现象看本质，在解决个别具体问题的同时，着力解决面上的普遍性问题。”党的十八大召开后不久，新一届中央政治局即审议通过了改进工作作风、密切联系群众的八项规定，从各级领导干部日常工作和生活待遇中的小事抓起，逐步解决人民群众反映较为强烈的作风问题，使作风建设的成果切实可见。同时，通过严格落实八项规定提升全体党员特别是领导干部对作风建设重要意义的认识，并逐步形成推进作风建设的制度机制，促进党的作风从整体上得到改进，从而取得小中见大、以点带面的实际效果。

“积土成山，风雨兴焉；积水成渊，蛟龙生焉”，作风建设体现在日常工作生活的点滴小事之中，作风建设取得的成绩和产生的问题初看之下并不显眼，但随着时间推移和效果积累，持久的努力便能塑造优良的作风传统，细小的作风弊端则可能演变为严重的作风问题。为此，作风建设必须做到坚持不懈、久久为功，按照“抓长”的要求不断努力，使党的优良传统不断得到继承和发扬。“抓长，就是要反复抓，不能三天打鱼两天晒网，集中抓的时候雷霆万钧，平时放任自流。要认真落实作风建设各项制度，做到有章必循、违规必究。要通过深化改革，从体制机制层面进一步破题，为作风建设形成长效化保障。”当前党的作风建设中存在的诸多问题，必须通过雷霆手段、猛药去疴，通过集中整治加以解决，使许多严重的作风问题在短时间内得到制止和好转。但同时必须坚持标本兼治，在通过系列主题活动等形式集中开展党内作风整顿的同时，应当注重制度建设，将行之有效的科学经验和成功做法制度化、科学化、规范化，逐渐形成一整套科学合理、运行规范的制度体系，使党的各级组织和全体党员的日常工作和生活受到制度规范的制约和引导，以制度确保优良作风在日常工作中得到继承和发扬，促进党的作风建设长效化。

五、“老虎”“苍蝇”一起打

大力开展反腐倡廉斗争，着力惩处党内贪污腐败分子是十八大以来党中央全面从严治党过程中体现出的鲜明特点。习近平总书记强调：“腐败问题对我们党的伤害最大，严惩腐败分子是党心民心所向，党内决不允许有腐败分子藏身之地。这是保持党同人民群众血肉联系的必然要求，也是巩固党的执政基础和执政地位的必然要求。”只有坚持“老虎”“苍蝇”一起打，不放过任何一个腐败分子，以刮骨疗毒、壮士断腕的决心铲除党自身肌体上的毒瘤，才能巩固党的领导和执政地位，永葆党的生机与活力。

（一）决定人心向背的重大斗争

中国共产党作为新型无产阶级政党，从党的成立之日起始终注意廉洁自律，反对贪污腐败，注意清除腐化堕落分子，保持党的肌体健康。1926年召开的中央扩大会议提出批评：“同志中之一部分，发生贪官污吏化（即有经济不清楚、揩油等情弊）。”首次在党的文件中提出反对贪污腐化问题。同时，这次会议还发布了《中央扩大会议通告——坚决清洗贪污腐化分子》，指出了贪污腐化分子的危害，分析了目前贪腐分子混入党内的情况，并“特别训令各级党部，迅速审查所属同志，如有此类行为者，务须不容情的洗刷出党”。大革命失败后，党内反对贪污腐败的斗争主要集中于苏区内部。以中央苏区为例，当时主要采取了加强廉政教育、制定训令法规、设立监察机构、建立会计制度、建立审计制度等方法全方位反腐倡廉。对于瑞金苏维埃财政部贪污案，左祥云贪污案，中央印刷厂、造币厂、军委印刷所贪污案，谢开松贪污案以及于都事件的严厉处置及公开报道，在苏区党和群众当中宣示了党整肃贪腐的决心，并引起了极大反响。抗战时期陕甘宁边区的党和政府颁布《惩治贪污暂行条例》等条令条例，严格财经制度，完善监察制度，查处黄克功、肖玉璧等革命功臣的贪污腐化案件，这一系列措施全面深化了反腐倡廉建设，在党内营造了清正廉洁的良好风气。解放战争胜利前夕召开七届二中全会上，毛泽东着眼于中国革命即将胜利、和平建设时期即将到来的实际情况，号召全党谨防敌人“糖衣炮弹”的攻击，“务必使同志们继续地保持谦虚、谨慎、不骄、不躁的作风，务必使同志们继续地保持艰苦奋斗的作风”。这是新中国成立前夕，党中央高瞻远瞩，提防党内贪污腐化滋长、革命意识消退的重要举措，其中“两个务必”的提法已经成为党反腐倡廉思想的重要内容和经典表述。正是因为党在长期发展过程中注意时刻保持自身的清正廉洁，才能获得最广大人民群众的支持和拥护，实现由小到大、由弱到强，并最终取得革命胜利和社会主义建设的辉煌成果。

新的历史条件下，反腐败斗争形势依然严峻。在社会主义市场经济条件下，市场在资源配置中发挥决定性作用，商品交换原则不可避免地渗透到党内生活中来，侵蚀党员思想、腐蚀党的肌体。一些党员特别是领导干部将手中权力作为自己牟利的私有财产，权钱交易、权色交易层出不穷，丧失了党性原则，突破了党纪国法的底线。经过十八大以来党中央全面从严治党战略的实施和反腐败斗争的推进，党风政风有了很大好转，贪污腐败现象得到遏制，但腐败现象滋生蔓延的土壤仍未根除。习近平总书记在十八届四中全会上指出：“党的十八大以后，我们面临的反腐败斗争形势复杂严峻……一些腐败分子贪腐胃口之大、数额之巨、时间之长、情节之恶劣，令人触目惊心！有的地方甚至出现了‘塌方式腐败’！”腐败现象的高发不仅违反了党纪国法、损坏了党的形象，而且极大破坏了党内风气和政治生态，使得党纪国法的威信受到损坏，各种潜规则、厚黑学、关系学大行其道，致使不少党的干部心浮气躁，难以静心工作，党的工作的正常开展受到严重影响。

大力开展党风廉政建设、反对各种形式贪污腐败，是决定党和国家前途命运的新的伟大斗争。如果任由腐败现象泛滥，就会打破社会的正常秩序和运行机制，放任权力在资本支配下的不正当行使冲击正常的资源分配机制和个人发展路径，进而损害社会公平正义，威胁社会发展活力和长治久安，最终导致人民对党丧失信任，中国特色社会主义事业将毁于一旦。习近平总书记在十八届中央政治局第五次集体学习时指出："一个政党、一个政权，其前途和命运最终取决于人心向背。我们必须下最大气力解决好消极腐败问题，确保党始终同人民心连心、同呼吸、共命运。"必须以零容忍态度坚决惩治腐败，遏制腐败现象蔓延趋势。一方面应以刮骨疗毒、壮士断腕的勇气着力查处影响全局的大案要案，形成对腐败分子的高压态势。另一方面应着力加强制度建设，加强对权力运行的监督和规范，保证权力依法依规行使，从根本上铲除腐败滋生的土壤，使党的各级干部不敢腐、不能腐、不想腐。以反腐倡廉的实际成效取得人民的支持和拥护。

（二）抓住领导干部是反腐倡廉的重点

反腐倡廉的关键是制约和监督权力，反腐倡廉的重点在于党的领导干部，特别是高级领导干部。高级领导干部往往担负着党和人民交付的重要职责和艰巨任务，因所处的社会地位、担负的使命任务、行使的公共权力，其一言一行对普通党员和广大群众有着较大影响，起着引导示范作用。同时由于其所处的政治地位和所担负的职责使命，领导干部也拥有更多的政治影响力，较之一般党员面临着更多的权力和金钱的诱惑，从而易于发生权力滥用。"政者，正也。子帅以正，孰敢不正。""其身正，不令而行，其身不正，虽令不从。"领导干部如果能带头遵守党纪国法，以身作则、严以律己，往往能给人民群众树立良好的榜样，改善和提升党的形象，促进党内法规和国家法律得到更好实施，推动党的路线方针政策得到落实。领导干部如果不能廉洁自律、洁身自好，往往会给人民群众造成更为恶劣的影响，甚至会影响、破坏党内的廉政风气和廉政环境，使腐败现象在党内传播蔓延，更加严重地侵蚀党的肌体、损害党的威信。针对党的领导干部贪污腐败所造成的严重后果，习近平总书记在十八届一中全会上指出："要深入抓好反腐倡廉工作，坚持有案必查、有腐必惩，任何人触犯了党纪国法都要依纪依法严肃查处，绝不姑息，党内决不允许腐败分子有藏身之地。"十八大以来，党中央以刮骨疗毒、壮士断腕的决心查处了一批身居要职、手握重权的腐败分子。他们作为党的高级领导干部曾为党和人民作出过一定贡献，但由于思想退化、理想丧失等原因，经不住权力、金钱和美色的诱惑，利用手中职权谋取私利，在人民群众中造成恶劣影响，对党的形象造成严重损坏。习近平总书记指出："我们党严肃查处一些党员干部包括高级干部严重违纪问题的坚强决心和鲜明态度，向全社会表明，我们所说的不论什么人，不论其职务多高，只要触犯了党纪国法，都要受到严肃追究和严厉惩处，绝不是一句空话。"十八大以来的党中央紧紧抓住领导干部这个关键少数，从严处理高级领导干部的贪污腐败问题，拧住了惩治贪污腐败的关键一环，对振纲肃纪、改善党风发挥了重要作用。

倡导廉洁自律、反对贪污腐败，不仅仅是党的性质的必然要求和国家法律的硬性规定，更是关系党的生死存亡的重大政治问题。这一方面指党风廉政建设关系人心向背，决定着党能否获得人民群众的拥护和支持，能否保持和巩固自身执政地位。"在发展社会主义市场经济条件下，商品交换必然会渗透到党内生活中来，这是不以人的意识为转移的。"当前，反对贪污腐败作为重大政治问题的另一任务就是抵御资本逻辑和不法商人对党内政治生活准则的侵蚀，确保党的各级组织和领导干部能够严格遵循党的组织原则、落实党的方针政策，不为少数人谋取非法利益开绿灯、行方便。从而确保党能够有效驾驭市场经济而不使党的组织生活为市场原则所支配，确保市场经济为人民服务、为社会主义服务，引导市场参与者将自身利益与社会利益有机结合起来，通过有益于改善人民生活和推动经济社会发展的诚实劳动与合法经营获得收益。领导干部由于自身肩负的责任和所处的特殊岗位，更容易成为不法商人意欲腐蚀的目标对象，其所涉及的贪污腐败问题更容易与政治问题交织在一起，由此产生拉帮结派、团团伙伙、人身依附等现象，甚至造成塌方式腐败，从而比一般的贪腐行为情节更为恶劣、后果更为严重、危害更为巨大。为此，习近平总书记在十八届中纪委第六次全体会议上指出："要重点查处政治问题和腐败问题交织，不收敛不收手，问题线索反映集中、群众反映强烈、现在重要岗位且可能还要提拔使用的领导干部。"专门强调指出要高度重视和重点处理与政治问题交织在一起的贪腐问题，着力惩处居于重要岗位的贪腐人员，实现惩治贪污腐败和从严开展党内政治生活、营造良好政治环境的有机结合。

为进一步加强对领导干部权力行使的规范和监督，十八届六中全会通过的《关于新形势下党内政治生活的若干准则》和《中国共产党党内监督条例》专门就从严规范、监督领导干部作出了详细规定。《关于新形势下党内政治生活的若干准则》指出："新形势下加强和规范党内政治生活，重点是各级领导机关和领导干部。"《中国共产党党内监督条例》也强调："党内监督的重点对象是党的领导机关和领导干部，特别是主要领导干部。"严肃党内政治生活、加强党内监督，首先要求党的高级干部清醒认识所在岗位对党和国家的特殊重要性，坚持率先垂范、以上率下，模范遵守党章党规，严守党的政治纪律和政治规矩，加强自我约束，自觉接受党委、纪委和普通党员的监督，为全党全社会作出示范。同时应当坚持"党内监督没有禁区、没有例外"，细化针对领导干部的记录、考核、报告、评价、监督机制，落实党委监督责任，强化纪委监督功能，"促使党的领导干部做到有权必有责、有责要担当，用权受监督、失责必追究"，使权力行使全过程都受到法规规范和制度约束。

开展反腐倡廉必须紧紧抓住领导干部这个"关键少数"，不仅指领导干部是开展反腐倡廉的重点对象，还指领导干部是党反对贪污腐败的具体执行者和负责人，反对贪污腐败必须落实各级党委的主体责任，各级党委书记是反腐倡廉的第一责任人。习近平总书记在十八届四中全会上指出："全党同志特别是高级领导干部，一定要把思想和行动统一到党中央的决策部署上来，坚定不移把反腐败斗争进行到底。各级党委（党组）要落实好主体责任，不抓党风廉政建设是严重失职……党委（党组）书记作为党风廉政建设第一责任人，既要挂帅又要出征，对重要工作亲自部署、重大问题亲自过问、重要环节亲自协调、重要案件亲自督办。"各级党委作为党的各级组织的领导机关，既要全面负责本地区、本部门的业务工作，又要注重抓好管辖范围内的党的建设，主动担负起党风廉政建设的主体责任。着重把好用人关，注意选拔信念坚定、为民服务、勤政务实、敢于担当、清正廉洁的好干部，杜绝选人用人方面的不正之风和腐败问题。强化对权力运行的制约和监督，将对党内同志的信任和监督结合起来，深刻理解党内监督对干部成长的积极作用和重要意义。注重以身作则，带头开展廉政建设，为管辖范围内的党组织树立榜样。将党风廉政建设作为党委工作的重要组成部分，种好党风廉政建设的责任田。

（三）着力解决群众身边的腐败问题

从严开展反腐倡廉，不仅要着力惩处领导机关和领导干部的贪腐行为，还要注重着力解决发生在群众身边的腐败现象，让人民群众切实感受到党铲除腐败的信心和决心，有效维护党在群众中的形象和威信。习近平总书记在十八届中央政治局第五次集体学习时指出："要严格依纪依法查处各类腐败案件，坚持'老虎''苍蝇'一起打，既坚决查处大案要案，严肃查办发生在领导机关和领导干部中的滥用职权、贪污受贿、腐化堕落、失职渎职案件，又要着力解决发生在群众身边的腐败问题，严肃查处损害群众利益的各类案件，切实维护人民合法权益，努力做到干部清正、政府清廉、政治清明。"贪污腐败问题不仅仅是对国家财产和社会财富的侵占，更重要的是对党和政府公信力的侵害，破坏了人民群众对公共权力的信任，不利于政治权力的正常运转和党执政根基的充实巩固。就此而言，群众身边的贪污腐败现象虽然涉及的数额可能小于领导机关的贪腐行为，但由于其直接接触人民群众，会给人民群众的切身利益造成更大侵害，会给党的形象造成更大损害，从而更需要各级党委和纪委高度重视、严厉惩处。

如果说高级领导干部的贪腐问题更易与政治问题交织在一起，从而危害党内政治生活的正常开展和党中央的集中统一领导。那么群众身边的腐败问题则更多的与党的作风联系在一起，直接影响人民群众对党的理解和感受，关系党能否保持与人民群众的血肉联系。习近平总书记高度重视惩处群众身边的贪污腐败现象对改进党的作风、提升党的形象的重要意义，并在党的群众路线教育实践活动第一批总结会上指出："我们说'老虎''苍蝇'一起打，有的群众说'老虎'离得太远，但'苍蝇'每天扑面。这就告诉我们，必须着力解决发生在群众身边的腐败问题，认真解决损害群众利益的各类问题，切实维护人民群众合法权益。"反腐倡廉是关系人心向背的重大斗争，如果不注意惩处群众身边的腐败现象，致使党的基层组织难以形成良好作风，就难以使人民群众对反腐倡廉的实际效果有直观感受，也就难以获得人民群众的拥护和支持。习近平总书记在十八届中纪委第六次全体会议上指出："相对于'远在天边'的'老虎'，群众对'近在眼前'嗡嗡乱飞的'蝇贪'感受更为真切。'微腐败'也可能成为大祸害，它损害的是老百姓切身利益，啃食的是群众获得感，挥霍的是基层群众对党的信任。对基层贪腐以及执法不公等问题，要认真纠正和严肃查处，维护群众切身利益，让群众更多感受到反腐倡廉的实际效果。"只有坚持"老虎""苍蝇"一起打，既着力惩处领导干部的违法腐败问题，又注重消除群众身边的腐败现象，着力维护人民群众的切身利益和基本权益，重点治理群众深恶痛绝的腐败行为和特权现象，切实增强人民群众的获得感，增强人民群众对党的支持和信任，巩固党的执政地位和根基，确保赢得这一关系人心向背的伟大斗争。

六、将权力关进制度的笼子

制度治党是十八大以来党中央全面从严治党的一项鲜明特色。习近平总书记指出："我们说要把权力关进制度的笼子里，就是要依法设定权力、规范权力、制约权力、监督权力。如果法治的堤坝被冲破了，权力的滥用就会像洪水一样成灾。"明确提出了"把权力关进制度的笼子里"这一命题，用形象生动的比喻阐明了制度治党的根本目的和理论精髓。只有切实筑牢制度的堤坝，使权力行使有法可依、有章可循，严格按照党内法规和国家法律运行，才能确保人民赋予的权力为人民谋利益。

（一）坚持思想建党与制度治党相结合

全面从严治党最根本的就是坚持思想建党和制度治党相结合。"坚持思想建党和制度治党紧密结合。从严治党靠教育，也靠制度，二者一柔一刚，要同向发力、同时发力。"思想建党是党的建设的优良传统和根本方针。以毛泽东为主要代表的党的第一代中央领导集体注重从思想上加强党的建设，纠正党内错误思想，解决了长期在农村开展游击战争条件下如何保证党的无产阶级性质的问题。新时期新阶段，习近平总书记高度重视党的思想建设，指出："理想信念就是共产党人精神上的'钙'，没有理想信念，理想信念不坚定，精神上就会'缺钙'，就会得'软骨病'。"突出强调了加强理想信念建设对实现全面从严治党的重要意义。同时，"制度问题更带有根本性、全局性、稳定性和长期性"，新形势下全面从严治党还要着重加强党的制度建设，实现以制度管人、管事、管权，切实将权力关进制度牢笼，杜绝"牛栏关猫"现象，切实保证权为人所用。习近平总书记指出："加强纪律建设是全面从严治党的治本之策。"必须不断加强和改进党的制度建设，严肃党内纪律，依照制度设定权力、行使权力、监督权力，使权力受到制度的监督和约束，逐步形成不想腐、不敢腐、不能腐的制度约束体系。

坚持思想建党与制度治党相结合不仅要求两者发挥各自优势共同落实全面从严治党方略，还要求两者实现内在结合与统一，做到相辅相成、相互促进。这首先体现在以思想建设促进党内法规制度的贯彻实施。民主革命时期，党中央即提出“带教育性地执行铁的纪律”，反对毫无说服教育的机械适用纪律的惩办主义，主张通过开展思想政治工作、提升党员对纪律的认识和理解来实现自觉基础上的严格遵守。“徒善不足以为政，徒法不能以自行。”为加强党内法规制度建设，“思想教育要结合落实制度规定来进行”，将增强广大党员法规制度认同作为思想政治工作的重要内容，提高执行的自觉性，“使加强思想建党的过程成为加强制度治党的过程”，从而为更好地发挥法规制度作用提供精神动力和思想保证。为进一步提高党员干部对党内法规制度的认识和理解，应做好党内法规的汇编出版工作，并做好相应的宣传工作。“要完善宣传教育机制，把党内法规纳入党校、干部学院培训教材，引导党员领导干部依规办事、依规用权、依规施政。”

思想建党与制度治党的相辅相成还体现在，通过思想建设保障党内不成文法规得到自觉遵守，形成对党内成文法规的必要补充。习近平总书记在十八届中纪委五次会议上强调：“党在长期实践中形成的优良传统和工作惯例也是十分重要的党内规矩。”“纪律是成文的规矩，一些未明文列入纪律的规矩是不成文的纪律；纪律是刚性的规矩，一些未明文列入纪律的规矩是自我约束的纪律。”“道之以政，齐之以刑，民免而无耻；道之以德，齐之以礼，有耻且格。”成文法规的承载力总是有限的，不可能将党内生活的各个方面事无巨细地加以规定，因而党内生活的正常、有序开展有赖于党内工作惯例等不成文法规的辅助和补充。由于缺乏明确条文和具体规定，不成文法规的具体内容只能由党员干部根据实际情况结合党性原则的一般要求加以确定，其执行更是取决于党员个人的思想觉悟和自我约束。通过开展耐心细致的思想政治工作，提升党员干部的服务意识和宗旨意识，使其以严格的标准要求自己，自觉遵守党的优良传统和工作惯例，使党内不成文法规切实发挥规范作用，有效补充党内成文法规的不足。

思想建党和制度治党相辅相成、相互配合，不仅体现在思想政治教育坚定广大党员干部理想信念、提升其思想认识水平，以保障和促进党内法规制度得以落到实处、有效运行，切实发挥管党治党的规范作用。同时体现在党的思想教育和理论学习有赖于党内法规制度的规范和保障，确保思想建设内容科学、形式合理，既坚持马克思主义的基本原理、符合党的创新理论基本精神，又适应时代发展需要，易于为广大党员干部接受，从而真正坚定党员干部理想信念，补足共产党员的精神之“钙”。早在1929年中国共产党红四军第九次代表大会通过的古田会议决议案中即对党内教育作出了明确细致的规定。决议指出：“红军党内最迫切的问题，要算是教育问题。”规定了“政治分析”等十项学习材料和“党报”“政治简报”“训练班”等十八种教育方法，为促进红四军党内政治教育有序规范开展，保障政治教育实际效果，提升红四军党员干部思想理论水平，实现在农村民主革命战争环境中建立无产阶级政党的任务发挥了重要作用。十八大以来，以习近平同志为核心的党中央高度重视以法规制度的形式规范思想理论教育，实现了思想建党与制度治党的有机结合。2017年3月，中共中央办公厅印发《中国共产党党委（党组）理论学习中心组学习规则》（以下简称《规则》），以党内法规的形式专门就各级党委和党组的理论学习作出规范，《规则》共5章17条，对党委（党组）理论学习中心组学习的性质定位原则、内容形式要求、组织管理考核等方面作出明确规定。《规则》要求，各级党委（党组）应当把中心组学习列入重要议事日程，纳入党建工作责任制，纳入意识形态工作责任制。从而使各级党委和党组的理论学习有法可依、有章可循，推动党内理论学习的制度化、规范化、科学化，有效保障理论学习按时依规开展，有效提升理论学习的实际效果。

（二）健全完善党内法规制度体系

加强党内法规制度建设，提升管党治党法治化水平，首先要建立系统完备的党内法规制度体系。习近平总书记在党的群众路线教育实践活动总结大会上指出：“有纪可依是严明纪律的前提，党的纪律规定要根据形势和党的建设需要不断完善，确保系统配套、务实管用。”十八大以来，党中央坚持科学立规、民主立规与依法立规相结合，着力从增强党内法规整体功能、确保党内法规务实管用、实现党内法规与时俱进三个方面构建配套完备的党内法规制度体系，党内立法质量和水平不断提升，为依规治党、从严治党提供了制度前提。

首先，加强总体规划，增强党内法规整体功能。《中国共产党党内法规制定条例》第八条规定：“制定党内法规应当统筹进行，科学编制党内法规制定工作五年规划和年度计划，突出重点、整体推进。”党内法规制度是全面从严治党的重要制度保障，涉及党内生活的方方面面，内容繁多、结构复杂，必须加强总体规划，统筹推进党内法规制定工作。习近平总书记指出，党内法规制度建设“要坚持宏观思考、总体规划，既要注意体现党章的基本原则和精神，符合国家法律法规，也要同其他方面法规制度相衔接，提升法规制度整体效应”。突出强调了党内法规建设协调性、整体性的重要意义。

十八大以来，党中央采取一系列举措统筹推进党内法规制度建设，党内法规制度整体性得到加强。2013年5月公布的《中国共产党党内法规制定条例》和《中国共产党党内法规和规范性文件备案规定》，为党内法规制定提供了统一标准，法规制定规范性大大提升。同年11月通过的《中央党内法规制定工作五年规划纲要》，提出“到建党一百周年时全面建成内容科学、程序严密、配套完备、运行有效的党内法规制度体系”的战略目标，旨在纠正党内法规制定的碎片化倾向，为党内法规制度作出了顶层设计和整体谋划。2015年7月建立的中央党内法规工作联席会议制度为党内法规建设提供了统一高效的沟通协调平台，有利于汇集力量，统筹推进党内法规建设各方面工作。同时，十八大以来，党中央“出台了一大批标志性、关键性、引领性的党内法规，制定修订了74部中央党内法规，超过现行有效的170多部中央党内法规的40%，党内法规制度体系的框架基本形成”。2016年12月，中央专门召开全国党内法规工作会议，印发《中共中央关于加强党内法规制度建设的意见》，“按照‘规范主体、规范行为、规范监督’相统筹相协调原则，将完善的党内法规制度体系概括为‘1+4’的基本框架，即在党章之下分为党的组织法规制度、党的领导法规制度、党的自身建设法规制度、党的监督保障法规制度四大板块，勾勒出了依规治党的‘四梁八柱’”，为党内法规制度建设制定了总规划。

为落实这一意见，解决当前党内法规制度建设存在的基础规范不完备、配套规范不健全、党内法规和国家法律不协调等问题，应当加强总体规划，健全党内基础主干法规，实现党建各领域法规之间协调一致；完善党内配套专项法规，实现党内法规各个层级之间协调一致；遵守党章原则和国家法律法规，实现党内法规与外部规范系统之间协调一致。从而保证党内法规制度内容全面、结构合理、逻辑严密、形式统一、概念准确，使各个法规、各项规范之间衔接顺畅、协调一致，形成严密有效的党内法规制度体系，增强党内法规整体功能。

第二，杜绝“牛栏关猫”，确保党内法规务实管用。构建配套完备的党内法规制度体系，应当着力将制度的笼子扎紧扎牢，使权力的设定、行使、监督有法可依、有规可循，避免法规制度流于形式，保障党内法规务实管用。习近平总书记在党的群众路线教育实践活动总结大会上指出：“制度不在多，而在于精，在于务实管用，突出针对性和指导性。如果空洞乏力，起不到应有的作用，再多的制度也会流于形式。牛栏关猫是不行的！”为保证党内法规务实管用，应当立足党建实际，坚持从实践中来到实践中去，针对党员干部队伍和党内生活存在的实际问题建章立制，确保法规的针对性和指导性。

2010年中共中央印发的《中国共产党党员领导干部廉洁从政若干准则》对促进党员领导干部廉洁从政发挥了重要作用，但存在条目过多、难以把握的问题。习近平总书记在参与修订这一准则时强调："修订准则要化繁为简、突出重点、针砭时弊，解决领导干部从政过程中存在的突出问题，使广大党员、干部一目了然。"新通过的《中国共产党廉洁自律准则》针对党风廉政建设存在的突出问题提出了八条准则，简明扼要、切中要害，对广大党员和领导干部的行为规范更为有效。

确保党内法规务实管用，要求法规制度规定明晰准确，避免浮华空洞、泛泛而谈。习近平总书记在十八届中央政治局第二十四次集体学习时指出："这些年来，从中央到地方搞了不少制度性规范，但有的过于原则、缺乏具体的量化标准，形同摆设。"为此，十八大以来党中央制定颁布了以"八项规定"为代表的大量配套法规和实施细则，对工作作风、办公待遇、会议标准、节庆礼品等问题作出了细致规定，显著改善了党内法规制度落实不严不实的问题。

确保党内法规制度务实管用，还要求明确主体责任、制定严格罚则，做到责任明确、奖惩严格。习近平总书记指出："有些法规制度为什么执行不了、落实不下去？就是因为责任不明确、奖惩不严格，违反了法规制度怎么惩罚无章可循。"2013年制定的《党政机关厉行节约反对浪费条例》即比1997年制定颁布的《中共中央、国务院关于党政机关厉行节约制止奢侈浪费行为的若干规定》增加了"责任追究"一章，明确规定"违反本条例规定造成浪费的，根据情节轻重，由有关部门依照职责权限给予批评教育、责令作出检查、诫勉谈话、通报批评或者调离岗位、责令辞职、免职、降职等处理"，违反党纪政纪依规给予相应处分，涉嫌违法犯罪的依法追究法律责任。使党政机关的奢侈浪费行为有了明确的责任主体和惩处规范。

第三，立足治党实践，实现党内法规与时俱进。"法与时转则治，治与世宜则有功。"党内法规制度建设是一个不断探索的历史过程，不可能一蹴而就，要在运行过程中接受历史和人民的检验，随治党实践的发展而不断发展完善。习近平总书记在河北调研指导党的群众路线教育实践活动时指出："对已有相关制度进行梳理，经实践检验行之有效、群众认可的，要予以重申，继续坚持、抓好落实，严肃纪律，形成刚性约束；不适应新形势新任务要求的，该修改完善的就修改完善，该废止的就废止，该制定新的就制定新的。"为保障党内法规制度建设紧贴党建实际，符合形势任务要求，增强制度的时代性和针对性，实现其在全面从严治党新的历史条件下的继承和创新，应当加强党内法规制度体系构建的宏观研究和整体谋划，统筹推进党内法规制度"立""改""废""释"等各个环节，逐渐形成于法周延、于事简便的法规制度体系。

"立"就是总结经验、建章立制，使党内法规制度反映治党管党最新成果。2014年考察江苏工作时，习近平总书记强调"要认真总结党的建设实践经验，及时把比较成熟、普遍适用的经验提炼上升为制度"。十八大以来，党中央先后在全党范围内开展了党的群众路线教育实践活动、"三严三实"专题教育、"两学一做"学习教育等，党风廉政建设取得突出成绩。应着力将这一过程中产生的治党管党有效方法和成熟经验加以制度化、规范化，丰富和完善党内法规制度体系，逐渐形成党的建设长效机制。

"改"就是继承传统、推陈出新，使党内法规制度在传承经验中发展完善。十八大以来，党中央先后修订了《中国共产党党员领导干部廉洁从政若干准则》《中国共产党纪律处分条例》《中国共产党巡视工作条例》等重要党内法规。其中在长期治党实践中被证明是行之有效的方法和措施得到了保留和重申，而不符合时代要求的内容、体例、标准、形式则得到了修改和完善，一方面使党内法规所包含的规范更契合实际需要，另一方面使得党内法规的形式、体例更加合理，各规范之间的衔接更加顺畅。

"废"就是清除陈规、同步协调，及时废除或宣布失效与时代发展和上位规范不协调的党内法规。2014年完成的党内法规和规范性文件清理工作，首次对中华人民共和国成立以来中央颁布的党内法规和规范性文件进行全面清理，“着力解决党内法规制度中存在的不适应、不协调、不衔接、不一致的问题”，为理顺各项党内法规制度规范间的关系，维护党内法规制度体系的统一性和协调性奠定了基础。同时，中央还决定“建立党内法规和规范性文件清理工作长效机制，实现党内法规和规范性文件清理工作经常化、制度化、规范化”，从而实现党内法规的定期清理，及时淘汰落后于实践发展和形势任务的法规制度。

“释”就是析文解字、答疑释惑，在党的理论和政策指导下将党内法规理解为统一协调的整体。党内法规规范的具体内容不仅有赖于文字表述，还取决于对法规条文的具体解释。统一规范法规条文解释工作，保障法规解释工作科学合理并体现党章基本原则与党的路线方针政策，是实现党内法规制度精准运行、与时俱进的重要前提。针对法规解释中存在的问题，2015年7月党中央出台了《中国共产党党内法规解释工作规定》，第一次为党内法规解释提供了法规规范，明确了解释的权限、原则和方法，“保证党内法规制定意图和条文含义得到准确理解”。

（三）确保党内法规真正成为硬约束

为确保党内法规真正成为硬约束，应当建立健全党的监督保障法规制度。任何制度的运行既要有实体性规范，又要有程序性规范，前者对法规的规范对象提出规范要求，后者就制度自身的运行和实施作出保障。在法规制度作为一种独立社会现象产生的过程中，后者往往更先出现，凸显了其对法规制度运行的重要性。就党内法规制度建设而言，一方面必须健全完善实体性规范，对党内生活的方方面面作出科学合理、具体可行的行为规范；另一方面尤其要注意健全完善法规监督执行机制，明确法规运行程序和违规责任，为实体性规范的贯彻实施提供有效保障，防止法规规范成为一纸空文。

习近平高度重视党内法规制度的贯彻落实，他在第十八届中央政治局第二十四次集体学习时指出："法规制度的生命力在于执行。""现在，我们有法规制度不够健全、不够完善的问题，但更值得注意的是已有的法规制度并没有得到严格执行。"同时强调监督机制对于落实法规制度具有重要意义。指出："抓好法规制度落实，必须落实监督制度，加强日常监督和专项检查。要用监督传递压力，用压力推动落实。"而在各种监督形式中，党内监督又处于首要地位。"党的执政地位，决定了党内监督在党和国家的各种监督形式中是最基本的、第一位的。只有以党内监督带动其他监督、完善监督体系，才能为全面从严治党提供有力制度保障。"2016年12月印发的《中共中央关于加强党内法规制度建设的意见》即将"党的监督保障法规制度"作为党章统领之下的四类基本法规单独列出，意在"规范对党组织工作、活动和党员行为的监督、考核、奖惩、保障等，确保行使好党和人民赋予的权力"，有利于进一步加强党内法规制度落实的监督机制，确保党内法规制度能够有效运行。十八大以来，党中央先后制定通过了《党的纪律检查体制改革实施方案》《中国共产党巡视工作条例》，修改了《中国共产党党内监督条例》，并在部分省市开展国家检察体制改革试点，全方位完善党内法规执行监督机制，探索行之有效的监督办法，着力构建科学严密的党内监督体系。

《中国共产党党内监督条例》在党内监督法规体系中居于统领地位，它规定了党内监督的指导思想、基本原则、主要任务、主要内容和重点对象，按照监督主体和监督层级的不同分别规范了党的中央组织的监督、党委（党组）的监督、党的纪律检查委员会的监督、党的基层组织和党员的监督，围绕各类监督主体的职责和义务制定制度，明确了落实党内监督的具体机制，为党内法规监督执行体系提供了顶层设计。纪律检查体制改革是完善党的纪检监察工作的重要举措，为有效开展党内监督、确保党内法规制度得到严格落实提供制度保障。《党的纪律检查体制改革实施方案》明确了纪律检查体制改革的总体方案，强调"要推动党的纪律检查工作双重领导体制具体化、程序化、制度化"，并对纪委聚焦中心任务、向中央国家机关派驻纪检机构等工作提出了具体要求。

党内巡视是上级党委开展执纪监督工作的有效方式，截至2017年6月21日，第十八届中央已完成十二轮巡视工作，对中央国家机关和直属单位“执行《中国共产党章程》和其他党内法规，遵守党的纪律，落实党风廉政建设主体责任和监督责任等情况”进行监督。为推动党内巡视工作制度化、规范化，党中央先后制定了《中央巡视工作规划（2013—2017年）》和《中国共产党巡视工作条例》，并于2017年对《中国共产党巡视工作条例》进行修订，明确规定“巡视组对巡视对象执行《中国共产党章程》和其他党内法规，遵守党的纪律，落实全面从严治党主体责任和监督责任等情况进行监督”。总结了十八大以来中央开展巡视工作的实践经验，明确了巡视工作的主体责任、任务内容和实施机制，将中央关于巡视工作的方针以法规制度的方式确定下来，为今后更好发挥巡视制度作用，做好党内法规落实情况的监督工作提供了具体规范。

七、确保权力在阳光下运行

党的各级领导干部的职权都是由党和人民赋予的，理应受到党和人民的监督，在党规国法范围内加以行使。习近平总书记指出：“我们要健全权力运行制约和监督体系，有权必有责，用权受监督，失职要问责，违法要追究，保证人民赋予的权力始终用来为人民谋利益。”只有不断健全和完善制约监督体系，推进权力行使公开化、法治化，才能杜绝权钱交易、暗箱操作，避免任何干部将手中权力“私有化”，保证权力在阳光下运行。

（一）以监督跳出“历史周期率”

1945年7月，黄炎培等6名国民参政员为促成国共和谈飞赴延安与中国共产党进行协商。其间，黄炎培在与毛泽东的一次交流中提出了“历史周期率”的概念，并向毛泽东请教中国共产党如何跳出“周期率”的支配：

有一回，毛泽东问我感想怎样？我答：

我生六十多年，耳闻的不说，所亲眼看到的，真所谓“其兴也勃焉”，“其亡也忽焉”，一人，一家，一团体，一地方，乃至一国，不少不少单位都没有能跳出这周期率的支配力。大凡初时聚精会神，没有一事不用心，没有一人不卖力，也许那时艰难困苦，只有从万死中觅取一生。既而环境渐渐好转了，精神也就渐渐放下了。有的因为历时长久，自然也惰性发作，由少数演为多数，到风气养成，虽有大力，无法扭转，并且无法补救。也有为了区域一步步扩大了，它的扩大，有的出于自然发展，有的为功业欲所驱使，强求发展，到干部人才渐见竭蹶，艰于应付的时候，环境倒越加复杂起来了，控制力不免趋于薄弱了。一部历史，“政怠宦成”的也有，“人亡政息”的也有，“求荣取辱”的也有，总之没有能跳出这周期率。中共诸君从过去到现在，我略略了解的了。就是希望找出一条新路，来跳出这周期率的支配。

毛泽东答：我们已经找到新路，我们能跳出这周期率。这条新路，就是民主。只有让人民起来监督政府，政府才不敢松懈。只有人人起来负责，才不会人亡政息。

这段著名的“窑洞对”常常被人引用，以凸显民主监督对保障权力正确行使的重要作用。70年后，习近平总书记在中央统战工作会议上指出：“我常常提及毛泽东同志和黄炎培先生在延安的‘窑洞对’。当年‘窑洞对’的问题已经彻底解决了吗？恐怕还没有。”当前党内监督的开展仍然存在许多问题，一些思想观念和体制机制方面的障碍仍然影响着党内监督的正常开展。一些领导干部害怕监督、拒绝监督、逃避监督的现象比较严重，企图使自己的权力不受约束，将分管领域变成自己的“独立王国”。同时部分领导职位权力过于集中、权力分配不够合理、权力行使公开程度不够等体制机制弊端也妨碍了党内监督功能的有效发挥，不利于对干部权力进行有效制约。

针对党内监督存在的种种问题，习近平总书记指出：“‘权力导致腐败，绝对权力导致绝对腐败。' 如果权力没有约束，结果必然是这样。各级领导干部都要牢记，任何人都没有法律之外的绝对权力，任何人行使权力都必须为人民服务、对人民负责并自觉接受人民监督。”中国共产党的根本宗旨是全心全意为人民服务，党的执政地位和各级领导干部的权力归根结底是由人民赋予的，人民是国家的主人。党的各级领导干部和广大党员在行使人民所赋予的权力的时候，必须时刻谨记自身所肩负的使命任务，严格按照宪法法律的要求行使权力，自觉接受党内外监督，做到有权必有责、用权受监督、侵权要赔偿。“全党要深刻认识到，党内监督是永葆党的肌体健康的生命之源，要不断增强向体内病灶开刀的自觉性，使积极开展监督、主动接受监督成为全党的自觉行动。”

为加强和改善党内监督，完善党内监督体制机制，党的十八大以来党着力开展了党的纪检监察体制改革，并开展了十二轮党内巡视。一方面从制度上解决现有党内监察开展过程中存在的困难和问题，弥补体制机制存在的漏洞，加强监察制度创新，使党内监察的开展更为顺畅有效。另一方面则通过专项巡视，着力检查被巡视单位的党风廉政问题，发现权力行使过程中的漏洞和问题，并提出有针对性的意见建议，推动被巡视单位的整改补救。

（二）深化纪检监察体制改革

全面从严治党要加强权力监督。从近年来查处的腐败案件看，权力不论大小，只要不受制约和监督，都可能被滥用。十八大以来的党中央高度重视党内监督的健全和完善。习近平总书记指出：“对我们党来说，外部监督是必要的，但从根本上讲，还在于强化自身监督。”为此，十八大以来党中央先后采取一系列措施，广泛开展党内巡视，深入推进纪检监察体制改革，着力构建全面立体的党内监督制度。特别是十八届六中全会审议通过的《中国共产党党内监督条例》总结了十八大以来党内监督的实践经验和有效做法，将纪检监察体制改革的实践成果加以制度化、规范化，形成稳定的法规制度，为党内监督的开展提供了法规依据。这部《条例》明确了加强和规范党内监督的意义、背景、内容和基本原则，并从“党的中央组织的监督”“党委（党组）监督”“党的纪律检查委员会的监督”“党的基层组织和党员的监督”等四个方面详细规定了党内监督的主要制度和基本内容，特别规定了巡视制度运行方式、纪检部门垂直领导为主等制度内容，突出强调了各级党委负有党内监督的首要责任，各级领导干部是党内监督的重点所在等要求，为党内监督的有效开展提供了具体指导。

新《条例》最为明显的修订是体例的变化。2003年试行条例分为总则、监督职责、监督制度、监督保障和附则五章。其中，监督职责一章规定了党的各级委员会、党的纪律检查委员会等监督主体在党内监督方面的职责，监督制度一章则规定了不同主体在开展党内监督时应当遵守的十项监督制度，包括集体领导和分工负责、重要情况通报和报告、述职述廉、巡视制度等。这一体例将不同主体的监督职责与履行这一职责的具体制度分开规定，使得两部分内容存在交叉重复，具体适用时也不方便。为此，新《条例》在修订时对体例进行了调整，分为总则、党的中央组织的监督、党委（党组）的监督、党的纪律检查委员会的监督、党的基层组织和党员的监督、党内监督和外部监督相结合、整改和保障、附则八章。针对不同的监督主体规定了相应的监督职责和具体的落实制度，使得《条例》规定更为清晰明了，方便操作。

单独就党的中央组织的监督作出规范是《条例》规定的一大特色，无论在体例上还是在内容上都是对2003年试行条例的显著突破。具体而言，党的中央组织负有党内监督的职责和义务，既有领导和开展党内监督的职责，又有自觉接受党内监督的义务。中央委员会、政治局及其常委会全面领导党内监督工作，中央委员会监督政治局工作并部署党内监督重大任务，政治局及其常委会听取中纪委及巡视组工作汇报，开展党的作风建设情况监督检查，研究部署党的学习教育活动。中央委员会委员应自觉遵守党的政治纪律并监督包括政治局委员在内的其他委员，政治局成员应加强对直接分管单位的党组织和领导班子成员的监督，并严格遵循八项规定，自觉参加双重组织生活，如实报告个人重大事项，带头树立良好家风。

《条例》强调“党委（党组）在党内监督中负主体责任，书记是第一责任人”。党委（党组）应加强对本部门、本单位党内监督和纪委工作的领导，对党委常委会委员（党组成员）等领导干部进行监督，并对上级党委、纪委工作提出建议。《条例》对党委（党组）监督规定的制度规范基本继承了2003年试行条例的相关内容，但又根据十八大以来习近平总书记对党内监督的要求有所深化。主要体现在，明确规定党内巡视的主要内容应聚焦全面从严治党落实状况，并提出“省、自治区、直辖市党委应当推动党的市（地、州、盟）和县（市、区、旗）委员会建立巡查制度，使从严治党向基层延伸”。发现领导干部存在苗头性问题的应开展提醒谈话，发现轻微违纪问题的应开展诫勉谈话，并做好记录工作。严格执行干部考核制度，全面考察德、能、勤、绩、廉表现，考察结果在同本人见面后记入档案，落实党组织主要负责人在干部选人、考察、决策等环节的责任。明确“述责述廉重点是执行政治纪律和政治规矩、履行管党治党责任、推进党风廉政建设和反腐败工作以及执行廉洁纪律情况”。坚持和完善领导干部个人有关事项报告制度，特别指出领导干部应当及时报告个人及家庭重大情况，事先请示报告离开岗位或者工作所在地等。建立健全党的领导干部插手干预重大事项记录制度，发现利用职务便利违规干预干部选拔任用、工程建设、执纪执法、司法活动等问题，应当及时向上级党组织报告。认真研读可以发现，这些内容和规定都是十八大以来习近平总书记关于党内监督系列论述中所强调的内容，是习近平总书记党内监督思想的规范表达和制度结晶。

2003年试行条例对纪委监督职责的专门规定内容较少，《条例》则详细规定了纪委所负的监督职责和开展党内监督应遵循的制度规范，是对2003年试行条例的重要完善。在监督职责上，《条例》明确规定了纪委应当“加强对同级党委特别是常委会委员的监督”，加强了对各级党委的监督。同时，为保障更好发挥纪委监督作用，《条例》要求“落实纪律检查工作双重领导体制”，执纪审查工作以上级纪委领导为主，各级纪委书记、副书记的提名和考察以上级纪委会同组织部门为主，强化上级纪委对下级纪委的领导，纪委发现同级党委主要领导干部的问题，可以直接向上级纪委报告，下级纪委至少每半年向上级纪委报告1次工作，每年向上级纪委进行述职。同时，《条例》还就各级纪委应当将党的政治纪律和政治规矩放在首位，加强对派驻纪检组的领导和规范，认真处理信访举报，严把干部任用“党风廉洁意见回复”关，及时处理干部违纪问题反映，依规依纪进行执纪审查，对影响恶劣的作风、腐败问题点名通报曝光以及加强对纪检部门自身监督等问题作出具体规定，为纪委开展党内监督提供了可操作的规范。

《条例》除对党的中央组织的监督、党委（党组）的监督、党的纪律监察委员会的监督作出规定外，还明确了党的基层组织和党员的监督职责。规定党内监督必须与外部监督相结合，党的各级委员会应当接受国家机关依法监督、民主党派民主监督以及各种途径的群众监督。并对党内监督的整改和保障措施作出了明确规定。这些都是《条例》对2003年试行条例的完善和补充，是对近年来党内监督工作经验的系统总结，为新形势下更加有效地开展党内监督提供了更加严密的制度保障。

（三）发挥巡视利剑作用

党内巡视是开展党内监督、维护党的统一、确保党的路线方针政策得到准确落实的有效途径，也是党在长期管党治党实践中形成的优良传统。中央派遣特派员巡行指导工作的做法早已有之。1922年二大通过的党章规定：“中央执行委员会得随时派员到各处召集各种形式的临时会议，此项会议应以中央特派员为主席。”而将这种做法固定为一种制度，则始于1927年政治局扩大会议通过的《最近组织问题的重要任务议决案》，文件提出，“应当开始建立各级党部的巡视指导制度”。次年，中央发布《中央通告第五号——巡视条例》，对巡视制度作了详细规定，标志着全党范围内巡视制度正式建立。1931年5月，中央制定通过了《中央巡视条例》，这是中央根据1928年《巡视条例》的规定而制定的中央层面的巡视制度。这两份巡视条例为党内有效开展巡视工作提供了法规依据，确保了党的路线的严格贯彻，也标志着巡视工作在党内正式建立。

改革开放以来，党内巡视制度得到了恢复、发展和创新。十三届六中全会通过的《中共中央关于加强党同人民群众联系的决定》在新时期首次提出：“中央和各省、自治区、直辖市党委，可根据需要向各地、各部门派出巡视工作小组，授以必要的权力，对有关问题进行督促检查，直接向中央和省、区、市党委报告情况。”1996年，经中央批准，中纪委首次派出巡视组，同年中纪委制定《中共中央纪律检查委员会关于建立巡视制度的试行办法》，为巡视工作提供了具体规范。党的十六大报告提出：“改革和完善党的纪律检查体制，建立和完善巡视制度。”十七大通过的党章首次明确规定：“党的中央和省、自治区、直辖市委员会实行巡视制度。”以党内根本大法的形式为开展党内巡视工作提供了制度依据。2009年党中央颁布《中国共产党巡视工作条例（试行）》，成立中央巡视工作领导小组，为深入推进巡视工作开展、更好发挥巡视作用提供了有力的法规依据和组织保障。

十八大以来的党中央高度重视巡视工作，将其作为发现党风廉政建设中存在问题的重要途径，对其作用和意义进行了多方论述。习近平总书记在审定巡视工作条例修订稿时指出：“巡视工作的力度、强度、效果大幅提升，成为党风廉政建设和反腐败斗争的重要平台，是党内监督和群众监督相结合的重要方式，是上级党组织对下级党组织监督的重要抓手，为全面从严治党提供了有力支撑。”通过开展党内巡视，上级党组织可以对下级党组织落实党的政策、遵守党的纪律、改进党的作风等方面的情况形成较为具体和直观的看法。通过在巡视过程中贯彻落实群众路线、听取群众意见，能够更好地发现下级党组织工作的实际效果和存在不足，并以通报巡视结果、提出整改意见等方式督促问题的解决和工作的改进，推进党风廉政建设不断深化，从而为实施全面从严治党，维护党的集中统一和党内法规严肃性提供了有效途径。

以习近平同志为核心的党中央对巡视工作的重视不仅停留在认识层面，还在全面从严治党实践中充分发挥巡视作用，在五年任期内实现了对省区市地方、中央和国家机关、国有重要骨干企业、中央金融单位和中管高校等党委党组织的巡视全覆盖。“从2013年5月第一轮巡视正式启动，至2017年6月最后一轮巡视反馈结束，12轮巡视共巡视277个单位党组织，对16个省区市开展‘回头看’，对4个单位进行‘机动式’巡视，实现了党内监督不留空白、没有死角。”对各地区、各部门党组织在实际工作中存在的问题进行了清查，特别针对政治性、原则性、纪律性问题提出意见和建议，将中央的要求传达贯彻到巡视单位，倒逼相应单位进行问题整改和制度改革，推进全面从严治党走向深化。同时中央高度重视巡视工作的建章立制，特别强调要将在巡视中取得的好经验、好办法加以制度化、规范化，推动巡视工作不断完善和发展。习近平总书记在主持审议《关于中央巡视工作领导小组第一次会议研究部署巡视工作情况的报告》时指出：“要抓好工作创新，在总结经验的基础上，适应形势发展，推动巡视内容、方式方法、制度建设等方面与时俱进，完善工作机制，增强巡视工作的针对性、时效性。”按照这一要求，党中央2015年和2017年两次对《中国共产党巡视工作条例》进行修改，全面吸收和总结了党的十八大以来巡视工作的实际经验，详尽阐释了巡视工作的内容、意义和基本要求，明确规定党中央和省、自治区、直辖市委员会对所管理地方、部门、企事业单位党组织在任期范围内实现巡视全覆盖，为今后巡视工作的开展提供了具体规范。

后记 CHINA STRATEGY

战略问题是关乎中国特色社会主义全局的关键。党的十八大以来，以习近平同志为核心的党中央从坚持和发展中国特色社会主义事业全局出发，深刻总结改革开放40年的历史经验，先后提出了全面建成小康社会、全面深化改革、全面依法治国、全面从严治党的战略目标和战略举措，形成“四个全面”战略布局，为实现“两个一百年”奋斗目标、实现中华民族伟大复兴中国梦提供了战略指引。

到2020年实现全面建成小康社会这一重大战略目标，是全面建设社会主义现代化强国、实现中华民族伟大复兴的关键一步，在“四个全面”战略布局中居于引领地位。全面深化改革这一战略举措着眼解决国家发展面临的深层次矛盾和体制机制弊端，是增强中国特色社会主义生机活力、推动事业发展的强大动力。全面依法治国这一战略举措着眼促进国家生活和社会生活制度化规范化，是实现党和国家长治久安的重要保障。全面深化改革与全面依法治国相辅相成、相互促进，犹如一体两面，分别为全面建成小康社会提供动力源泉和法治保障。全面从严治党这一战略举措着眼保持党的先进性和纯洁性，锻造中国特色社会主义事业的坚强领导核心，是我们党提高执政能力、完成执政使命的迫切要求，为全面建成小康社会、全面深化改革、全面依法治国提供根本政治保证。

“四个全面”战略布局简明扼要、内涵丰富，准确把握了当前经济社会发展全局的关键问题，提出了切实可行的战略举措，体现出以习近平同志为核心的党中央以点带面、统筹协调的工作方法。同时，四项战略部署之间密切联系、有机统一，具有紧密的内在逻辑，是一个整体战略部署的有序展开，构成习近平新时代中国特色社会主义思想的重要组成部分，是党在中国特色社会主义新时代基本方略的重要内容。全面学习“四个全面”战略布局的基本内容，着力把握贯穿其中的思想精髓和理论要义，对深刻领会习近平新时代中国特色社会主义思想的精神实质和丰富内涵，全面贯彻党的基本理论、基本路线、基本方略，更好引领党和人民事业发展具有重要的理论和实践意义。

《中国战略》由清华大学马克思主义学院肖贵清教授主持写作，清华大学博士研究生田桥、天津理工大学马克思主义学院副教授乔惠波博士、山西师范大学政法学院院长贾绘泽教授、清华大学马克思主义学院博士研究生王然也参与了书稿的创作。

由于作者水平有限，书中错误及不妥之处在所难免，敬希广大读者批评指正。

肖贵清

2019年2月清华园·善斋